江南十大水乡古镇导游词

（第2版）

邓德智　程贤法◎编著

北京·旅游教育出版社

等你,在氤氲江南

　　静谧而古老的江南水乡,在他们的笔下略微显得神秘沧桑,牌楼、石雕、小弄堂、石板路、水墙门、镂空花窗、水榭亭台、古老的桥,这些地地道道的江南元素尽在他们的文字里呈现,古镇风貌迎面扑来。或许就在某一条熟悉的土巷里,在转角处,你可以遇到他们,正领队一批观光游客与古镇进行一场亲密对话。人人都说江南的灵秀有着油纸伞下妙曼的红颜,而江南更是盛产才子的地方,以唐伯虎、祝枝山、文徵明、徐祯卿为代表的一代名流,充分彰显了水乡历史文化的无尽魅力。

　　由浙江旅游职业学院邓德智教授和杭州本土旅游专家程贤法先生编写的《江南十大水乡古镇导游词》的书稿我拜读了整整一个夏天,如柔风拂面,载着我的灵魂一路前行,流连水乡每一处古迹,走过了每一座该走的古桥,在我停停歇歇的脚步里,只想把所有的时光停驻,任世事浮沉,流年遗落,岁月静好。或者我可以在怀旧的老宅里,做一个自在的闲人;或者双手靠在背后,徜徉在美好的山光水色中,沉醉在婉约的周庄,是她小家碧玉般的美让三毛这样性情中的女作家流着泪依依不舍地离开,画家陈逸飞先生那幅《故乡的回忆》更使周庄名扬天下。

　　江南一直是中华民族的富庶之地,也是历史文化积淀最为深厚之区,自古就为人所向往。我甚感惭愧,江南于我是那样亲近,而我对她却是那样知之甚少,幸好,我有机会先睹为快这本水乡古镇的导游词,足足可以弥补心头的遗憾。"小桥、流水、人家",

是江南水乡恬静怡然的写照,有了水的灵动,就赋予了古镇灵魂和生命,风景才变得如此地婀娜多姿,绚丽丰盈。江南水乡的魅力之所在,丰盈而密布的水道是风骨,让古镇焕发出了崭新的气息和勃勃的生机。

从书中也知道了富安桥是周庄最老的桥,桥的四角建有四座高大的桥楼,这种造桥方法在江南水乡难得一见。画中的双桥交错成景,斑驳的青灰色像夏日清晨里依稀的梦境,轻轻舞旋在尘世间。让想象插上了翅膀,在闻名遐迩的石桥上行走,验证了江南人吉祥美好的祝福,走过了古桥,就会走通人生的每一个关口,一生都会过得平安健康和快乐。一座座古桥连接着两岸的人家,连接着千万水乡人们的心,也连接着水乡古镇的过去和未来。

在中国园林建筑艺术中,非常讲究情景的融合和景致和谐的打造,采用种种手法来布置空间,组织空间:借景、分景、隔景、远景、邻景、仰景、俯景,大中见小,小中见大,虚中有实,实中有虚,或藏或露,或浅或深。被列为世界文化遗产的经典园林的退思园就是典型的江南小型园林的代表。它因水制宜,轩、亭、廊、榭贴水而建,可谓匠心独运。但它又独辟蹊径,"宅取楼式,园求其景",以其精巧的布局和建筑,让人叹为观止。园内松柏苍劲,亭台楼阁、水榭曲廊应有尽有,可谓几步一景,入境成画,美不胜收。山明水秀的江南水乡,拥有众多美丽如画的古典园林,其精湛的造园艺术享誉天下,不少园林建筑先后被列为世界文化遗产。这些在书中都有详尽记载,这也正是江南水乡风景的神韵所在。

你听,黄昏时远处传来了悠扬的声声丝竹,宛若天籁般纯净、空远,似轻纱般笼罩在如梦如幻的水乡。排排黑瓦白墙的古屋,纵横交错的水道,延伸到古镇的每一个角落,更显水乡扑朔迷离,尘世早就渐行渐远了。这不就是我一直梦寐以求的远方吗?她清丽、婉约、端庄,有着娇柔淡雅的气质,令人思绪万千、回味无穷。我愿将默默的牵挂留下,连同被泪水润染的丝绸般的柔情……

夏夜,倚窗独守,仿佛遥远的江南此刻只属于我一个人。默默地欣赏我的水乡,掀开层层轻纱薄雾,安静地遐想。黑色里看不见一点其他的色彩,浓墨丹青,怡然沉醉。

　　缘分本是一本书,不经意地翻阅,就错过很多细节;读得太认真,就要为她流干眼泪！很庆幸,我能够这样淡定而安静地品读江南。她定是流传千古的诗篇,缠绵悱恻。她从容的目光跨越红尘,审视着古镇每一个角落里的生灵美景。她理智的笑容,穿透黑夜,撒播温暖的种子,歌唱人生的明媚！可能我们在千年的时光里遇见过她,原来她一直立在氤氲江南等你……

红叶

2017 年 7 月 15 日于静心阁

目 录
CONTENTS

第一篇　赏你，在文化江南 ···································· 1

江南水乡古镇资源特色 ·· 1
江南水乡古镇的水文化特征 ······································ 3
水乡古镇重要建筑 ·· 12
古建筑术语 ·· 17

第二篇　读你，在诗画江南 ···································· 31

中国第一水乡——周庄古镇 ······································ 31
记忆中的水乡天堂——同里 ······································ 46
梦里水乡——千灯古镇 ·· 77
中国博物馆之水乡——锦溪 ······································ 89
吴文化的聚宝盆——木渎 ·· 105
神州水乡第一镇——甪直 ·· 128
中国最后的枕水人家——乌镇（东栅） ···························· 142
中国最后的枕水人家——乌镇（西栅） ···························· 166

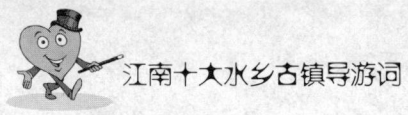

海派文化的摇篮——南浔 198
生活着的千年古镇——西塘 217
上海的威尼斯——朱家角 238

第三篇 品你,在物产江南 274

西湖龙井茶 274
杭州丝绸 290
桐乡杭白菊 304
江苏东海水晶 313
苏州太湖珍珠 327
无锡宜兴紫砂壶 339

致 谢 354

第一篇 赏你,在文化江南

江南水乡古镇资源特色

  大自然和历史共同造就了江南水乡古镇。联合国教科文组织的专家在考察时,为它们下了一个定义:"江南水乡古镇是一种介于城市和乡村之间的人类聚居地,并在一定的地域形成完善的以水为中心的网络体系。它具有高度的历史文化价值,是江南水乡地域文化的集中体现。"这些古镇都处于太湖流域的江南平原(主要集中于苏南以及杭嘉湖地区),地势低洼,河网密布,这一特定的地理环境决定了河道是该区域的主要交通纽带,使得因水成镇、因水成市有了可能。湖泊纵横也为耕种渔桑创造了良好的自然条件,经济发展,人口聚集,从而孕育了繁荣的古镇文化。在战事频频的年代,也正是因为此地河网交错、地形复杂,古镇才侥幸躲过了纷飞的战火,奇迹般地保存了传统建筑物及其独特的格局,成为独树一帜的人文景观。其资源特色可以概括为:

【依水成市,因水成街】

  江南地区水网密集、河流众多,古镇自然与水有着千丝万缕的联系。古镇绝大多数因水而建,在布局上也随着河道的百转千折而呈现出不同的风貌。著名学者阮仪三将水乡古镇分为3种:由单河道形成的带形城镇、由"十"字形河流形成的星形城镇和由

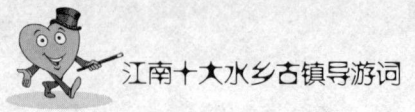

网状河流形成的团形城镇。其中,带形城镇一般规模较小,沿一条河流呈带状延伸,如上海青村镇等;星形城镇一般为中小城镇,沿交叉的河流向四方伸展,交通条件较好,如浙江南浔镇、西塘镇等;团形城镇则是最具代表性的江南城镇平面形态,其规模一般较大,商业繁荣,经济发达,如江苏周庄镇、同里镇等。

【亲水建筑,天人合一】

水乡特殊的自然环境造就了江南古镇建筑的亲水性。沿河民居临水开门开窗,设水埠,建码头,临水空间别有情趣。造型多采用出挑、吊脚、枕流、倚桥等形式,水乡建筑的独特风韵油然而生。古镇民居,多为瓦顶、砖木结构的房屋。为了适应江南温暖湿润的气候,建筑一般是天井、后院、穿堂构成的院落厅堂式布局,加之瓦顶、空斗墙、观音兜山脊或马头墙,形成了高低错落、粉墙黛瓦、庭院深深的建筑群体风貌。江南水乡古镇水域周围的建筑布局和风格很好地体现了中国传统的天人合一的思想和经济因素的完美结合:布局随意精练,造型轻巧简洁,色彩淡雅宜人,轮廓柔和优美。在经济因素作用下,建筑尽量占据沿河沿街面,并形成了下店上宅、前店后宅的融商业、居住、生产为一体的建筑形式。建筑的尺度一般不高,天井、长窗使得室内室外空间相通,建筑刻意亲水,前街后河,临水构屋,有水墙门、水埠头、水廊棚、水阁、水榭楼台,甚至水巷穿宅而过,形成了人与自然相和谐的居住环境。

【浓厚文化,人才辈出】

古语有云:"东南财赋地,江浙人文薮。"古镇之所以有魅力,不仅仅因为这里有小桥、流水,关键在于有文化人家,深厚的文化底蕴才是江南古镇的灵魂所在。因水成市,商贾云集,屋宇林立,从而改变了传统市镇的格局。经济富庶,财富聚集,从而带动了文化的繁荣。以融合性、开放性为主体特征的吴越文化起源地就是在水乡古镇,正因为如此,江南地区在秦汉时期就被司马迁列为我国文化发达的四个地区之一。六朝定都江东后,历经唐宋明清的发展,长期安逸稳定的政治环境和得天独厚的自然环境,使得以江浙六大古镇为代表的江南地区成了全国经济文化的中心。正是在这样一个大背景下,社会精英流寓、定居在古镇以及本土人士的崛起,赋予了古镇更深的文化积淀。古镇在历史的发展推进中之所以能从市镇到古镇,很大程度上依赖于古镇望族群体的繁衍、迁徙和士大夫个体的凸显,他们对古镇文化的形成产生了深刻的影响。繁荣的经济、幽静的环境、源远流长的文化传统,使水乡古镇成为耕读之地,人才辈出。如南浔,在明代有所谓"九里三阁老"、"十里两尚书"之美誉,明清时期先后考取进士、举人的就有上百人。

江南水乡古镇的水文化特征

江南水乡古镇的灵魂是水,若要全面深刻讲解水乡,首先就是对水的理解。就世界范围而言,尼罗河流域、印度河和恒河流域,底格里斯河和幼发拉底河流域,长江和黄河流域,都孕育了世界上最古老的文明。中国的七大古都安阳、西安、洛阳、开封、北京、南京、杭州,之所以大都选址于山环水绕之中,一个重要的原因是取得人与山水的最佳和谐。人与水之间的这种天生的亲和力,在江南古镇中演绎得淋漓尽致,并表现为典型的水文化特征。

【物质文化特征】

江南古镇的水文化首先表现为物质文化,它与精神文化之间,存在着你中有我、我中有你的关系。在这里,物质文化较注重于生活功能与实用意义,精神文化偏重于审美情趣与价值取向。

江南古镇的物质文化特征主要表现在：以水为依托，从人的生存需要出发，紧贴生活；崇尚自然，追求素净、本真、实用；层次丰富，注重细节。我们从古镇人赖以生存的基本要素衣、食、住、行出发来向大家介绍。

衣

服饰，作为一种文化现象，它的实用功能与审美习尚，大抵反映出一地域的文化基调、文化个性与审美追求。江南水乡人之传统服饰以女性最具特色，其典型款式为三角包头，大襟纽攀三色拼接上衣，束裙束腰，百衲绣花鞋。在功能上，三角包头原为遮风挡雨，使人免于船行水中的牵挂；上衣拼接是鉴于经常性的劳动磨损后，择色更换、缝补方便；窄袖束腰以求得田间劳作的干净爽气。在审美上，水乡妇女有天然的爱美之心。三角包头上之流苏可添动感，置束带以增质感，而包头、束腰、花鞋上的刺绣则显示出地域审美习尚与个性审美感受，如姑娘束带上所绣蝶恋牡丹、鸳鸯戏水、双鹊鸣柳、双蝠翩舞等图案，造型稚拙，赋以粉彩，精巧细腻，雅俗共赏。中老年妇女裙带亦绣有万年青、菊花、蜡梅、水仙等花卉，富有祥和、宁静的艺术特色。如今具有水乡特色的传统服饰要在古镇中细细寻觅才能一睹芳容。

食

吃的文化是人类告别蒙昧、追求生活艺术的标志。观察一民族的人生哲学、生活习俗，常能从其饮食中知道大概，所谓饮食男女是也。所以一地域饮食中的色泽、口味、形制、品种、餐具、环境等，无不反映出该地域的生活品位与文化特色。自营自足、安居乐业的水乡古镇人，对于食文化颇有讲究。他们在吸取苏杭、淮扬、中原饮食文化的基础上，形成清淡、精致、质朴的饮食特色。生于斯、长于斯的水乡人，其饮食文化无不与水相联结，主食稻米由水田种植而得，并衍化出各种副食特色糕点，如西塘八珍糕、荷叶粉蒸肉、乌镇姑嫂饼、南浔橘红糕等。水养育了大量的水产品，其中最具特色者如同里芡实（鸡头米）、周庄白蚬、东山银鱼等。另外,由于江南雨水充足,古镇周围土地肥沃,还盛产水果(东山)、苋菜(周庄)以及茭白、菱藕、莼菜、荸荠等。由古镇人的吃诱发三点食余之想:一是水作为古镇人的生存之源,不仅养育了古镇人,而且古镇人在演绎生命的同时也养育了这方水土。二是寓本色之美于饮食中。我曾品尝过许多古镇风味菜肴,有一点感觉是共同的:新鲜、本真。如乌镇水豆腐干,将极新鲜的薄片白豆腐干,用竹丝串联浸入水中煮熟。食时于细白、温软的表面,现抹一层自制红色调料。红白相间,趁热而食,很合乎中老年人的口味。再如东山银鱼炒蛋。新鲜银白的太湖银鱼与鸡蛋爆炒,起锅后撒些许葱花,黄白绿三色鲜明,倘佐以太湖啤酒,尤鲜美可口。三是饮食格调与整体生活方式一脉相承。饮食独立于生活又融于生活。忌辛辣,究刀工,尚清淡与本真、宁静,追求细节与生活秩序相应。

住

白墙黑瓦的民居是组成江南水乡古镇的最大构件,也是古镇所展示的一道最具特色的文化风景。梳理多姿多彩的江南水乡古镇民居,可见以下特色:一是同中求异,即在整体的统一中,求得局部的变化。远观一个个古镇,视线内几乎都是白墙黑瓦,小桥流水,似有单调之嫌。走近并且进入室内观察,发现民居之局部变化多端。外观有廊棚、圈门、屋脊、山墙、门楼、飞檐等之变。如南浔百间楼的马头墙呈云头、观音兜、台阶之势,翘头和平头高低错落,丰富多样。内部以天井、后院、穿堂、回廊、楼梯及门、窗、牛腿等寻求变化。曾见同里退思园内有一排十扇环形漏窗,不仅窗格图案各不相同,而且各窗窗后景致也迥异。更妙的是每窗中间均嵌一篆字,组成李白诗句。这样清风明月不需一钱买,可谓精巧之至。二是亲水性,以水成街,以水成市,以水成镇。沿河民居大多临水开门开窗,设水埠或建筑内凹,纳入水内。周庄张厅,甚至将小河引入后院,并通过美人靠(木制雕花座椅、挂落)、石驳岸、石阶、水埠的巧妙周旋,达到了内厅对联上写的"轿

从门前进,船自家中过"的效果,堪称古镇亲水性之代表作。三是建筑形制的多层次性。造屋买田是中国传统社会民间私人财富积聚之象征。由于江南古镇周围水域多、土地少,居民以经商为主。有钱官商、殷实人家之财富表现,不同于镇郊农村地主,有钱就买田地,不太计较住宅之考究,他们往往把建筑住宅作为财富、文化的落脚点。从建筑档次上看,江南水乡古镇民居大致可分三种类型,即中小人家、大宅、私家园林。中小人家布局一般较随意:一个小天井,两三间平房,形式自由,空间利用合理。稍好一点的呈院落式布局,如乌镇茅盾故居,西塘种福堂、薛宅,黎里柳亚子故居等。大宅为官商富户精心营建,建筑形制上呈进(一个天井加一个厅堂,组成一组院落)落(横向并列的宅院)式纵向布局,由内到外的空间序列一般是宅门、入口天井、第二道宅门、厅堂、内院天井、堂楼,其中主客房、厅堂的设置,厅堂内主次、序位、主客、男女、仆佣的隔离和连接都有周到安排。江南古镇中现保存较好的大宅有周庄的沈厅,南浔的张静江故居、张石铭故居等,尤以建于明代的明善堂最具文化价值。该宅大厅采用独木扁方大梁面,柱础为垫木板之鼓形青石,窗格是细条小方格,大方青砖铺地,体现出典型的明式特征。而宅内厅堂卧室布置的明式家具,如桌、椅、凳、榻、几、案、架、柜等造型大方,线条流畅,古意盎然。私家园林较具代表性的有3处,即同里退思园、南浔小莲庄、东山启园。这些私家园林,往往因文人、画家的参与设计建造而渗透入诗情画意,反映出中国人的自然观与人文精神。如同里退思园,为清道光间退居官僚任兰生所建,由民间画家袁龙精心设计。该园之叠石、植树、栽花、凿池、设亭、建廊极富中国绘画之写意手法。构图上充分考虑到虚实、含露、聚散、高低、曲直及季节变化之关系,有移步换景、步步即景之致,所谓咫尺江南尽在退思园中。

行

这里主要指水陆交通。传统社会中人分等级,脚下之路也各

第一篇 赏你,在文化江南

不相同。江南古镇道路之材质及高低、宽窄、曲直,在顺应自然要求的同时,也因财富、等级之不同而不同。由于江南多雨又地气潮湿,陆上道路常泥泞难行。因此,水路是传统社会江南古镇的主要通道。这些密布古镇的水路网络,沟通了古镇与古镇之间、古镇与城乡之间的生活、商业与文化往来。陆路是古镇交通的辅助系统,一般顺应河道布局。主干道往往与主河道平行,次一级的街巷与镇内小巷互相分割,并以桥与水埠作为水陆交通的连接点,构成古镇交通系统。古镇内几乎没有泥路,多由条石、青砖、碎石铺成,显得整齐干净。街巷呈"川"字形镶嵌在市河与民居之间,蜿蜒曲折,富有诗意。这些街巷道路的宽窄与用料显示出等级和财富的差别。如南浔小莲庄西边的御道,为迎候圣旨或钦差而特意铺设,现路左右尚存两排高大的香樟树,可想见当年之气派。又如用横条青石板铺就的街面一般作古镇干道。这样的街面在古镇已不多见,尝见周庄沈厅前有一段用武康石铺就的古街。经数百年迎来送往风雨洗礼,石质已呈深褐色,因磨砺而发出光亮,堪作该镇历史见证。再如青砖与方石铺就之街巷,一般设于古镇支道或大户人家的门前,而碎砖或碎花岗石插铺之弹石路为普通街巷的路面。在这里很有必要提到江南古镇的弄。弄是古镇居民出入、连接街路及对外联络的通道,有内弄、水弄、陪弄之分。弄的形成主要是古镇陆地少造成相邻民居间间距短促的结果。在江南古镇无数条巷弄中有两条弄颇具特色:一条是西塘镇的石皮弄,因由166块3公分厚之薄石板铺成得名。此弄最窄处仅80公分,仅容一人通行。在两侧高高的山墙下,在潮湿阴幽的弄里漫步,隐约可闻天籁之声。另一条是同里镇之穿心弄。长约300公尺,有转折、收合、导引、过渡之变化,弄两侧之住宅对外元素如檐、窗、侧门、台阶、照壁富有节奏的排列,狭窄天空中尚见一线绿色,那是从内宅伸展出来的大树枝叶。弄底是下水道,上铺不规则石块,人行其上,发出哐嗒之声,极富有情趣。

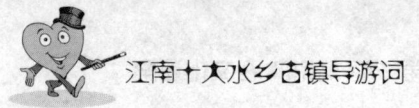

【精神文化特征】

　　江南古镇之水文化特征不仅由表层的物质文化显现出来,而且内隐之精神文化则更具魅力,它是水文化之归宿点与真正价值之所在。在中国传统文化中,人与自然之间,或者自然与人之间的文化关系,具有情和理即艺术和哲学两个层面。以水为例,人之于水,往往体现出一种人格化的艺术关系。王国维先生说:一切景语皆情语也。借水遣兴,缘水寄情,这在中国古代诗歌、散文、山水画、戏曲、园林中多有体现。水之于人,则更多表现为一种哲学关系。中国古代先哲在与水之自然交接中,通过对水之声光形色之动静变化的形上悟会,发出哲思睿语:"上善若水。水善利万物而不争,处众人之所恶,故几于道","智者乐水,仁者乐山"。老子将水性喻作上德者的人格,以为利万物而不争,处众人之所恶的人,已接近"道"的境界。而孔子以为那些通达透脱之人,才能忘情于水,得水之快乐。在这里儒道两家由对水的体悟进而上升到哲学境界,颇耐人寻味。人与水、水与人之间的这种既寓情又达理的文化关系,寄托到文化现象上,江南水乡古镇就是最好例证。江南古镇的文化,正是在亦儒亦道的文化背景下,显现出富有特色的水文化精神。这种水文化精神主要表现出以下特征:

　　好学善思、开放进取的文化心态

　　江南民间素有耕读传家的风气,早在1 400多年前,南朝梁武帝的儿子昭明太子,就跟随他的老师沈约回故乡乌镇求学。现乌镇仍留有昭明读书台牌坊遗址。这种好学上进的风气,因学而优则仕的科举制度和宋文化中心的南移进一步得到强化。这从南宋以来古镇大量士子中举的史实可获印证。据《南浔镇志》记载,该镇自南宋至清700年间,光进士就出了40名;而吴江同里,自宋淳化三年至清嘉庆十五年间,先后出状元1名,进士42名,举人93名。再一方面,水乡古镇纵横交错之水网络,生生不息之水形态,亦给人以通达、融合、奋进之思,启迪人去开拓、远行、

实现自身价值。最后此文化特征之形成还与古镇历代官僚、文人、学者、艺术家、儒商的文化参与有关。进入一个个古镇的历史,几乎都能找到数位沉淀于此的历史文化人物,如甪直的唐代诗人陆龟蒙,同里的明造园艺术家计成、清退居官僚任兰生,南浔的近代儒商刘承干,乌镇的茅盾,黎里的柳亚子等。他们生长于此,成就于外,却不忘桑梓情深。他们多在家乡留筑有故居。有定居的,也有临时休养生息的。他们以自己的声望交接,不仅直接参与古镇的文化实践,而且吸引了不少域外文化人赴古镇小栖、叙会、雅玩,使古镇之文化气氛愈加浓厚。以藏书办学为例,明清以来,江南古镇藏书、兴教之风颇盛。仅南浔镇,晚清吴兴之四大藏书楼,就得之有三,即刘承干的嘉业堂藏书楼、蒋汝藻的密韵楼和张均衡的六宜阁,而三家均为靠丝绸起家的富商。尤值一提的是,有"傻公子"美誉的刘承干,嗜书如命,以其雄厚的财力广收博取,全盛时藏书达16万册60万卷。而同里任传薪于1906年创办的"丽则女学"则开吴江女子教育之先河。任传薪早年求学于上海震旦学院(复旦前身),后曾赴德国、日本考察教育,思想开明,以为中国兴教,女子教育尤显迫切。他所办之女学,校舍考究,设施先进,并聘请钱基博、钱祖翼、范烟桥等名师任教,使丽则女校一度成为江南名校,流风所布,绵延而成习俗。耕读传家、好学求进之观念也就自然而然地扎根于寻常百姓心目之中。

温敦自足、居静观动的生存态度

此点与前面的一静一动,似自相矛盾,其实不然。江南古镇之哲学背景是建立在儒之入与道之脱之上的,两者并行不悖。一方面,儒家的道德、仕进、仁义、礼仪观念渗透于古镇人的耕读、功名、行商、世俗生活等中,成为其前进的动力,这恰好与道家宁静致远、静则生灵的动静哲学相合。只动不静,人心不宁,造就不了一个个古镇;只静不动,古镇得不到发展,也难有今天的格局。另一方面,儒家之中庸和顺、道家之隐逸超脱是古镇得以稳固的又一哲学背景。大隐隐于市,小隐隐于镇,加上江南自南宋以来的偏安遗风,古镇周围波平如镜、清澈明净的水空间和百姓自营自足的小农经济观念,使江南古镇呈现出一幅祥和、宁静的田园风景画面。首先是那些退居官僚富商。官场、商场如战场,志不得遂,退而求其次,且于市镇暂求得心理平衡。如同里退思园主任兰生,官场遭弹劾,落职回乡,花10万雪花银刻意造园筑室,取《左传》"进思尽忠,退思补过"句取园名"退思园"。园围高墙,布局改直为横,甚至园内不少匾额,如"坐春望月楼"、"闹红一舸"、"菰雨生凉"、"眠云亭"亦反衬退隐之思。其次是政要名流及文化人。如南浔之国民党元老张静江,黎里之南社诗人柳亚子,乌镇的大作家茅盾,他们利用公余间隙回故里休养生息,以逸待劳,古镇是他们居静养颐之中转站。最后是寻常百姓。他们是古镇的主体,多以小商小贩为业。他们既没有大人先生们的物质文化基础,亦没有精神上的更高奢望,有的只是安安静静的生活,平平淡淡地过日子。他们个性平和,吴侬语,邻里和睦,安居乐业。所以古镇百姓多长寿。我曾与甪直、同里、西塘的老太太交谈过,她们大多乐观开朗,面色红润,身架硬朗,看上去不过六七十岁,而实际上已是八十以上岁数。在周庄我看到有很多上了年纪的老人眼不花,耳不聋,常常一碗黄酒,三碟家常小菜,吃得有滋有味,聊得开开心心,可谓平淡和谐之极。

气质轻柔、亦雅亦俗的艺术风尚

阳刚与阴柔是审美过程中的两个方面。北国之铁板铜琶和江南之晓风残月共存于美的显现中,具有同样的生命力。而轻柔之美在处江南腹地之水乡古镇中体现得尤为显明。这与人文文化积淀有关,亦与自然环境特别是多姿多态的水空间有关。老子曰:"天下莫柔弱于水,而攻坚强者莫之能胜,以其无以易之。"确实,水柔而无形,滑而无骨,却可滴水穿石,化刚为柔,以弱胜强,为他物所无法代替。水之声光形态之美,带给民间艺术家以艺术之思。这种以水为基础的艺术之思寄托在诸如文学、戏曲、建筑、

雕刻、书法、绘画以及民间艺术中的彩塑、剪纸、刺绣、小曲、吹打乐等多种艺术形式中,艺术特色主要表现为:

小处着手,繁而不乱,于精雕细刻上做足文章。这一点凸显于古镇最具特色的木雕、砖雕、石雕"三雕"中。木雕大多施于内室的梁枋、雀替、门窗、用具上,雕刻的手法有剔地、镂雕、线刻、漏雕、贴雕等。曾见西塘尊闻堂百寿厅主梁上镌刻的巨幅"包袱巾",上刻100个寿字、万字及蝙蝠组成的百寿图案,其线条之细腻流畅、图案层次之错落有致、刀法之精致丰富,为江南古镇所仅见。砖雕一般施于门楼、照壁、门楣及墙垣上,以门楼最普遍、最具特色。就我所见的古镇砖雕门楼,印象最深的是南浔张石铭故居。张石铭宅第三进腰门门楼为晚清之作,但见饰于门楼周围的浮雕、镂雕层层叠叠,不胜其烦;而门楼中间由书画大家吴昌硕先生题的"世德作求"篆书门额,却写得疏朗浑朴,游刃有余,恰与周围之繁雕形成"疏可走马,密不通风"之对照。至于石雕,所见少于木、砖二雕,一般出现在门枕、柱础、桥栏、桥面、揽船石上。我以为,在江南古镇尚存石雕中,以揽船石最值得一看。古镇旧时以船为主要交通工具,而船之停靠往往借助砌于驳岸内可对穿之揽船石(船鼻子)。别轻看这一块块小小的揽船石,上面大多饰有精美图案。如甪直市河上,保留了两排较完整的揽船石浮雕,其内容有蕉叶、银锭、如意、平升三级(花瓶内插三支戟)、刘海戏蟾等。隔河看去,这些不太为人注目的船鼻子,形象生动,线条单纯拙朴,是江南古镇幸存的艺术遗珠。

以曲为美。从哲学上看,含而不露,隐而不显;化方为圆,化伸为曲,是道家退隐思想的体现。从审美上讲,曲比直美。曲径通幽,一波三折,直则无致。一个"曲"字,在江南古镇随处可见。就建筑而言,屋角飞檐、马头墙、瓦片、过街楼的圈门和庭园内的月洞门、漏窗以及石桥的拱形等无不以曲线造型或以曲线作过渡。另如小镇内的街巷大多以曲线作延伸。庭园内的小径,更是左顾右盼,前曲后弯,近显远藏。而园内的景致,也被小径蜿蜒

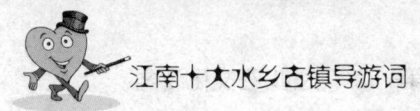

成跌宕错落、充满诗意的怀想。再如在小镇之茶馆码头、小巷深处,时可闻到昆曲、评弹、越剧之声,其音软糯委婉,轻柔隐约,尤显曲致。

精明务实、善于经营的价值取向

江南古镇地处城市与乡村之间,居民性格和价值取向中既没有城市人那样纯粹的市民意识,也没有镇郊农民那样完全的小农意识,而是介于两者之间的一种头脑灵活、善于经营、不务虚、不奢华的踏实作风。周庄巨富沈万三,由一介耕夫起家,日积月累,进而把生意做到海外。若没有勤劳踏实与冒险机敏作铺垫,是断断积不了财富的。南浔儒商刘承干,趁乱世之际,不惜花费大量钱财收购珍本古籍,将经商所得转化为刻书、藏书的精神财富,体现出不同于一般商人的独特文化眼光。而一般的小本经营,讲究经营特色,店主大多既当老板又当伙计,只要能赚钱,什么竹器、白铁皮、花圈、寿材、箍桶、秤店都可以做。反映出水乡小镇生意人独特的经营价值观。

水乡古镇重要建筑

【庙宇寺观】

水乡古镇中宗教和祖先朝拜祭祀的建筑种类繁多,而且设置的地点、位置和规模也有所不同,有些类型具有普遍性、信仰具有广泛性,如宗祠、佛寺、道观、文昌阁等;有的限定于特定的自然地理环境中,如龙王庙常建于村落的水口旁。古村落、古镇的祭祀建筑大致由三类组成:第一类是祭祀祖先的庙,即祠堂。一般设于宅第之东。第二类是奉祀圣贤、先贤的庙,如孔庙、关帝庙。第三类是祭祀山川、神灵的庙,如土地庙、龙王庙、财神庙等。在各古镇村落中,随着祭祀典礼的固化和广泛化,逐步形成各具特色的祭祀典礼,并融入到乡民的日常生活中,最终成为水乡古镇民风民俗的重要组成部分。

【祠堂】

祠堂是宗族、家族举行祭祖礼仪、进行各种纪念活动的场所。在中国古代封建社会里,家族观念相当深刻,往往一个村落就生活着一个姓的一个家族或者几个家族,多建立自己的家庙祭祀祖先,这种家庙一般称作"祠堂",其中有宗祠、支祠和家祠之分。"祠堂"这个名称最早出现于汉代,当时祠堂均建于墓所,曰墓祠;南宋朱熹《家礼》立祠堂之制,从此称家庙为祠堂。当时修建祠堂有等级之限,民间不得立祠。到明代嘉靖"许民间皆联宗立庙",后来倒是做过皇帝或封过侯的姓氏才可称"家庙",其余称宗祠。

祠堂除了用来供奉和祭祀祖先,还具有多种用处。祠堂也是族长行使族权的地方,凡族人违反族规,则在这里被教育和受到处理,直至驱逐出宗祠,所以它也可以说是封建道德的法庭;祠堂也可以作为家族的社交场所;有的宗祠附设学校,族人子弟就在这里上学。正因为这样,祠堂建筑一般都比民宅规模大、质量好,越有权势和财势的家族,他们的祠堂往往越讲究,高大的厅堂、精致的雕饰、上等的用材,成为这个家族光宗耀祖的一种象征了。祠堂多数都有堂号,堂号由族人或外姓书法高手所书,制成金字匾高挂于正厅,旁边另挂有姓氏渊源、族人荣耀、妇女贞洁等匾额,讲究的还配有联对。如果是皇帝御封,可制"直笃牌匾"。祠堂内的匾额之规格和数量都是族人炫耀的资本。有的祠堂前置有旗杆石,表明族人得过功名。一般来说,祠堂一姓一祠,旧时族规甚严,别说是外姓,就是族内妇女或未成年儿童,平时也不许擅自入内,否则要受重罚。

【牌坊】

牌坊为宣扬礼教、标榜功德、荣宗耀祖、旌表贞烈而建的纪念性建筑物。牌坊是古代官方的称呼,老百姓俗称它为牌楼。作为中华文化的一个象征,牌坊的历史源远流长,在周朝的时候就已经存在了。其实牌坊与牌楼是有显著区别的,牌坊没有"楼"的构造,即没有斗拱和屋顶;而牌楼有屋顶,它有更大的烘托气氛。但是由于它们都是我国古代用于表彰、纪念、装饰、标志和导向的一种建筑物,而且又多建于宫苑、寺观、陵墓、祠堂、衙署和街道路口等地方,再加上长期以来老百姓对"坊"、"楼"的概念不清,所以到最后两者成为一个互通的称谓了。

牌坊就其建造意图来说,可分为四类:一是功德牌坊,为某人记功记德。二是贞洁道德牌坊,多表彰节妇烈女,在安徽歙县有许多这类牌坊。三是标志科举成就的,多为家族牌坊,为光宗耀祖之用。四是标志坊,多立于村镇入口与街上,作为空间段落的分隔之用。牌楼从形式上分,只有两类:一类叫"冲天式",也叫"柱出头"式。顾名思义,这类牌楼的间柱是高出明楼楼顶的。另一类"不出头"式。这类牌楼的最高峰是明楼的正脊。如果分得再详细些,可以每座牌楼的间楼和楼数多少为依据。无论柱出头或不出头,均有"一间二柱"、"三间四柱"、"五间六柱"等形式。顶上的楼数,则有一楼、三楼、五楼、七楼、九楼等形式。

【古桥】

桥指架在水上或空中以便通行的建筑物。在中国古代建筑中,桥梁是一个重要的组成部分。早在原始社会时期,我们的先民为了解决水路交通问题,就开始建造桥梁。几千年来,勤劳智慧的中国人修建了数以万计奇巧壮丽的桥梁,这些桥梁横跨在山水之间,便利了交通,装点了河山,成为中国古代文明的标志之一。我国古桥先有梁桥,后有浮桥和索桥,拱桥最晚出现。

江南水乡的古村镇,几乎都倚水而建,桥梁成为水乡一景。江南桥梁的造型最常见的有三种:拱桥、平桥、折桥。又因水面要行船,所以桥梁建得不能太低,以高挑的石拱桥为多。桥的平面

形式则主要与地形有关,根据行人的来往方向及河面的宽度等因素,桥面主要建成一字、八字、上字、丫字等形式。古桥的造型、桥身纹饰、桥联、桥体石板花纹以及桥面的装饰,都成为人们欣赏的主要元素,而且水乡中某些重要的桥头地带,人流来往相对频繁,常常成为人流的集中地。所以,桥头处的居民多利用民居的底层开设店铺,小商贩和集市贸易也往往在桥头路旁展开。原以交通为主要功能的桥梁,实际上已成为商业活动的聚集地带,成为水乡城镇空间的转折和标志,甚至它还成为调节风水的重要建筑。因此,如此丰富的艺术类型和功能更使得古桥从某种意义上成为江南水乡文化景观的主体之一。

【过街楼】

　　过街楼专指有道路穿过建筑空间的楼房,或指跨在街道或胡同上的楼,底下可以通行。过街楼在江南乡镇中很常见,它使小街窄巷一线单调的天空陡然变化,又添空间层次。楼上则是人家宅屋或店家,借天空而不妨碍交通,使楼两边的房屋连成一家。过街楼伴随着日出而作、日落而息的村民,不仅成为人们的生活空间,而且也成为水乡一道风景。

【戏台】

　　戏台即戏剧舞台,是指为戏剧演出而建的专门场所。中国古代戏台基本为木结构建筑,从高度讲大致可分为单层、双层两种类型。单层指戏台建在一个台基上,台基一般高度为1米左右;双层指戏台建在通道之上,通道多为山门,高约2米。从开口角度讲,可分为一面观、三面观两种,亦有介于二者之间者。戏台从其木结构看,多在四根角柱上设雀替大斗,大斗上施四根横陈的大额枋,以形成一个巨大的方框,方框下面是空间较大的表演区,上面则承受整个屋顶的重量。这种额枋的建筑形制,对需要开间较大的舞台是十分有利的。

水乡古镇的戏台其实已成为当地乡民聚集娱乐中心,每当有戏曲演出活动的时候,犹如过年过节一般,四周的乡民都会赶来,非常热闹。戏台起着酬神、娱人的双重作用,台上台下天、地、人三界交错,神、鬼、人共同娱乐,乡民们有的纯粹看戏,有的做生意,有的走亲戚,五花八门,应有尽有,人山人海,餐馆饭店都客满,形成浓郁的水乡风情。

【塔】

塔是一种供奉或收藏佛舍利(佛骨)、佛像、佛经、僧人遗体等的高耸形建筑,称"佛塔"、"宝塔"。塔一般由地宫、塔基、塔身、塔顶和塔刹组成。

塔这种建筑形式缘起于古代印度,在漫长的历史中曾被人们译为"窣堵坡(Stupa,梵文)"、"浮图(Buddha,梵文)"("救人一命胜造七级浮屠",此"浮屠"即塔)。随着佛教在中国的广泛传播,直到隋唐时,翻译家才创造出了"塔"字,作为统一的译名,沿用至今。随着佛教传入中国的窣堵坡与中土的重楼结合后,经历了唐宋元明清各朝的发展,并与临近区域的建筑体系相互交流融合,逐步形成了楼阁式塔、密檐式塔、亭阁式塔、覆钵式塔、金刚宝座式塔、宝箧印式塔、五轮塔、多宝塔、无缝式塔等多种形态、结构各异的塔系,建筑平面从早期的正方形逐渐演变成了六边形、八边形乃至圆形,其间塔的建筑技术也不断进步,结构日趋合理,所使用的材质也从传统的夯土、木材扩展到了砖石、陶瓷、琉璃、金属等材料。

后世的塔在中国化的过程中,一方面不仅是佛家的标志,而且也为道家、儒家所用;另一方面,塔逐渐脱离了宗教而走向世俗,佛塔的价值和作用在民间产生了转化,衍生出了观景塔、风水塔、文昌塔等具有不同作用和目的的塔。一般古村镇周围所建的塔,通常是调节风水的"风水"塔,以及仅仅是单纯的风景塔和名人纪念塔。

古建筑术语

【天井】

天井是宅院中房子和房子或房子和围墙所围成的露天空地；院落四面有房屋、三面有房屋另一面有围墙或两面有房屋另两面有围墙时中间的空地。南方房屋结构中的组成部分，一般为单进或多进房屋中前后正间中，两边为厢房包围、宽与正间同、进深与厢房等长、地面用青砖嵌铺的空地，因面积较小，光线为高屋围堵显得较暗，状如深井，故名。不同于院子。

【门楼】

门楼是建筑物整套大门的总称，包括门罩、门额、门楣等。它是主人的"门面"，直接反映主人的社会地位、职业和经济水平。所谓"门第等次"即为此意。门楼的高低大小、砖瓦材质、彩绘文字以及和左邻右舍的关系都有规定，应与身份相符，同时门楼装饰的特色也反映了不同地域民居的风格。江南水乡古镇的门楼顶部结构和筑法类似房屋，其顶部往往有挑檐式建筑，门楣上常有双面砖雕，一般刻有"紫气东来"、"竹苞松茂"等有寓意的匾额。斗框边

饰有花卉和蝙蝠、蝴蝶等图案。有的匾额还显示出该房祖先根在何处。有些豪门大宅在大门左右各放一对石狮子或一对石鼓。石狮子、石鼓不仅具有装饰美,且有驱祟保安之意。门楼的种类和位置也很有讲究,如一般官吏和商贾居住在南半部,门楼在主房的西北,多用如意门,门楼虽小却十分华丽,有俊俏秀美之风,门小院大房屋多,属于那种显贵不露富的。无论门楼在北部或南部,都是选择位吉的位置,因为门楼位置的选择影响纳福避邪,是每家每户注重的大事。

【门楣】

门楣,是正门上方门框上部的横梁,一般都是粗重实木制就。古代按照建制,只有朝廷官吏所居府邸才能在正门之上标示门楣,一般平民百姓是不准有门楣的,哪怕你是大户人家,富甲一方,没有官面上的身份,也一样不能在宅门上标示门楣。在江南古镇有不少位高权重名人宅邸,其标示门楣和门档、台阶各富特色。

所谓标示,就是嵌在门楣上的正六角形的方木或者圆木,俗称门档,若是石门则标示质料亦为石,其上按照品级涂以油彩或图画,或写上吉祥福寿等祝语。这些都是地位的彰显,脍炙人口的词汇"光耀门楣",其实就是人们对于权力和财富的向往的一种直观表达。门楣也有区分,一般按二、四、十二之数。简单来说,门楣上有两个门档的,对应的是五至七品官员;门楣上有四个门档的,对应四品以上官员;至于十二个门档的,则只能是亲王以上的品级才能用,换句话说,即便是皇亲国戚,不是封王的也不敢建三开门,嵌十二个门档。门前也有要求,官员们讲究门高于路,所以门前要有台阶,但这台阶可不能随便修,也要按照制度来。六、七品官员门前台阶不能高于二级,五品官门前台阶不能高于三级,以此类推,但台阶数目最高不能超过八级,超过八级那就是九了,九乃数之极,那是代表顶点的数,除了皇上谁也不能用。随着官员晋升,门前的台阶数目会慢慢增加,文人们经常谈的一个词"进身之阶",其中的"阶"就是从这儿来的。

【外檐、飞檐】

外檐是屋檐下外挑的部分,通常指的是从屋脊两侧延伸出去的外沿。外檐构造因时而异,因地制宜,南北东西各地都不一样。西部少雨地区将外檐设计成"集水盆"收集宝贵的水资源,而北方的外檐则相对窄小,方便而不妨碍。在江南古镇因地处南方地区潮湿多雨,其外檐狭长低矮一些。外檐的设计还通常融合了风水学,外檐是屋脊走势的延伸,是整座建筑的棱角,也是评价建筑的造型的重要考量处。可以说外檐设计是我国风水学之中的一个重要标志,建筑学家可以通过查看古建筑的飞檐造型而了解不同时代风水学以及建筑风格的演化。

外檐是一门艺术,可以勾勒出整栋建筑的气势,如果说建筑是个婷婷袅袅的美人,那外檐就是美人的发型。特别是外檐中的飞檐,其屋檐特别是屋角的檐部向上翘起,若飞举之势,常用在亭、台、楼、阁、宫殿、庙宇等

飞檐

建筑的屋顶转角处,四角翘伸,形如飞鸟展翅,轻盈活泼,所以也常被称为飞檐翘角。飞檐也有许多类型,或低垂,或平直,或上挑,其不同的形式制造出不同的艺术效果,或轻灵,或朴实,或威

严、亭、台、楼、阁都要用飞檐来标明自己的身份,表达自己的情感。飞檐的高低、长短往往会成为建筑设计的难点和要点,正所谓"增之一分则太长,减之一分则太短",其设计必须恰到好处才能显得轻灵而不轻佻,朴实而不机械,威严而不呆板。通过檐部上的这种特殊处理和创造,不但扩大了采光面,有利于排泄雨水,而且增添了建筑物向上的动感,仿佛是一种气将屋檐向上托举,建筑群中层层叠叠的飞檐更是营造出壮观的气势和古建筑特有的飞动轻快的韵味。

【月梁】

月梁

木构梁架是我国古建筑发展的主流,梁架最主要的作用是承重。在北方的木结构建筑中,多做平直的梁;而南方的做法则将梁稍加弯曲,形如月亮,故称之为月梁。月梁一般用于大住宅、大府第、大厅堂、大佛殿、大祠堂等比较大型的建筑物上,而且大月梁与平梁的表面不是光秃秃的,在施工完毕之后都要进行雕刻或绘彩画。梁架之中最重要的是大梁,又称五架梁,梁上的雕刻彩绘多集中在五架梁上,一般的做法是先在枋心绘成斜枋套环式,在梁的左右箍头之外,雕画出云锦,梁底面雕画牡丹花,左右丁头拱侧绘出云卷,在斗拱上以承担脊檩。因为南方天气炎热,殿堂基本上都做"彻上明造"而不做天棚,这样一来月梁的形象暴露于外,当人们进入殿堂时,全部梁架构造一目了然,月梁多长多高多大,每一条月梁的雕刻、彩画也都可以看得十分清楚。对比北方的木构建筑之中,几乎每个殿宇都有天棚、天花,把梁架一切构件全部遮挡,所以就不必在梁的表面做雕刻,彩画也做得比较少,因而南方建筑物的月梁有较高的欣赏价值。

【藻井】

　　藻井是中国传统建筑中室内顶棚的独特装饰部分。一般做成向上隆起的井状,有方形、多边形或圆形凹面,周围饰以各种花藻井纹、雕刻和彩绘,多用在宫殿、寺庙中的宝座、佛坛上方最重要部位。藻井的起源最

藻井

早可追溯到古人穴居时,人们常在穴洞顶部开洞以纳光、通风、上下出入。出现房屋后,仍保留这一形式,其顶棚外形像个凹进的井,"井"加上藻纹饰样,所以称为"藻井"。它的发展由简而繁,由实用结构形状而演变为装饰的构造藻井,其形状有圆形、四方形、椭圆形、螺纹回旋形以及八卦形等。

　　藻井通常呈伞盖形,由细密的斗拱承托,象征天宇的崇高。藻井上一般都饰有彩画、浮雕,主要以荷、菱、藕等藻类水生植物和龙形图案为装饰,不仅美观,而且还包含压伏火魔的寓意与象征。自从人类发现火以后,同时也了解到火的危害,人们已懂得了为了生存和发展要避害,但由于当时生产力的低下,人们还缺乏制伏自然灾害的有效手段,于是只能努力从多方面表达自己的愿望。殿堂楼阁建筑中对藻井的特殊处理就属此类,虽然是唯心的,但也反映了古人对防火的良好愿望。

【马头墙】

　　马头墙,又称风火墙、封火墙、防火墙等,特指高于两山墙屋

面的墙垣,也就是山墙的墙顶部分,因形状酷似马头,故称"马头墙"。

马头墙是徽派建筑的重要特色,它在江南民居中广泛地被采用。主要原因在于聚族而居的村落中,民居建筑密度较大,不利于防火的矛盾比较突出,而高高的马头墙,能在相邻民居发生火灾的情况下,起着隔断火源的作用,故而马头墙又称为封火墙。马头墙墙头都高出于屋顶,轮廓作阶梯状,脊檐长短随着房屋的进深而变化,一般为两叠式,或三叠式,较大的民居,因有前后厅,马头墙的叠数可多至五叠,俗称"五岳朝天"。马头墙的"马头",通常是"金印式"或"朝笏式",显示出主人对"读书做官"这一理想的追求。

马,在众多的动物中,可以称得上是一种吉祥物,中国古代"一马当先、马到成功、汗马功劳"等成语,显现出人们对马的崇拜与喜爱。这也许是建筑设计师们为什么要将这种封火墙称为"马头墙"的原因。而在古代,徽州男子十二三岁便背井离乡踏上商路,马头墙是家人们望远盼归的物化象征。我们若从高处往上看,聚族而居的村落中,高低起伏的马头墙,让人视觉上产生一种"万马奔腾"的动感,也隐喻着整个宗族生气勃勃,兴旺发达。看到这些马头墙,人们常常会为建筑设计师们那种高超的艺术创造力而惊叹。徽派民居,其高大封闭的墙体,因为马头墙的设计而显得错落有致;那静止、呆板的墙体,因为有了马头墙,从而显出一种动态的美感。

马头墙

【格窗】

格窗

江南民居沿天井一周回廊采用木格窗间隔空间,其功能有采光、通风、保温、防尘、分割室内外空间等。格窗由外框料、条环板、裙板、格芯条组成,主要形式有方形(方格、斜方块、席纹等)、圆形(圆镜、月牙、古钱、扇面等)、字形(十字、田字、亚字、工字等)、什锦(花草、动物、器物、图腾等)。格窗还采用蒙纱绸绢、糊彩纸、编竹帘等方法增加室内透光。格窗图案多采用暗喻和谐音的方式表现吉祥的寓意,如用花瓶和如意图案组合表示"平安如意";"福寿双全"用寿桃与佛手图案表示;"四季平安"是花瓶上插上月季花;"五谷丰登"用谷穗、蜂蜜、灯笼组合;"福禄寿"用蝙蝠、鹿、桃表示等。

【美人靠】

美人靠也称"飞来椅"、"吴王靠",是一种下设条凳、上连靠栏的木制建筑,因向外探出的靠背弯曲似鹅颈,故又名"鹅颈椅",通常建于回廊或亭阁围槛的临水一侧,其优雅曼妙的曲线设计合乎人体轮廓,除带给人们舒适休憩之外,更兼得凌波倒影之趣。据传,"美人靠"是徽州民宅楼上天井四周设置的靠椅的雅称。徽州古民宅往往将楼上作

美人靠

为日常的主要憩息和活动的场所。古代闺中女子轻易不能下楼外出，寂寞时只能倚靠在天井四周的椅子上，遥望外面的世界，或窥视楼下迎来送往的应酬，故雅称此椅为"美人靠"。又传，美人靠也称"吴王靠"，是春秋时期吴王夫差专为美女西施所设，此虽无以确证，但我们却相信，在它逐渐盛行的历程中，纠缠了诸多美丽的哀愁。古时，妇女，尤其是贵族阶层的妇女皆深居闺阁，抛头露面是不被允许的，活动场所与精神世界都极为有限。百无聊赖之际，她们只得妆楼瞭望、凭栏寄意。西楼的月缺了又圆，却没有心上人的归期。更何况，时光易逝、花开不再的慵懒闲愁轻易就涨满了胸臆。那些美人靠，曾印下多少蹙眉凝眸、引颈顾盼的寂寞身影？它的名、形、意会带给人们无限遐想！

【木雕】

　　木雕是以各种木材及树根为材料进行雕刻，是传统雕刻工艺中的重要门类，在我国常常被称为"民间工艺"。木雕的历史非常悠久，在距今7 000多年前的浙江余姚河姆渡文化，已出现木雕鱼，这是我国木雕史上最早的实物。秦汉两代木雕工艺趋于成熟，绘画、雕刻技术精致完美，特别是施彩木雕的出现，标志着古代木雕工艺已达到相当高的水平。木雕工艺还逐步形成著名的四大流派，即东阳木雕、乐清黄杨木雕、广东潮州金漆木雕、福建龙眼木雕，它们被称为"中国四大木雕"。

　　木雕是雕塑的一种。木雕可以分为立体圆雕、根雕、浮雕三大类。木雕有圆雕、浮雕、镂雕或几种技法并用。木雕特别注重选材，因为木头有的松软、有的粗硬，一般木头松软的易雕，粗硬沉重的难雕。木质坚韧、纹理细密、色泽光亮的称

木雕

为硬木,如红木、黄杨木、花梨木、扁桃木、榔木等,具有雕刻的全部优点,是雕刻的上等材料,适合雕刻结构复杂、造型细密的作品,而且在制作过程中和保存时不易断裂受损,有很高的收藏价值,只是雕起来比较费工夫、容易损伤刀具。比较疏松的木质适合初学者用,如椴木、银杏木、樟木、松木等。这类木材适合雕刻造型结构简单、形象比较概括的作品,雕凿起来也比较容易,但因其木质软、色泽弱,有的需要着色处理,以加强亮感。有些木材木纹比较明显而且变化多端,如水曲柳、松木、冷杉木等,就可以巧用木纹的流畅、木纹的肌理,做一些较抒情的作品。一般说来,造型起伏越大,木纹的变化越丰富,也就越有味;造型的形状动态越婉转、流畅,木纹走向的效果也就越是理想,以至出乎意料地好看,极富装饰性。当然,这种木材的造型设计应以高度概括为主,过于复杂和过于小的体积,不仅会破坏木纹,还会造成视觉上的反差。所以在创作一件作品之前,首先要对木材有所认识,选择适合于表现的材料十分重要。在江南古建筑中,随手拈来都是木雕工艺,因而只有充分了解、懂得木雕工艺艺术,才能更加深入理解江南水乡古镇之美。

【石雕】

石雕是指用石头作为雕刻材料,制作成的石像、图案等。中国石雕艺术起源于新石器时代,商周时期的石雕艺术日趋成熟,出现许多杰出的石雕艺术品。石雕常用的石材有花岗石、大理石、青石、砂石等。石材质地坚硬耐风化,是大型纪念性雕塑的主要材料。在江南建筑中,除了石塔、石桥、石坊、石亭、石墓,石雕更广泛地应用于建筑构件和装饰上。大体分为三类:一是作为建筑构件的门

石雕

框、栏板、抱鼓石、台阶、柱础、梁枋、井圈等；二是作为建筑物附属体的石碑、石狮、石华表以及石像生等；三是作为建筑物中的陈设，如石香炉、石五供等。

按雕件形体不同分为立体石雕，包括立体人像、动物雕像、壁炉、雕刻柱头等；平面石雕，包括浮雕、镜框、画框、透雕窗格、刻字牌匾、石刻画、影雕和线雕等。

按石料分为青石雕刻、大理石雕刻、汉白玉雕刻、滑石雕刻、墨晶石雕刻、彩石雕刻、卵石雕刻等。

石雕工序一般分：石料选择、模型制作、坯料成型、制品成型、局部雕刻、抛光、清洗以及制品组装、验收和包装。而加工石雕制品，其传统的手工加工技法有以下四种：一"捏"。就是打坯样，也是创作设计过程。有的雕件打坯前先画草图，有的先捏泥坯或石膏模型。二"镂"。就是根据线条图形先挖掉内部无用的石料。三"剔"。又称"摘"，就是按图形剔去外部多余的石料。四"雕"。就是最后进行仔细的琢剁，使雕件成型。

【砖雕】

砖雕

砖雕是在青砖上雕刻出人物、山水、花卉等图案，是古建筑雕刻中重要的一种艺术形式。主要用于装饰寺塔、墓室、房屋等建筑物的构件和墙面。砖雕通常也指用青砖雕刻而成的雕塑工艺品，它被列入国家级非物质文化遗产名录。

砖雕由东周瓦当、汉代画像砖等发展而来。砖雕大多作为建筑构件或大门、照壁、墙面的装饰。由于青砖在选料、成型、烧成等工序上，质量要求较严，所以坚实而细腻，适宜雕刻。在艺术上,砖雕远近均可观赏,具有完整的效果。在题材上,砖雕以龙凤呈祥、和合二仙、刘海戏金蟾、三阳开泰、郭子仪做寿、麒麟送子、狮子滚绣球、松柏、兰花、竹、山茶、菊花、荷花、鲤鱼等寓意吉祥和人们所喜闻乐见的内容为主。在雕刻技法上,主要有阴刻(刻划轮廓,如同绘画中的勾勒)、压地隐起的浅浮雕、深浮雕、圆雕、镂雕、减地平雕(阴线刻画形象轮廓,并在形象轮廓以外的空地凿低铲平)等。民间砖雕从实用和观赏的角度出发,形象简练,风格浑厚,不盲目追求精巧和纤细,以保持建筑构件的坚固,能经受日晒和雨淋。砖雕既有石雕的刚毅质感,又有木雕的精致柔润与平滑,呈现出刚柔并济而又质朴清秀的风格。

【圆雕】

圆雕又称立体雕,是指非压缩的,可以多方位、多角度欣赏的三维立体雕塑。圆雕是艺术在雕件上的整体表现,观赏者可以从不同角度看到物体的各个侧面。它要求雕刻者从前、后、左、右、上、中、下全方位进行雕刻。圆雕的手法与形式也多种多样,有写实性的与装饰性的,也有具体的与抽象的、户内小型雕塑与户外大型城雕、着色的与非着色的等;雕塑内容与题材也是丰富多彩,可以是人物,也可以是动物,甚至于静物;材质上更是多种多样,有石质、木质、金属、泥

圆雕

塑、纺织物、纸张、植物、橡胶等。由于圆雕作品极富立体感,生动、逼真、传神,所以圆雕对石材的选择要求比较严格,从长宽到厚薄都必须具备与实物相适当的比例,然后雕师们才按比例打坯、制细坯、修光、打磨、着色上光等。

圆雕不适合表现过于复杂、曲折、烦琐的场景,它要求高度概

括、简洁,要用诗一般的语言去感染观众。它可以通过对人物的细致刻画来塑造富有个性的典型形象,它常常以寓意和象征的手法,用强烈、鲜明、简练的形象表现深刻的主题,给人以难忘的回味。由于圆雕是空间的立体形象,可以从四面八方去观看,这就要求从各个角度去推敲它的构图,要特别注意它形体结构的空间变化。圆雕虽是静止的,但它可以表现运动过程,可以用某种暗示的手法使观者联想到已成过去的部分,也可以看见将要发生的部分。形体起伏是圆雕的主要表现手段,如同文字之于文学、色彩之于绘画。雕塑家可以根据主题内容的需要,对形体起伏大胆夸张、取舍、组合,不受常态的限制。形体起伏就是雕塑家借以纵横驰骋的广阔舞台。总之,圆雕要求精而深,强调以一当十、以少胜多,既要掌握雕塑艺术语言的特点,又要敢于突破、大胆创新。

【浮雕】

浮雕

浮雕是在平面上雕刻出凹凸起伏形象的一种雕塑,是一种介于圆雕和绘画之间的艺术表现形式,它用压缩的办法来处理对象,靠透视等因素来表现三维空间,并只供一面或两面观看,是雕塑与绘画结合的产物。浮雕也是伴随着原始宗教的图腾信仰等祭祀崇拜而产生的,与山洞中的岩画和雕刻一样,是最为古老的艺术形式,直接与当时人们的精神生活相联系。而当人们的物质生活水平提升,想要使用更加坚硬的材质保存创作出的形象的时候,浮雕就产生了。浮雕一般是附属在另一平面上的,因此在建筑上使用更多,用具器物上也经常可以看到。由于其压缩的特性,所占空间较小,所以适用于多种环境的装饰。近年来,它在城市美化环境中占了越来越重要的地位。浮雕在内容、形式和

材质上与圆雕一样丰富多彩。浮雕的材料有石头、木头、象牙和金属等。

浮雕的空间构造可以是三维的立体形态,也可以兼备某种平面形态;既可以依附于某种载体,又可相对独立地存在。一般地说来,为适合特定视点的观赏需要或装饰需要,浮雕相对圆雕的突出特征是经形体压缩处理后的二维或平面特性。浮雕与圆雕的不同之处,在于它相对的平面性与立体性。它的空间形态是介于绘画所具有的二维虚拟空间与圆雕所具有的三维实体空间之间的所谓压缩空间。压缩空间限定了浮雕空间的自由发展,在平面背景的依托下,圆雕的实体感减弱了,而更多地采纳和利用绘画及透视学中的虚拟与错觉来达到表现目的。与圆雕相比,浮雕多按照绘画原则来处理空间和形体关系。但是,在反映审美意象这一中心追求上,浮雕和圆雕是完全一致的,不同的手法形式所显示的只是某种外表特征。作为雕塑艺术的种类之一,浮雕首先表现出雕塑艺术的一般特征,即它的审美效果不但诉诸视觉而且涉及触觉。与此同时,它又能很好地发挥绘画艺术在构图、题材和空间处理等方面的优势,表现圆雕所不能表现的内容和对象,譬如事件和人物的背景与环境、叙事情节的连续与转折、不同时空视角的自由切换、复杂多样事物的穿插和重叠等。平面上的雕凿与塑造,使浮雕可以综合雕塑与绘画的技术优势,保持手法上的多样性和多样化。二维空间中的透视缩减,陪衬主体形象的背景刻画或虚拟,使浮雕的塑造语言比之其他雕塑尤其是圆雕,具有更强的叙事性,同时也不失一般雕塑的表现性。

浮雕根据压缩空间的不同程度,形成两种基本形态——高浮雕和低浮雕。高浮雕由于起位较高、较厚,形体压缩程度较小,因此其空间构造和塑造特征更接近于圆雕,甚至部分局部处理完全采用圆雕的处理方式。高浮雕往往利用三维形体的空间起伏或夸张处理,形成浓缩的空间深度感和强烈的视觉冲击力,使浮雕艺术对于形象的塑造具有一种特别的表现力和魅力。低浮雕起位较低，形体压缩较大，平面感较强，更大程度地接近于绘画形式。它主要不是靠实体性空间来营造空间效果，而更多地利用绘画的描绘手法或透视、错觉等处理方式来造成较抽象的压缩空间，这有利于加强浮雕适合于载体的依附性。

一般地说，高浮雕较大的空间深度和较强的可塑性，赋予其情感表达形式以庄重、沉稳、严肃、浑厚的效果和恢宏的气势；浅浮雕则以行云流水般涌动的绘画性线条和多视点切入的平面性构图，传递着轻音乐般的平和情调和抒情诗般的浪漫柔情。

【透雕】

透雕也称通雕，它是一种介于圆雕与浮雕之间的雕刻手法，更确切地指在浮雕的基础上，保留凸出的物像部分，而将背景部分进行局部或全部镂空的雕塑形式。镂空其背景部分，大体有两种：一是在浮雕的基础上，一般镂空其背景部分，有的为单面雕，有的为双面雕。一般有边框的称"镂空花板"。二是介于圆雕和浮雕之间的一种雕塑形式，也称凹雕、镂空雕，或者链雕。透雕与镂雕、链雕的异同表现为，三者都有穿透性，但透雕的背面多以插屏的形式来表现，有单面透雕和双面透雕之分。单面透雕只刻正面，双面透雕则将正、背两面的物像都刻出来。不管单面透雕还是双面透雕，都与镂雕、链雕有着本质的区别，那就是镂雕和链雕都是360度的全方位雕刻，而不是正面或正反两面。因此，镂雕和链雕属于圆雕技法，而透雕则是浮雕技法的延伸，它使得雕刻出来的图案更形象，更有一种立体感。

透雕

第二篇　读你,在诗画江南

中国第一水乡——周庄古镇

各位游客:欢迎大家来到国家AAAAA级旅游景区——周庄游览。民间曾有"上有天堂,下有苏杭,中间有个周庄"的说法。"镇为泽国,四面环水,港汊分歧,湖河联络,咫尺往来,皆须舟楫",形成了"水陆并行,河街相临"的小桥、流水、人家格局,景色宜人。1998年被联合国教科文组织列入"世界文化遗产预备名录",2000年,又荣获迪拜国际改善居住环境最佳范例奖,而且是最佳范例中的百佳范例之一,也是国内唯一获得这项殊荣的城镇。周庄之美在于桥和水,两横两纵的河流如诗如画。古镇景色依依,幽静恬然,令人回味。现在就请大家跟随我走进美丽的古镇,亲身体验水乡的无尽魅力吧!

【概况】

游客们,周庄位于苏州城东南38公里,地处苏州昆山市、吴江市和上海的青浦县三县市交界之处,从这里乘汽车到上海的大观园只需要十几分钟,东面不远就是有名的淀山湖,所以有人说:"周庄是淀山湖畔的一颗明珠。"

周庄,是一个有着900多年历史的江南水乡古镇,它以悠远的传统、淳朴的民风、古老的建筑、清澄的河水和充满传奇色彩的人物,成为一方极有诱惑力的旅游胜地。在井字形的河道上横跨着14座分别建于元、明、清三代的古桥梁,其中有国内仅存的桥楼——富安桥和驰名中外的双桥。镇上明清建筑占60%以上,最著名的有明朝中山王徐达之弟徐逵后裔所建的张厅,沈万山后裔所建的沈厅,还有叶楚伧故居,以及柳亚子、陈去病诗酒叙会的迷楼和吴中著名道院澄虚道院、水中佛国全福讲寺等。台湾《经纬》杂志盛赞周庄是"中国第一水乡"。古建筑专家罗哲文说:"周庄不仅是江苏省的一个宝,而且是国家的一个宝。"大家为周庄完好地保存着如此多的明清建筑而感叹,为"小桥、流水、人家"的精美格局而自豪,为处处入画、时时有诗的浪漫风情而陶醉,周庄是一座无法重造的美丽水乡。

【贞丰泽国牌坊】

贞丰泽国牌坊

游客们,我们现在所看到的石牌楼,是古镇周庄的象征,上面镂刻有"贞丰泽国"四个字,为著名的书法家沈鹏所写。"贞丰"是指周庄的原名为贞丰里,北宋元祐元年(1086),有一位姓周的迪功郎因信奉佛教,将200亩庄田捐给当地的全福寺作为庙田,老百姓感其恩德,把贞丰里改为周庄。"泽国"是指四周环水的地方。坊柱上的一副对联,上联是"贞坚不贰攀日康庄有道路",下联是"丰衣足食向阳桃李自逢时",意思是说我们周庄人民在改革开放的大潮中走上了康庄大道,生活越来越富裕了。

大家跨过石牌楼就进入古镇区了,请回头再看,这里还有一副对联:"万顷碧波水光潋滟晴方好;百尺临云塔影横斜景亦奇。"

第二篇 读你,在诗画江南

这是著名记者冯英子题写的。横题上书"唐风孑遗"。意思是走在周庄,古代优秀的民族文化、古风遗韵还能看到一些痕迹。这是著名书法家费新我老先生在晚年高龄的时候用左手题写的,左下角还有他的落款呢!大家可以仔细辨认一下,是"新我左笔"四个字。这石牌楼和马路两旁飞檐翘角、黛瓦粉墙的房屋,以及高高耸立的古塔,构成了一个古建筑群,许多人都喜欢在这里留影纪念,回头大家也可以在此拍照纪念。

【汉白玉照壁】

游客们,这座醒目的汉白玉照壁,是为纪念古镇建成 900 周年而建立的。它艺术地勾勒出了周庄悠久的历史。抬头看去,拱桥驳岸,风火墙和蠡窗黛瓦,无不给人以浓重的历史感。

汉白玉照壁

周庄,典型的江南水乡,有人把它比作威尼斯小城。四条河道交叉形成"井"字形将古镇分割,形成 8 条街道,15 座各式小桥彩虹般横跨在"井"字形河道上,给周庄增添了风采。镇上大部分居民住宅都临港背河。过街骑楼、临河水阁、水墙门、长驳岸、河埠廊坊、穿竹石栏、水巷幽弄、深宅大院,处处显露出古朴幽雅,是中国水乡古镇风貌的"活化石"。吴冠中教授游览了周庄后说:"黄山集中国山川之美,周庄集中国水乡之美。"

前面有一座古桥,叫太平桥,建于清代。展现在大家眼前的是一幅动人的江南风情画,在伸厅的展览室里,可以看到日本著名女画家桥本心泉以它为主要背景的一幅名为《周庄的某一天》的油画,表现了周庄浓厚的艺术之美。

这一条古街俗称一步街,因为它很窄,一步就可以跨过,街道两旁开店的店主不用走出店门,就可以互相握手或递东西表示友谊,所以又称友谊街。上面还有一线天,中间是过街楼,这种建筑在大城市里很少见到,在周庄却有许多。

【双桥】

双桥

各位游客,现在我们已经来到了双桥,到周庄游览,双桥是不能不看的。大家看,桥面一横一竖,桥洞一方一圆,样子很像是古时候人们使用的钥匙,所以当地人便称之为"钥匙桥"。这两座桥始建于明万历年间(1573—1619)。这座石拱桥叫世德桥,横跨南北市河,长16米,宽3米,跨度5.9米。这座石梁桥叫永安桥,平架在银子浜口,长13.3米,宽2.4米,跨度3.5米。双桥最能体现古镇的神韵,等一会儿大家可以在这里拍照留念。

双桥为什么会这么出名呢?那是1984年春天,上海著名旅美画家陈逸飞乘坐小船来到周庄,看到了双桥,感觉仿佛回到了记忆中的童年。于是,就以双桥为背景,创作了一幅名为《故乡的回忆》的油画。后来这幅油画连同他的37幅作品一起在以美国西方石油公司董事长阿曼德·哈默名字命名的哈默画廊中展出。这幅画在当时引起了很大的轰动,后来,被阿曼德·哈默用高价购藏。同年11月份,哈默先生在访问中国的时候,将这幅油画送给了中国领导人邓小平。1985年,这幅画又经过陈逸飞的加工成为当时联合国首日封的图案,深受集邮爱好者和各界人士的青睐。经新闻媒体宣传,周庄古镇声名鹊起。陈逸飞先生的画使默

默无闻的双桥走向了世界。钥匙桥不是钥匙胜过钥匙,因为它开启了周庄与国际交往的友谊之门。

各位游客,大家看,我们对面的一角,有小桥、流水、人家,这种景色,是我们周庄建筑内涵最丰富、最有代表性的风景。所以啊,不管是雨雪霏霏,还是赤日炎炎,喜欢画画的人都会在这里铺开画板,描绘着对岸的一景一物。我国许多电影导演和演员,都把周庄作为最佳的外景基地,先后在这里拍摄了《共和国不会忘记》《聊斋志异》《杨乃武与小白菜》《济公游记》《江南巨富沈万三》《摇啊摇,摇到外婆桥》等数十部影视作品。著名导演张艺谋说:"在周庄拍片子,不需要装饰,很令人满意。"他追求的就是这种古宅的建筑和幽深的水巷组成的文化氛围,这不是一时一日能制作出来的。

【张厅】

各位游客,现在我们已经来到了张厅,张厅是周庄仅存的少量明代建筑之一,为江苏省重点文物保护单位。张厅为明朝中山王徐达的弟弟徐孟清的后代所建。按理说徐家建的应叫徐厅,为什么叫张厅呢?那是在

张厅

清朝初年的时候,徐家衰落了,就把这座房子卖给了一户姓张的人家,才被改名为张厅。让我们到张厅的正厅去看看。这儿是张厅的正厅"玉燕堂"。玉燕堂原名怡顺堂,早先门前有两棵玉兰树,春天一到,玉兰花开放,引来了许多燕子,燕子在屋檐下筑巢繁殖后代,张厅的主人看见了,认为燕子和玉兰树给张厅带来了勃勃生机,就将怡顺堂改为玉燕堂。张厅的特点是"轿从门前进,

船从家中过"。大厅的东侧,有一条幽暗深长的弄堂,它的作用好像是现在大宾馆里的员工通道。请随我进去看看。

这儿就是被称为"船自家中过"的地方。你们别看它窄窄的,可是它能通向外面的大湖。它有两个作用:一是张厅是一户大户人家,每天要消耗许多吃的、用的、穿的,都靠小船从这里运进运出;二是封建社会,时时会打仗,主人万一遇到什么不测,就可以坐着小船从这里逃生。我想各位一定想了解一些我们周庄的风俗习惯吧!这儿我给大家介绍一下我们周庄的"阿婆茶"。"阿婆茶"就是一些上了年纪的老太太吃过午饭后闲在家没事干,就带上自己的小孙孙和一些自家腌制的酱瓜、苋菜等聚到一块儿,泡上一杯清淡的茶,一边品尝酱瓜什么的,一边谈天说地。有机会大家也可以去品尝感受一下。

各位游客,自从周庄的旅游事业发展起来以后,小商店日渐增多,特别是旅游工艺品店,在这些商店里,有刺绣、雕刻、编织、字画、旅游食品等,繁荣了周庄的旅游市场,大家等会儿可以选购一些留作纪念。

【富安桥】

富安桥

大家请看,展现在我们眼前的这座桥叫富安桥。它始建于公元1355年,明成化十四年(1478)、嘉靖年间(1522—1566)两次重修,为单孔拱桥。桥长17.4米,宽3.8米,跨度6.6米。清咸丰五年(1855)重修,桥面改成花岗石,东西有级梯,中间为平面,刻有浮雕图案,桥身四角有桥楼,临波拔起,遥遥相对。据说沈万三的弟弟沈万四,不愿重蹈覆辙,他主动捐钱为乡里做好事,曾捐钱修建过富安桥。富安桥的名字,就是表达了他富了以

后祈求安康的心愿。

各位游客,这儿还有穿竹石栏,很有特色,所以许多影视导演也都喜欢在这里拍镜头,像电视剧《柳亚子》、《江南巨富沈万三》等,一些片段都是在这儿拍的。

看,这条市河以前是我们周庄的菜市场。水乡人家,买菜也是在水上进行的。每天早晨,河道上挤满了小船,船上装着鲜鱼、蔬菜等。小贩们一边摇船,一边叫卖,两岸的居民听到以后,纷纷到河埠上来买菜,有些住在楼上的人,懒得下来,就直接从楼上放下一只篮子,篮子里面放着钱,小贩只要把菜放到篮子里,这样一笔生意就成交了。

【沈厅】

各位游客,这里就是沈厅,沈厅为江南民居之最。沈厅是七进五门楼,它的七进可以分成三个部分,第一进是第一部分,是迎接客人的地方;第二、三、四进是沈厅的第二部分,是接待宾客的地方;第五、六、七进是第

沈厅

三部分,是沈家生活起居的地方。总之,这三部分可以用四个字来概括:"前厅后堂。"好,下面我们进去看看沈厅。

这就是沈厅的第一进"水墙门",以前水乡的主要交通工具都是船,所以这里是沈家的船码头,也是沈厅主人接送宾客的地方。

我们现在走进的沈厅的第二进"墙门楼",又称旱强门,是沈家办理婚丧大事、张灯结彩的地方,过路的人一看,不必进去,就知道今天沈家又有什么大事了。这里有一块沈厅的简介石碑,请大家先看一下吧!石碑旁有一段文字介绍,沈厅又名敬业堂。

1995年,被列为江苏省文物保护单位。

这里就是沈厅的第三进了,叫茶厅,是船夫和轿夫喝茶的地方。因为在那时,船夫和轿夫是不能跟主人一块儿到里边去的。所以啊,这里的家具都很简陋。

我们已经来到了沈厅的第四进也就是沈厅的正厅松茂堂了。我们看这块匾上的"松茂堂"这3个字,是清末状元张謇写的。这里是沈家主人招待贵宾的地方,所以这里的家具很讲究。沈厅一共有3帮建筑风格,在这里我们都能看见。请大家抬头看,屋梁上精美的雕刻有凤凰、仙鹤等。特别是这个图案,你们一定会说这是龙吧,嘿,这回你们可错了!龙,那时候就是天子的象征,沈厅是民居,所以就只能把它称作"蟒"。这种雕刻属于"苏帮"艺术。这一进的屋顶有两层,我们现在看到的是下面一层,上面还有一个屋顶,这样的结构,可以起到防寒避暑的作用。我们再来看这个砖雕门楼,这是五个门楼中最宏伟的一个。上面的砖雕有《红楼梦》《西厢记》中的情景。可惜的是在"文革"中这些精美的砖雕都被破坏了,专家说已经很难修复,这些砖雕属于"徽帮"艺术。还有一帮是"绍帮",那屋顶两旁的封火墙就是。松茂堂里边是沈家生活起居的地方,照以前的规矩我们是不能随便进去的。今天我们就破一次例,进去参观吧!沈厅是前厅后堂的建筑格局,我们已经来到了后堂,这里是大堂楼,现在是陈列室。请大家随便参观。

这就是沈厅的第六进,小堂楼。这尊塑像就是沈万三。沈万三是元末明初人,是一个富有传奇色彩的人物,号称江南第一大富豪。关于沈万三的富有,民间流传着很多说法。有人说:"沈万三有一只聚宝盆,金银财宝取之不尽,用之不竭。"也有人说:"沈万三左脚是金,右脚是银,凡是他走过的地方,都能挖到银子。"还有人说:"沈万三有点石成金的特殊本领。"这些呀,只不过是传说罢了。

据专家考证,沈万三的富有有三个原因:一是靠躬耕起家,院

子里的这头牛就表明他是靠种田发财的。二是沈万三继承了人家的财产。第三也是最主要的一点,沈万三靠镇北边的那一条急水江和外国人做生意。他把江南一带的刺绣、丝绸卖给外国人,赚了大钱。用我们现在的话说就是做外贸。沈万三的富有不仅在我们江南一带数一数二的,而且在全国也很有名气。那时候朱元璋刚坐上皇帝宝座。由于连年打仗,没有多少钱,但是他又想在南京修城墙,怎么办呢?有一个大臣提议:"让富豪来承担这笔巨款。"于是,沈万三分到了建1/3城墙的任务。当时沈万三想借这个机会来讨好朱元璋,便很爽快地拿出了许多钱。不久城墙修好了,而且修得很漂亮,沈万三心里很高兴,就想犒劳一下修城墙的士兵。谁知道这件事情被朱元璋知道了,朱元璋本来就很眼红沈万三,这么一来他就找到借口了。朱元璋把沈万三抓起来,说:"你要和我比富贵,还想收买军心,要夺我江山,这怎么得了。"于是就把沈万三判死罪。多亏了那些文武百官出面求情,沈万三才免了一死,被发配到云南充军。沈万三的家人,杀头的杀头,坐牢的坐牢,家破人亡。他的家产也全部充公了。只有一个小孙子逃了出来,沈家才留了一条根。我们现在看到的沈厅就是沈万三的后代沈本仁在乾隆七年时建造的。这塑像两旁的对联,上联是:甲万户起南浔周庄江南聚宝;下联是:称三秀居东宅客金陵浜东藏银。概括了沈万三的一生。

这后边是沈家的餐厅,我们进去看看。

这里,就是沈厅的最后一进,第七进。是沈家吃饭的地方。桌子上摆的都是一些家常小菜,这中间的主菜是沈家特有的,叫万三蹄,它还是我们周庄的特产呢!现在商店里可以买到,大家可以买一只回去合家品尝品尝。人们都说"万三蹄肥而不腻,酥而不烂",真是席上珍品。隔壁是沈家的厨房。看,这个东西曾在《正大综艺》节目中登过场。大家也来猜猜,它是派什么用场的呢?不知道吧!这是挤甘蔗汁用的。这里还有许多以前用的器具。

接下来请到上楼看看。这里陈列有老爷房和小姐房。我们来看这只床,它叫千功床,分三进,有三个门窗。有许多精美的雕刻,看上去让人感觉很复杂,可是整只床没有用一根钉子。到夏天,天气炎热,可以把那些雕花板拆下来,里面就通风了。到了冬天,再可以装上去。那为什么叫它千功床呢?有两种说法:一说上面许多栩栩如生的人物,是唐代李世民手下的开国功臣,为了缅怀那些大臣,就把他们刻在床上,所以称千功床;二说上面的精美图案,花了整整3年的时间才刻成,功夫太深,故称为千功床。其他的陈列物品,请大家随意参观。

这是沈厅的走马楼,所谓走马楼,就是楼道可以绕着沈厅兜一圈。大家看,这儿有一块木板。我们从这里望下去,是我们刚才走过的松茂堂。平时,木板都是关着的。封建社会,女的是不能随便见客人的,所以就设计这么一个可以开、关的窗,逢到有客人来,女的就可以掀开一条缝偷偷地看了。古代小姐就是在这里看自己未来丈夫的。好,请大家跟我走,前面就是沈家逢年过节请戏班子唱戏的地方,这两边可以坐人,周围雕梁画栋、古色古香,就让我们作为沈家的客人回味一下当时看戏时的场景,回到戏台演员、丫鬟小姐、少爷老爷的时空,感受水乡古镇的生活!各位客人,游到了此处,沈厅我们已参观完了。那么,沈厅的价值究竟在哪里呢?对!沈厅的价值就在于它不是官宅,而是民居。民居能有这么大的规模,而且保存了200多年,这在江南一带实为罕见。有了它的保存,水乡古镇的繁荣才有了历史的见证。

【全福讲寺】

各位游客,这里是全福讲寺,矗立在南湖园中,殿宇轩昂,飞檐高翘,在欢迎四方游人。相传宋元祐元年(1086),周迪功郎舍宅为寺,在白蚬湖畔建全福寺。历代不断扩建,梵宫重叠,楼阁峥嵘,碧水环绕,香火鼎盛,成为江南一带以经忏为主的名寺。寺内有一口巨钟,重3 000斤,悬于大雄宝殿左侧。每当破晓时分,寺

内有和尚撞钟,钟声洪亮,传到数十里外。人们把它当作报晓的鸡啼,闻声纷纷起床,下田耕作。久而久之,"全福晓钟"成为周庄重要的人文景观之一。

昔日的全福讲寺有五进,主体建筑大雄宝

全福讲寺

殿,殿宇雄伟轩敞。高达3丈余的如来大佛巍然盘膝而坐,宽阔的巨佛手掌心中足可卧伏一人,这样高的佛身,在江南一带的各大寺院中绝无仅有。据《周庄镇志》记载,如来大佛本苏州虎丘海涌峰云岩寺世尊像,清顺治五年(1648),都督杨承祖兵驻白蚬湖边,迎于寺内。如来大佛的左右,伫立着文殊、普贤菩萨像,同样十分高大。两侧的十八罗汉神态各异,栩栩如生。清初,书法家李仙根寻访全福讲寺,见寺院与湖光山色交相辉映,相得益彰,挥毫写下"水中佛国" 4个大字,制成匾额悬于山门之上,给全福讲寺增添了光彩。

全福讲寺900年来香火鼎盛,成为周庄繁荣发展的一个象征。然而,这座堪与杭州灵隐寺媲美的寺院,却在20世纪50年代初期被迫改作粮库,寺内所有佛像、经卷和珍藏不知去向,历史悠久的古寺毁于一旦,这不能不说是周庄的一大损失。

90年代后,周庄镇建造南湖园。作为主体工程的全福讲寺,也于1995年3月18日破土动工。经过300个日夜的紧张施工,移址在南湖的全福讲寺,以崭新的面貌呈现在人们面前。新建的全福讲寺,主要建筑包括山门、指归阁、大雄宝殿和藏经楼等。山门耸峙在南湖岸边,门前水光潋滟,水埠码头平卧碧波,游人和香客可以乘船进南湖沿石阶登岸,别有情趣。进入山门,只见一座五孔石拱桥飞跨在荷花池上,桥上石栏相扶。驻足桥上,可以欣赏荷池中的红幢翠盖,也可以回眸南湖,尽情地观看风光旖旎的

湖景。

过拱桥，前面就是重檐复宇、气势恢宏的指归阁。在此登楼，居高临下，远近的景色尽收眼底。南湖中养鱼的网箱簖栏，以铅灰色的线条，分割着万顷波光。寺院内的亭台楼阁，错落有致，钟楼、鼓楼矗立两侧，互为映衬，使寺院愈加庄严雄伟。

第三进，即是主体建筑大雄宝殿，其飞檐翘角，雄伟而不失精美。"佛光普照"4个大字在高达18米的屋脊间熠熠闪光。镶嵌于两边的梅、兰、竹、菊砖雕构图别致，精细秀逸。缓步进入殿堂，只见大殿中央供着佛祖释迦牟尼的铜坐像，高5米，重3吨。释迦牟尼两侧，是骑跨在雄狮上的文殊和骑跨在大象上的普贤。殿后塑有漂海观音像，屹立在鳌鱼之背，衣袂飘动。大殿两旁的18尊罗汉像，也各具神态，栩栩如生。整座大雄宝殿，神光闪耀，祥云缭绕，置身其间，足以感受到佛教文化氛围。

经台由蜿蜒曲折的花廊环抱，经台中央矗立着三层宝殿，终日香烟缭绕。四周的荷花座石雕栏杆上，镌刻着吉祥云纹。经台下的池水与曲径花廊下的流水相连，有锦鳞嬉游，富有诗情画意。

大雄宝殿后面，是3层高的藏经楼。殿堂宽敞，装饰精美。楼内荟萃诸多佛教文化的精品。藏经楼两侧是大斋堂和方丈室，遥相呼应。

周庄修复全福讲寺，借水布景，巧夺天工，融佛教文化、建筑艺术和园林景色为一体，既为佛教文化爱好者和宗教信仰者提供了一个理想的宗教活动场所，也为旅游者提供了一个流连忘返的好去处。

【叶楚伧故居】

游客们，前面这座清式宅院建筑，就是国民党元老叶楚伧的故居。叶楚伧，名宗源，号卓书，楚伧是他早年所用的笔名，生于1887年，于1946年逝世，享年63岁，葬于苏州木渎灵岩山。他是著名爱国文学团体南社诗人和政治活动家。叶楚伧自幼丧母，家

境清贫,但他刻苦好学,后来考入苏州高等学堂,参加同盟会,追随孙中山革命,曾任国民党江苏省政府秘书长。叶楚伧为人谦和,才华横溢,与于右任、戴季陶等人创办《民报》(《民国日报》的前身),著有《世徽楼诗稿》《楚伧文存》以及长篇章回小说《如此京华》等,周庄有一段时间曾被改名为楚伧镇。

叶楚伧出身贫寒,长大后虽然做了"大官",可仍然处处注意节约。一次他到老朋友沈仲眉家去,沈仲眉问他想吃什么,他只点了一道糟烧螺蛳头肉,螺蛳在水乡是极便宜的,这也是他小时候家里最好的菜肴,他认为这菜有乡土风味,且价廉物美。吃完饭,沈家的女佣王妈给他绞上一把毛巾,他连忙说:"不敢当,不敢当!您老人家替我绞毛巾,真是过意不去,应该让我们年轻人给您绞毛巾才对。"王妈很受感动,她说:"这个'叶老爷'虽然官做得大,却没有一点官架子,真是少有的好人。"

叶楚伧故居

各位请看故居共有四进,包括墙门、轿厅、正厅、堂楼及后天井。在厅堂内主要陈列了叶楚伧的生平家世、著作和有关他的照片、回忆文章。请大家自由参观。

【迷楼】

游客们,前面就是迷楼了。大家看,这儿有一座古桥,它叫"贞丰桥"。"贞丰桥"这个名字,不用我说大家也都知道,它是因为周庄的原名而起的。桥边的那座小楼就是有名的"迷楼"。迷楼以前是一家小酒楼,叫"德记"酒楼。它怎么会出名呢?原来清朝末年,有一些进步的文化青年成立了一个团体,叫"南社"。那时南社成员柳亚子、陈去病、王大觉等人都喜欢在这酒楼里喝酒

迷楼

吟诗,他们还以酒楼为题,写下了许多著名诗篇。后这些诗篇被编成了《迷楼集》,随即迷楼的名气也就传开了。

为什么会被称为"迷楼"呢?原来南社成员们在酒楼上饮酒作诗,他们觉得小酒楼里的一切都非常迷人,菜很迷人,酒很迷人,周围的环境也很迷人。因此,他们就风趣地把酒楼称为"迷楼"。他们把酒楼叫作"迷楼"还有一个用意,就是在当时转移反动派的视线。

好,我们就到迷楼里面去看看。迷楼为临河修筑的两层小楼。楼内陈列着南社成员的照片、手迹、著作和书画作品,以及当代书法家书写的《迷楼集》中的诗句。二楼的东侧,是一组人物蜡像,展现的正是"小楼暂饮夜传杯"的情景,观后可谓如闻其声,如见其人。迷楼向游客开放以后,许多南社成员的后裔热情地向迷楼提供图片资料和实物,还积极参加对南社的研究,小小的迷楼,引起国内外诸多人士的注目。

【三毛茶楼】

三毛茶楼

游客们,大家看对面的那座小茶楼就是三毛茶楼,它是为了纪念台湾女作家三毛而建的。1989年,三毛在烟雨蒙蒙之中来到了我们周庄,她看到周庄小桥、流水、人家的迷人风光,不禁感慨地说道:"啊!这不正是我魂牵梦萦的故土吗?"三毛激动地流下了眼泪。三毛回到台湾后还经常来信,说还要尝尝周庄的大闸蟹,很可惜她再也没能实现这个愿望。周庄人民为了纪念她,将这座古宅改称三毛茶楼。茶楼中除了陈列了三毛的照片、手迹、书信外,还陈列了中外大批文人学者游访周庄的照片。

【澄虚道院】

游客们,这里是澄虚道院,又称"圣堂",创建于宋元祐年间(1086—1093),距今已有900余年历史。明代中期,道院规模日趋宏大。嘉靖年间,当地人玉璧捐资增建了仪门。清康熙二十五年,道士胡天羽化缘募捐建玉皇阁。

澄虚道院

5年后,又在阁西建造了文昌阁。清乾隆十六年,道士蒋楠记在山门外建造圣帝阁,面临普庆桥。澄虚道院形成了前后三进的建筑群,气宇轩昂,占地1 500平方米,成为吴中著名的道院之一。澄虚道院不但保存着丰富的宗教文化遗产,而且具有优越的地理位置和水乡风光,因而使道院的游人、香客流连忘返。

【结束语】

各位游客,岁月悠悠,人间几度,900多年来历经沧桑的周庄,由一个小集镇发展为商业大镇。历史上的周庄以农业、桑蚕业、小手工业为主,新时期改革开放后,周庄逐渐形成了以皮革制品、建材、服装等为主的工业体系,特别是皮革制品,据说上海市场上销售的皮鞋有60%是产于周庄。古镇的经济繁荣不仅改善了水乡人民的生活,而且也促进了周庄环境的保护和旅游业的发展。周庄作为江南古商埠的一个历史见证者,也成为了江南水乡古镇的典型代表,它像一面历史的多棱镜,从不同侧面折射出千年水乡的古雅神韵和美好的未来。周庄的讲解到这里就结束了,谢谢大家!

记忆中的水乡天堂——同里

各位游客：

欢迎大家来到国家 AAAAA 级旅游区——千年古镇同里观光游览。同里与众多的水乡古镇相比，有着独特的人文景观和深厚的文化底蕴，素有"三多"之誉：一是小桥流水多，10 条河流把镇区分割为 15 个圩岛，而 40 座古桥又将其连成一体；二是深宅大院多，比较著名的有崇本堂、嘉荫堂和世德堂；三是名人名士多。来到这里，既可领略古镇风情，又可体验浓厚的水乡生活气息，故有"江南水乡甲天下，同里风光秀江南"之称。下面就请大家随我去参观吧！

【概况】

同里

同里属于苏州的吴江市，距苏州 18 公里，离上海 80 公里，水陆交通便利。它地处太湖水网地带中的湖荡平原，镇外四面环水，为同里、九里、叶泽、南星、庞山五湖环抱，是附近屯村、金家坝、东坎等地的农副产品集散地和商业中心。全镇面积 64.15 平方公里，其中镇区面积 6.25 平方公里，水面 1 万亩，人口近 4 万。1982 年，古镇被江苏省列为全省唯一的省级文物保护镇；1995 年，又被批准为江苏省首批历史文化名镇；1998 年，被国家建设部列入申请世界文化遗产预备清单。

【牌楼→三元桥→泰来桥】

现在我们正在入镇口,抬头看到的是一座仿明式牌楼,它是同里古镇众多明清建筑的代表,"中国历史文化名镇"八个大字是由吴江名人、原全国人大常委会副委员长费孝通先生题写的。

牌楼→三元桥→泰来桥

走过这座牌楼,是进镇的三元桥,走过三元桥,我们就进入了具有1 000多年建镇史的同里古镇。根据清嘉庆年间的《同里志》记载,同里"唐初名铜里,宋改为同里,旧名富土,因其名太侈,乃拆田加土为同里"。而改富土为同里则另有一个民间传说。相传很久以前,浙江富阳一带灾荒不断,不少人背井离乡来到这里垦荒种地,辛勤劳作加上风调雨顺,而使物产丰饶,人们安居乐业,就将这里称为"富土"。直到隋炀帝即位,因其骄奢淫逸,不理朝政,致使国库日渐亏空,有一年北旱南涝,许多地方粮食歉收,缴不上"皇粮"。于是皇上下旨,江南富土每人增缴3斗粮,限10天缴清,违者将处以重罚。富土百姓得讯,焦急万分,便请教当时镇上一名姓金的秀才,金秀才关照众乡亲用拆字法,将"富"字一拆为二,上去一点,拆田连土,便成为"同里"二字。而当时的书写习惯与今日不同,是竖写的,因此化险为夷,躲过这一劫难。同里同里,同为乡里,看着叫着都很平白、亲切,因而沿用至今。

现在我们已进入古镇,同里古镇四面环湖,镇内河道纵横,是一个典型的江南水乡,具有浓厚的"小桥、流水、人家"及"东方威尼斯"的韵味。镇内现已修复并对外开放的景点有10处,也是今天我们要去游览的景点,它们分别是:世界文化遗产退思园、巨商大贾宅第崇本堂、书香门第嘉荫堂、新中国成立后第一任财政部副部长王绍鳌的故居历史文物陈列馆、佛教圣地罗星洲、与退思园有"姐妹园"之称的耕乐堂、珍珠塔、科普教育基地松石悟园、百床馆——古风园、陈去病故居。

同里古镇内现存49座桥梁,现在在我们左侧的这座古桥名为泰来桥,始建于元代。那"泰来"是什么意思呢?这里还有一则故事呢!在以前,这里是进镇的必经渡口,渡口隔壁是一家大富翁,可一代代基业传下来却逐渐没落萧条起来。这家主人为了重振家业,倾囊在进镇口做了一件大好事,那就是造了一座同里现存最高的桥梁,方便同里人进出古镇,他把桥命名为"泰来",就是取"否极泰来"之意(坏运到了极点,好运就会悄然而至)。桥造了不久,这家大户便生了一男丁,家境开始复苏了,以至成了同里至今流传的一段佳话。今天我们游览的第一个景点是退思园。

【退思园】

退思园

各位游客,现在我们来到了世界文化遗产退思园的门口了,请大家把门票拿出来检票,请各位男士将香烟熄灭,谢谢合作!这里就是世界名园退思园,被中国著名古建筑学家、园林艺术家陈从周教授誉为"江南华夏,水乡名园"。退思园建于清光绪十一年到十三年(1885—1887),园主名叫任兰生,曾任安徽凤颍六泗兵备道,是一个三品武官,相当于现在的省军区司令员。任兰生被参革职还乡后,花了10万两白银(相当于现在的4 000万元人民币)建造了这座私家园林,

园名取自《左传》中的一句话:"进思尽忠,退思补过",有退则思过之意。

退思园占地面积9.8亩,可谓小巧玲珑,但麻雀虽小,五脏俱全,整个园林建筑突破常规,把一般的南北纵向结构改成东西向的横向结构,以表明主人深藏不露。整个园林可分成4个部分,由西向东分别是厅堂、内宅、中庭、花园。第一部分又可分成三进,我们现在所在的是第二进茶厅,是当时主人招待一般客人的地方,家具摆设很简单。在身后是第一进轿厅,是江南人家停轿子的地方,左右两侧厢房是账房算账的地方。现在请跟我到第三进正厅去参观一下,正厅是主人招待贵宾和办理婚丧喜事、举行祭祀大礼的场所,平时正厅的大门是不开的,一旦有贵宾来访时才打开大门迎接贵宾,打开正厅的正门有个好口彩,叫"中堂大开,迎接贵宾"。

大家有没有发现第三进正厅后面是一垛高墙,已没有任何建筑了,即退思园纵向发展只有三进,而在我们江南,如果房屋建筑纵向发展只有三进的话,只属于一般人家,而只有三进以上的房子才属于大户人家,似乎给人感觉就是园主人毕竟是被罢官了的,仅属于普通人家了。这就是退思园的巧妙之处,其实退思园是纵向改为横向发展,由西向东。可以体会出当时主人不愿露富、深藏不露的心态,在园林的建筑艺术上采用抑景的手法,"欲扬先抑,先藏后露",以达到引人入胜的目的。

现在,我们来到了退思园的第二部分——内宅,因任兰生字畹香而得名"畹香楼",这三字由原上海市市长汪道涵所题,畹香楼建造成徽州特色的大走马楼,因为主人任兰生当时在安徽做官,非常喜欢徽派风格建筑,以致将其建筑风格移植到江南一带。东西两侧的双重走廊有两大好处,夏天遮阳,雨天挡雨,楼廊下各设一部楼梯,方便主仆上下楼避让,可谓一举多得。

畹香楼的铺地也很讲究,是碎石铺地。因为江南多雨,用碎石铺地有很多缝隙,下雨时雨水顺着缝隙很快渗入地下,不会积水,春暖花开时很多不知名的小草从缝隙中钻出,绿油油的就像一个天然的草坪,给人一种春意盎然、生机勃勃的感觉。

由于畹香楼是内宅,是夫人、小姐起居的地方,考虑到安全的问题,进出内宅的两扇门特别讲究,大家请看,厚厚的木板上贴上青砖,看上去特别笨重,称之为砖贴门,它有三大好处:第一,如果把两侧的砖贴门一关,在外面看过来,就好像一垛墙,起到深藏不露的作用,很难想象里面有这么大的一座走马楼;第二,木板上贴上青砖,整扇门非常厚重,起到防盗作用;第三,木板容易着火,而青砖不易着火,可起到防火的作用。这两扇门可以说是100多年前的防火防盗门。100多年前没有水泥,那么青砖是如何粘在木板上的呢?它是由糯米、石灰、蛋清三种物质糅合在一起把青砖贴上去的,至现在已经100多年了,其牢固度比现在的水泥有过之而无不及。

参观完第二部分,我们继续往东,来到退思园的第三部分——中庭。中庭的建筑设计是围绕着"待客"二字展开的。首先映入我们眼帘的是一艘隐去船尾的旱船,在江南,当时船是主要交通工具,这艘旱船可表达主人一片好客之情。在旱船的右侧是南通市市花广玉兰,左侧是上海市市花白玉兰,为什么在庭院里种植玉兰树呢?原因有三个:第一,玉兰在古代寄意"金玉",金玉飘香意为"金玉满堂",讨个好口彩;第二,园主名字兰生,即为兰生,就不可无兰;第三,玉兰是春天开花较早的植物,一到春天玉兰开放,整个中庭沉浸在一片春景的花香之中。在广玉兰南侧有一座六楼六底的"坐春望月"楼,是远道而来客人留宿之处,中国封建社会讲究男女授受不亲,因此,坐春望月楼上层住女客,下层住男宾。在中庭除两棵玉兰树之外,还有一棵苏州市市树香樟树,香樟树能散发出一种特有香味,可起到防虫蛀的作用。玉兰、香樟形成了四季景色中的"春景"。

现在我们去参观主人冬天会客的地方——岁寒居。大家请看,"岁寒居"匾额下面有一雕花的八角形窗框,上有冰裂花纹,意为十年寒窗;在窗格外有松竹梅"岁寒三友",整个造型设计就好

像一幅《岁寒三友》图。冬季,主人与宾客在"岁寒居"中围炉品茗,抵足谈心,此为冬季赏景之处。

穿过"退思小筑"月洞门,来到了退思园第四部分——后花园。整个花园建筑围绕水池展开,且紧贴水面,所以退思园又称"贴水园"。现在我们站在后花园的第一个建筑"水香榭"内,在正中间有一面明镜,可反射整个后花园,园中有园,小中见大。在其北上角有小巧玲珑的楼阁名叫"览胜阁",览胜阁是整个花园最高点,登其上,全园景色尽收眼底,一览无余。览胜阁不但填补了西墙与北墙之间的死角,使第三部分和第四部分巧妙地连在一起,打破了沉闷压抑之感,而且是封建社会因男女有别可供女子足不出户游览花园的最佳场所。

沿着高低起伏、两侧刻有恽南田十二方刻石的曲廊,我们来到了园中主体建筑——退思草堂。退思草堂体态轻盈,位置适中,其稳重的气派体现了主人不同一般的身份。退思草堂呈鸳鸯厅格局,在其后有一元代书法家赵孟頫书写的《归去来辞》碑拓,尤为珍贵。在其前有一贴水平台,我们站在贴水平台前往前看,池水中有一船形建筑称为响水船,何来响声?因其船舷旁有细巧太湖石,就像船行而泛起的浪花,在金鱼游动中,好像一艘会动的游船,被著名社会活动家费孝通先生题名为"闹红一舸"。

在"闹红一舸"尾部连接"九曲回廊",在回廊的漏窗上有9个中国最早的石刻文字——"清风明月不须一钱买",取自李白《襄阳歌》中的诗句,有"文珍"之说,也体现主人自豪的心态。

在我们正前方有一点峰,整体看就像一驻足老人,粗看又像是繁体的"寿"字,故称"老人峰",细看其顶部有一乌龟立于其上,故有"健康长寿石"之誉。在其后有一座堪称一绝的"天桥",呈坡度状,一级比一级高,它起源于秦始皇阿房宫复道,"天桥"如横空出世的飞龙越过山巅,将"菰雨生凉"轩和"辛台"连成一体。

踏上平卧水面的"三曲桥",但见后面有一"琴房",是园主闲来陶冶情操之处。绕过假山,来到"眠云亭"的后面,眠云亭上下二层,假山下有石洞可沿石阶登上眠云亭。眠云亭的构造也非常特殊,是先建亭子,后在其四周围上假山湖石,从前面看只有一层耸立在假山之上,从后面看,则上下二层。在旁边地面上有一个图案,底下是一个花瓶,里面插着三把戟,叫作瓶生三戟,取其谐音"平升三级(戟)"。

置身于"菰雨生凉"轩中,"菰雨生凉"轩取彭玉麟题西湖三潭印月联句"凉风生菰叶,细雨落平波",这建筑是主人夏天乘凉的地方,轩中立明镜一面,远望似园中有园,近观如置身荷塘,自有一种"心静自然凉"之感受。而且在整个建筑底下还设计了3条暗沟,主人睡在中间的香妃榻上可以听到清晰的流水声,更增添了丝丝凉意。据说轩中的明镜还是100多年前主人的儿子任传薪留学时带回来的,虽锈迹斑斑,但质地很好,非常珍贵。

各位游客,刚才我们已经欣赏过退思园中的春、夏、冬三景,现在我们看到的是秋景——桂花厅。

桂花厅中有金桂、银桂、四季桂、丹桂,每到桂花开放时节,这里将被一片浓烈馥郁的桂花清香笼罩,前来游园的客人喜欢在此一边品茗一边聆听吴侬软语的评弹说唱。在门框上方刻有"留人"二字,主人希望能把客人永远留住,但客人终究要离去的,所以这个"人"字又有点特别,倒像个"心"字,留人莫如留心,只有这样,尽管客人已经离去,但心永远留在了退思园。

在桂花厅前有一块"福地",地面中央有一团寿,在寿的外面绕有5只蝙蝠,有"五福(蝠)捧寿"、"福寿双全"之说。在旁边还有很多古代铜钱币,况且地面大都用鹅卵石铺地,脚底按摩,有利于健康。这地是有福、有寿又有钱,还能健身,我想大家今天光临同里,不妨在此走一圈,便能获得无量厚福。

各位朋友,整个退思园"春、夏、秋、冬、琴、棋、书、画"四季四艺俱有,真是步移景换,处处可观;小中见大,园中有园;幽雅绝伦,不俗不凡,真不愧为世界文化遗产。下面我们去游览的是第二个景点——同里历史文物陈列馆。

【同里历史文物陈列馆】

　　各位游客,现在我们到了同里历史文物陈列馆。陈列馆址原是中央人民政府政务院财政部副部长、著名社会活动家王绍鏊的故居,现在里面陈列了同里历代名人名士资料及同里出土的文物等。现在,各位来到的这底层介绍了同里的历史名人,包括同里从宋代至今出过的1名状元,42名进士,90多名举人,还有近现代革命烈士、革命家、文学家等。这位是同里镇上最有名之人、中国杰出造园艺术家——计成,字无否,号否道人,自幼倾心艺术,擅长书画,游历了天南海北的名川大山,长期深入现实生活的经历,丰富了他的创作思想,他立志开创立体的名山大川山水艺术。天启三年(1623),计成到武进为罢官文人吴玄造园,将传统的山水画记、文论、诗论、地方民俗、历史、文学、园艺工程技术熔铸一炉,营造了一处精美的人间仙境,名为"东第园",从此名声大振,并先后设计建造了常州的"吴园"、扬州的"影园"等,后经安徽太平府马鞍山名士曹元甫提议用文字、图样把造园的方法记述下来,以传后世。1631年他开始写作一本取名《园牧》后改《园冶》的专著三卷。《园冶》一书是造园学的经典著作,不但在我国产生了巨大的影响,而且东渡传播到日本和西传到现代的西欧,陈从周教授称计成在中国造园史上享有不朽的盛名。还有这位曾任国民政府参议员秘书长、大本营前敌战时宣传主任、江苏革命博物馆馆长、东南大学教授的辛亥革命风云人物、近代爱国诗人陈去病,曾参加中国教育会以及拒俄义勇队、中国同盟会等革命团体,组织过"神交社"和"秋社",是革命文学团体"南社"的创始人之一,曾任《警钟日报》主笔,同时创办《二十世纪大舞台》杂志(是我国最早的戏曲刊物),1913年参加"二次革命",1917年追随孙中山先生赴粤护法,著有《浩歌堂诗钞》、《续钞》、《玉石脂》、《百尺楼丛书》等。以上所述只是名人展中的一部分。现在请随我上楼,楼上部分为文字和图片资料,内容有太平军在同里、南社

中的同里社员等,以及部分在同里出土的文物展品,具体出土展品有同里石棉厂出土的良渚文化时期的石器,商、晋、唐代的器物,石斧、石锛、石凿等,还有一些在叶泽湖遗址发现的战国时期的印纹陶片、石灰陶、红陶等。各位可以仔细浏览。接下去,我们去游览的是第三个景点——崇本堂。

【崇本堂】

　　游客们,一路走来,大家会发现古镇的居民为了洗刷方便,家家户户都临水建有石阶河桥。河桥,北方人称"水码头",上海人叫"水桥",也有叫"河埠头"的。同里的河桥千姿百态、形式多样,全镇有各式各样的河桥700多处。

　　现在我们来到了位于长庆桥北堍的坐北朝南、面水而筑的崇本堂。崇本堂主人为富商钱幼琴,同里人,经营米行生意。当时的同里是重要的商品粮基地,产"陈家稻"、"早白稻"、"鸭嘴黄"、"百日糯"等,并形成发达的米市,还曾与无锡北塘、江都仙女庙、上海南市并称"江南四大米市"。钱幼琴在民国元年(1912)购买了顾氏"西宅别业"部分旧宅,翻建成了占地不足一亩的住宅崇本堂,前后5进共25间,分门厅、正厅、前楼、后楼、下房等,其中第三进原建于道光八年(1828),建筑面积不大,但布局紧凑而精致。

　　进崇本堂,第一进门楼上刻有"崇德思本"四字,寓意"德乃世人安身立命之本",这就是对崇本堂名的解释。从正厅到后楼,呈前低后高结构,建筑上利于通风采光,在民间则称之为"连升三级",是江南宅园纵深扩展的范例。崇本堂的建筑结构颇为科学,在门厅、正厅和堂楼之间,均用封火墙分隔。在门楼过道左右两侧均设有"蟹眼天井",天井虽小,但在建筑上是个重要环节,它既可通风,又可采光;既能泄水,又能防火。在门厅东侧,辟有一眼望不到底的陪弄,又窄又黑,深不可测,狭窄仅容一人行走,两人交会得侧身而过。在同里的老屋中,这种暗长的陪弄很多,它将一进进房屋院落既分隔独立,又串联为整体。大户人家的陪弄

第二篇 读你,在诗画江南

内,每隔一段距离,墙上置有灯龛,用来放置照明的油灯。据说抗战时期,日本侵略军占领同里,气焰嚣张,唯独遇见幽暗的陪弄便战战兢兢,生怕有伏击而惶惶不敢前行。

从门厅通往正厅的院落中砌有花坛,内植天竺、红枫,相映成趣。正厅居中置6扇落地长窗,左右两旁设半窗,长窗裙板上除刻有《花卉博古图》外,中间两扇长窗的裙板上,右面刻着象征富贵平安的牡丹和瓶子,左面刻着寄意招财进宝的聚宝盆;所有长短窗的腰板上则刻着全套《西厢记》的故事,从《张生游殿》到《长亭送别》,共有14幅,把一个流传千年的故事,艺术地融进了这座古宅里。这套木刻已为电视系列片《话说运河》所收录。

正厅的五架梁两侧刻有《日进斗金》的图案,过去种田人祈盼五谷丰登、六畜兴旺,而商贾士绅则希冀财源茂盛、黄金万两,这也是宅主对未来的美好向往。正厅现布置为婚礼厅,展示古代同里人结婚的喜庆场面。出正厅,穿过陪弄,进入庭院,又是一座砖雕门楼,上书"敬侯遗范"4字,飞椽斗拱,枋刻龙纹,花岗岩条石门槛上饰如意花纹、宝相花纹,两旁另有《人物山水》、《望子成龙》雕刻。进入前楼,前楼底层长窗的腰板上刻着《红楼梦十二金钗图》,有《黛玉葬花》、《宝钗扑蝶》、《湘云醉卧》等;半窗裙板上,刻有具有民俗意味的图案,如《松鼠葡萄》象征多子多孙,《喜鹊红梅》寄意喜上眉梢,《双燕桃花》比拟比翼长春,还有《梅竹绶带》、《锦鸡绣球》等。前楼现布置成福寿堂,向各位展示古时同里人拜寿的场面。迎面硕大一"寿"字,桌上供福、禄、寿、喜神,两幅立轴上分别是"福如东海,寿比南山"8个大字,靠左边站着一手持龙头拐杖的老寿星。

从前楼到后楼,中间有东西两侧厢房相通,映入眼帘的是一道门楼,楣刻"商贤遗泽",周边有浅浮雕"五鹤"、"如意"等。而后楼是崇本堂雕刻的精华所在,共有木雕58幅,其中西边五架梁下的8扇槅扇的腰花板上刻有"渔樵耕读、琴棋书画"的人物图像,东边五架梁下的8扇槅扇的腰花板上刻有何仙姑、张果老等八仙图案。前楼与后楼之间采用"走马楼"的样式,走马楼的楼上是小姐闺房,小姐的闺房很小,因为这只不过是小商民之家。

【三桥】

三桥

游客们,前面就是同里最有名的三桥,享有"桥中之宝"的美誉,它呈品字形排列。同里古镇素有"三多"之盛名:一是名人名士多;二是深宅大院明清建筑多;三就是小桥流水多。其中尤以太平、吉利、长庆三桥最有名,而沿袭至今的走三桥风俗更是广为盛行。同里人喜欢走三桥,每逢婚嫁喜庆,在欢快的鼓乐鞭炮声中,喜气洋洋地绕行三桥,口中常常念一声"太平吉利长庆"。沿街居民纷纷出户观望,上前道喜祝贺。凡老人逢66岁生日,午餐之后必定也去走三桥,图个吉利。走三桥的习俗形成于何年已难以查考,但三桥在同里人的心中,象征着吉祥和幸福。随着时代的进步,走三桥同样被赋予新的内涵:走过太平桥,一年四季身体好;走过吉利桥,生意兴隆步步高;走过长庆桥,青春长驻永不老。

民间还流传着不同年龄人走三桥的谚语:小孩子走三桥,读书聪明,成绩年年好;小姑娘走三桥,天生丽质,越长越苗条;小伙子走三桥,平步青云,前程无限好;老年人走三桥,鹤发童颜,寿比南山高;新郎新娘走三桥,心心相印,白首同偕老。各位朋友,现在已经来到同里,也可以亲自体验一下走三桥的经历,体会一下走三桥时的感觉。

【嘉荫堂】

游客们,嘉荫堂到了。嘉荫堂的主人柳炳南,北厍人,与著名爱国诗人柳亚子同宗,曾在芦墟开设油坊,发迹后迁至同里,花白银两万两,购地一亩四分,于民国十一年(1922)建起这座4进32间的宅第。由于地理位置的特殊性,我们首先进入的是与崇本堂一河之隔的嘉荫堂的后门,穿过后门,我们便来到了嘉荫堂的内宅衍庆楼。移步衍庆楼内,楼堂大梁的楝木上,原所刻的二十四孝的8幅图案因破坏现仅存《老莱子舞彩娱亲》、《郯子扮鹿求鹿乳》、《江鞭母孝感盗》、《蔡顺桑葚感强寇》4幅,在修补时补刻了《江上渔夫图》、《福寿二仙图》等4幅。

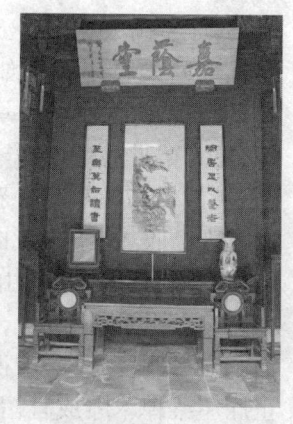

嘉荫堂

五架梁两侧还刻有《伯乐相马》、《敦颐赏莲》等深浮雕。更为罕见的是楼厅挑层上下均作磕头轩处理,楼上阳台和双步间的轩采用同一类型的"鹤胫轩",楼下采用的是"菱角一枝香轩"。在衍庆楼的西北隅,有临水而筑的水秀阁,人在阁中,可静听风声、水声、橹声,还可俯视小桥、驳岸、老树。

出衍庆楼,楼前为一石板天井,天井中有《五福捧寿》石雕。天井南侧有一清水砖雕门楼,门楼上枋刻有《暗八仙》浅浮雕,所谓"暗八仙"即是见物不见人,以物借代人;下枋"一块玉"中心刻有"福禄寿"三星深浅雕,讲述了"天上一天,人间千年"的民间故事。字牌上刻着"厚道传家"4个大字,足见房主希望后人奉行"忠厚老实,诚恳待人"的为人之道。

过了砖雕门楼,便来到了一处庭院,在庭院东侧的粉墙下,用湖石堆成简洁明快的花台,植以名贵花木。庭院西侧还建有三曲游廊,将前厅与后楼贯通,给古朴典雅的嘉荫堂又添上了一道亮

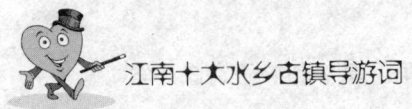

丽的风景。穿过庭院,我们便来到嘉荫堂的主建筑,它系仿明结构,俗称"纱帽厅",正厅中"嘉荫堂"的匾额为金石书画家钱君匋所书,厅堂高大宽敞。五架梁两侧刻有《八骏图》,梁两端刻有《凤穿牡丹》,梁底刻有玉如意表称心如意、笔与锭表必定高中等图案,就连拳头大小的一块"峰头",也刻上了寓意"连生贵子"的莲蓬,更为罕见的是纱帽翅上也刻上了《三国演义》中的《古城会》、《三英战吕布》、《三顾茅庐》、《草船借箭》等8幅木雕作品,这组木雕现已收入《中央戏曲苏州分卷》。

"纱帽厅"名字的由来在民间有这样一种说法:主人柳炳南是个官迷,本想进京赶考,适逢改朝换代之时,进入民国期间就已取消了科举制度,无法求得功名,所以返回家中,用重金聘用名匠把正厅屋梁椽木雕成官帽帽翅,以表做官之用心。有人专门做过统计,整个厅内共有36对帽翅。出正厅,大家抬头便可见到屋脊中央为《松鹤长春》砖雕,寓意"延年益寿"。

来到门厅,映入大家眼帘的便是这一座江南式的水磨清砖石库门。再一回头,只见在屋脊中央有"福、禄、寿"三星,寓意"三星高照"。屋脊两端则呈现鸡头状,这是有地位人家能造的哺鸡脊,哺鸡传说是神鸟,可以喷水,用于灭火。在两端还建了高高的马头墙(防火墙),若邻居家着了火,自己家既有防火墙挡住火苗蔓延,又有神鸟喷水灭火,自己家是永远连累不到的,所以这既是防火措施,又显示了身份。

【罗星洲】

游客们,现在我们已经到了罗星洲。罗星洲始建于元朝,由于长年湖水冲击淤积而成,因形似罗星,故名罗星洲,以烟雨景观见胜。大家现在看到的罗星洲是重新修复的,它的总面积有28亩,原罗星洲1938年被日寇烧毁后,又遭60年的湖水冲刷,小洲已几乎不存在了。1998年,应广大群众要求和旅游需要,重新修建了这一处宗教圣地。现在的罗星洲由两部分组成:一半为观音寺庙,另一半为花园。

首先,我们来到的是观音寺,先进入山门(又作三门),映入眼帘的便是天王殿,正中供奉的是弥勒佛的原身——天冠弥勒。在汉化过程中佛教供奉天冠弥勒的比较少,上海龙华寺供奉的也是天冠弥勒,而它的下面则是笑口常开的弥勒佛,是在人世间的化身像,俗称"布袋和尚",他是五代梁朝奉化人,经常用杖背一布袋,四处奔走劝人信佛,是有名的"云水僧"。天冠弥勒的两旁就是四大天王,他们负有巡察众生的善恶和保护佛、法、僧三宝的神圣职责,手持琵琶的是东方持国天王,手持宝剑的是南方增长天王,手臂缠龙的是西方广目天王,左手握银鼠为法器的是北方多闻天王。他们四位所持的法器分别代表"风、调、雨、顺",这包含着人们对年景所持的美好愿望,带有吉祥如意的色彩。

在天冠弥勒的身后,面北的是韦驮菩萨,相传他能驱逐邪魔,保护佛祖、佛法,相当于现在的保安员。他手持的兵器名金刚杵,用来镇压魔军,摧邪显正。走过天王殿,大家来到了大雄宝殿,大雄是梵文摩诃毗罗的意译,意为勇敢无畏。一进殿,我们便看见本师婆婆世界的教主释迦牟尼佛,左右两边是佛的两大弟子,年长者是迦叶,年小者是阿难,迦叶、阿难拱手侍立,虔诚恭敬,把佛祖烘托得高大庄严,表现了"佛光普照"之意。在释迦牟尼佛的两旁是16尊者,是佛的优秀弟子,他们有三大优点:①不再生死轮回;②受天人供养;③没有烦恼,没有忧愁。释迦牟尼佛的背后是海岛观音,也叫鳌鱼观音,观音脚踩鳌鱼,若踩不住,它就会兴风作浪;翻身后,就会给人间带来地震。观音的两旁分别是散财童子和龙女。与海岛观音照面的在大雄宝殿北壁的两侧分别是释迦牟尼佛的左胁侍文殊菩萨和右胁侍普贤菩萨,他们合称"华严三圣"。

再往里走,我们便来到僧尼念佛诵经的地方——念佛堂,里面供奉了西方三圣,居中的是阿弥陀佛,两边是观音菩萨和大势至菩萨。再往里,就是僧人住的僚房和斋堂。下面让我们一起去游览风景如画的花园吧。

现在大家来到的是花园。瞧,这座双层的建筑是文昌殿,高约19.9米,殿内供奉的是文昌梓潼帝君,两旁奉祀孔子、朱熹。文昌,本为星名,民间俗称"文曲星",为主宰人间功名、禄位之神,苏州同里文化昌盛,文士众多,文昌崇拜极盛。这幢楼,也称钟楼,过去的寺庙一般都设有钟楼和鼓楼,大家是否听说过"晨钟暮鼓"这句话?它是指寺庙一天的功课在晨钟声中开始,在日落的鼓声中结束。各位有兴致的话,可登楼撞钟,此钟名大周钟,重4 000斤,直径1.5米,高1.99米,乃响铜所铸,音质洪亮,据说到此撞钟可求平安,故又名"平安楼"。看完钟楼,让我们再到鼓楼去看看。眼前的这座建筑名叫斗姆阁,又名鼓楼,正中盘坐在莲花宝座上的是北斗众星之母斗姆,因她能消灾解厄,保命延生,故一向为道教所崇拜,两旁站立的是左辅和右弼,各位如果有兴致可登楼摇鼓助兴,以求吉祥。刚才我们一一游览了观音寺、文昌殿、斗姆阁,它们分别代表佛教、儒教和道教,被称为三教合一。

【耕乐堂】

耕乐堂

各位游客,现在请随我一起去游览被称为世界文化遗产的退思园"姐妹园"耕乐堂。

耕乐堂位于上元街陆家埭北首,系宅第园林,前宅后园,占地6亩(4 000多平方米),始建于明代,于2001年修缮对外开放。住宅共3进45间房,主人名叫朱祥,是同里镇一位有名望的人(称为处士),他一生对建筑情有独钟,因为协助巡抚周文襄公修建苏州宝带桥有功,朝廷授其官职,但朱祥不愿从政,辞请归隐故乡同里,于是建造了这座私家园林。

这里是第一进门厅,又称轿厅,是停轿、出轿时用的。接着是第二进堂楼(在没有买下潘家宅第的大厅时,堂楼也代替了大厅的作用),堂楼高爽明亮,共五楼五底,楼下布置成根雕展览厅,内有根雕精品9大件,均已载入中国上海"吉尼斯之最",故根雕展览厅称吉尼斯厅。看这件大型根雕,名为《南海奇姗》,高2.7米,宽3.4米,系龙眼木,产自福建闽侯山区的一棵古树,木质坚硬,当地人称它为摇钱树。因为龙眼是贵重补品,一棵大树每年要产出上千元的价值,所以挖它要付出昂贵的代价,经过一年多的精雕细琢,才呈现出这千姿百态的奇形,整个块面平整自然,无拼接痕迹,1995年5月,曾在上海美术馆内展出。这重达1吨的东方雄狮,高2米,长2.7米,是历经几百年风霜的老杉树的木瘤。这只鹰,名叫"奋起",它展翅欲飞,有鹏程万里之势,就如同我们水乡古镇的旅游发展态势一般。

楼上还设有中小型根雕精品展览,共分3个厅:自然风格厅、各种佛教物品厅、动物厅,合计共展出根雕作品128件。这些美丽的艺术品的作者名叫张正,杭州人,原籍安徽舒城,生于1958年,现系高级根艺美术师。其作品在全国民间根艺等博览会上几次获得"金奖"、"特等奖"和"一等奖",500件作品荣获中国上海"大世界吉尼斯之最"称号。至目前,他已有1 000多件作品被东南亚及欧美客商收藏家收藏。张正,作为根雕艺术大师已被载入《中国根艺美术家大辞典》、《中国民间名人录》、《东方之子》、《世界名人录》。

这里是第三进绣楼,是女眷们起居之所,留有4只木鼓墩(黄榉木所做)。楼下是接待女宾客之厅,用方罩间隔成3小间,间隔既能坚固楼层,又显得气派。楼梯处有一暗间,关上木门不太明显,暗间顶上便是绣房。在正对暗间的楼板上有一个木栅板,上放圆桌遮盖,暗间中放金银细软,若有贼,楼上对着镂空木栅板便能一望透彻捉贼了。这二进房屋,绣楼低,堂楼高,这表明绣楼比

堂楼建造年代久,也就是说耕乐堂的整体建筑是由朱家子孙后代一代代慢慢完善起来的。在绣楼中展出了闻名中外的江南刺绣,共计明清刺绣精品 200 余件。

进入内侧的陪弄,花园以一口不规则的池塘作中心,四周环以"环绣阁"、"墨香阁"、"鸳鸯厅"、"燕翼楼"等建筑,池内三曲石桥连接南北。我们首先步入"鸳鸯厅",该厅贴水而建,老少坐于厅内四面望南是戏台,又称"三友亭"。紧贴着的是被民众称为"更楼"的燕翼楼,登楼推窗西望,远处上方穹隆诸山尽收眼底,近处"西津晚渡,洞真灵迹"一目了然。奇怪的是在楼上的小窗上有两个小方孔,原来这是嵌玻璃的格子,放在这里一是用来赏窗外之景的,二是显示身份的。楼下便是入花园的月洞门,进入月洞门首先映入眼帘的是一棵白色树皮的松树,称"白皮松",已有 300 多年的历史。旁边是一棵小黄杨,高寿 100 岁有余了。在白皮松左侧是一水轩——古松轩。隔池相望是两棵均已 100 多岁的金桂。通过小榭上环秀阁,阁内临水木窗雕刻精良,都用木做成竹节形,乍一看还以为是用竹子雕的门窗呢。这里也是佛堂,内眷们在这里吃斋念佛。出环秀阁跨上双重楼廊进入与之相连的墨香阁,乃主人之书房,两阁被戏称为"姐妹阁"。下阁看到两棵金桂后方还有一处高墙深宅,这里是主人购买的潘家房子,潘家因家道中落,才迫不得已售房,主人将其修缮一新,作为接待贵宾的正厅之用。

【珍珠塔景园】

游客们,现在大家来到珍珠塔景园,又称古侍御坊,也就是明嘉靖、万历年间,任南京监察御史的陈王道的故居。景点由御史第、陈家后花园、陈家牌楼、宗祠四大建筑群组成。

先简要地介绍一下御史陈王道其人。陈王道,字孟甫,号浩庵,吴江同里人,明嘉靖四十四年春闱中进士,做了几任知县,后升任南京监察御史。明代自永乐皇帝迁都北京之后,南京就作为

留都,南京监察御史是主管南方一带考察官员政绩、保荐良才、弹劾贪官庸吏之职责的官员,相当于现在的中央纪委主任和监察局局长。

珍珠塔

这里是御史府的大门厅,古称作仪门,大门前有石雕《平升三级》的图案,又称将军门。高门槛是活络的,当官轿进出时,可拔去。这门框两侧在古建筑上叫门当户对,我们常说的"门当户对"就源于这里。上面搁匾的圆柱体叫阀阅,只有官宦人家才能装饰,我们常说的"门阀"观念就源于此。还有这一对坤石,俗称抱鼓石,是元末明初的原物,上刻有《夔龙》和《鲤鱼跳龙门》的浮雕图案,是读书人追求好运的一种象征物。

走进了仪门,我们现在来到茶厅前,看一下天井对面的照壁墙,这水磨砖的照壁墙正中是砖雕的唐代牡丹图案,融有通过丝绸之路带来的中亚波斯风格,体现一种"吉祥富贵"的寓意,再加上四角的蝙蝠和门厅屋尖的蝙蝠、双桃,又有"福寿双全"的吉祥含意。再看下面的青须弥石座,两头石狮,雕刻精良;几幅浮雕图案,两边是十鹿(快乐之意)、八骏、和合二仙、神蟾桂树(蟾宫折桂,比喻科举高中)、鹭鸶莲花(比喻一路连科,祝福一路高中举人、进士、状元)。中间一幅是"渔樵",按理还应有一幅"耕读"图,在这里少了一幅"耕读"图,主人是在隐隐地告诉人们,主人本身就是出身书香门第,以道德文章为立身之本,现隐居小镇,潜心读书做学问,本身的作为就构成一幅现实的"耕读"图。这些石雕都是明清原物。

现在走进茶厅,又称之为轿厅,是客人下轿之处。两边之长凳是供轿夫和跟班饮茶休息之处,两边排列的执事版,表明了主

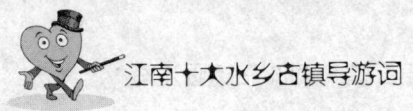

人的出身、官阶,显示了威严和气派。执事版相当于现在的名片,是一种身份地位的显示。

现在已来到了陈府的大厅宏略堂,这是主人平时接待达官贵人,或举行婚丧重大庆典的地方,平时很少开放。宏略堂取义于"宏图伟略",体现了主人远大的心胸抱负。宏略堂是明代陈王道御史的堂名,陈王道去世后,陈氏后裔曾改名为"孚寄堂"。到清雍正初年,陈王道五世孙陈沂震被抄家,家产被官府卖给镇上的刘姓人家,又被改名为"敦睦堂"。在评弹中被艺人改编称为"保义堂",现在我们恢复的是明代之原名。

现在请大家欣赏一下这座苏州香山派匠人的杰作——砖雕门楼。上面的砖雕斗拱、挂落,两边的狮子莲花挂柱和《群童舞龙》、《群童放爆竹》的欢度新年的镂雕,上额枋的"缠枝牡丹富贵",下额枋的"祥云仙鹤",可称得上是巧夺天工。这"克遵儒风"4字,既表明了主人严格遵循儒家信奉的孔孟之道德规范,又说明了主人家一直是专研诗书、科第不绝、儒风延续。

抬头看一下梁上彩绘,沿袭了苏州彩绘工艺。彩绘现在苏州已很少见,在苏州忠王府(博物馆)的梁桁上,还能见到许多太平天国时期留下的彩绘图案。苏式彩绘发源于苏州,明代吴县香山工匠之祖师蒯祥负责监造北京故宫时,已将苏州彩绘艺术带到北京,和北方的绘画艺术相融合,形成北方园林的雕梁画栋特色。陈御史府第系明代风格,体现在原有房厅的古屋梁架上,故在修复时再现了苏州彩绘的艺术风采。

请看这檐口额枋上的福禄寿三星和琴棋书画以及和合、福寿的吉祥图案,这都是明末清初的原创作品。

从大厅开始住宅建筑两侧就有避弄,所谓避弄,就是现在的员工通道的功能。在封建社会中,每一进建筑之间是全封闭的,平时大门关闭,进出通过避弄,只有达官贵人来时和重大庆典才开正门,走主通道,下人只能走避弄进出。

木雕艺术是古建筑重要组成部分,宏略堂内的这些浮雕作品

都采用从安徽搜集来的旧银杏板雕刻,银杏板木质细腻,木纹清楚,质地坚硬,是雕花的上品。请看这四幅是《岳母刺字》、《缇萦救父》、《孔雀东南飞》、《除三害》,代表"忠孝节义",还有《关公夜读春秋》、《天女散花》、《武松打虎》、《刘海戏金蟾》等历史人物、神话、文学故事。而油漆工艺都采取了传统的油漆工艺,如揩漆工艺,用了生漆、瓦灰、麻布、老粉等传统材料,使古建筑修旧如旧,保持一种和美高雅的色泽。

跨进这一道门,我们已到了陈府的第四进房兰云堂,这是陈府的内宅区,是主人家眷日常生活起居的地方,不是家中亲属是进不了此门的。当年方卿因是女主人方氏的侄儿,所以才能进入此厅堂。当时方家家道中落,贫困潦倒,前来投奔姑母家,正值姑父陈御史大寿,大宴宾客于前堂,方卿因一副寒酸潦倒落泊之相,姑母觉得有失方家体面,引到内堂相见,遭到一番羞辱。《珍珠塔》故事中"见姑"一幕,就发生在这兰云堂内。到后来方卿科举成名,封为八府巡按后又乔装成唱道情的穷书生,用唱道情来数落羞辱姑母,也在这兰云堂内。现在堂内保持的就是明代官宦人家内堂的陈设,家具都是典型的明式家具。

堂前砖雕门楼上"景星庆云"四字,景星又称瑞星、德星,庆云就是祥云,寓意满庭吉祥之意。东西二耳门上的"凝祉"、"履吉",是指凝聚福气、步步吉祥之意。兰云堂的长窗木雕图案为《破镜重圆》、《白蛇传》、《西厢记》、《红拂夜奔》、《秋翁遇仙记》、《徐霞客》、《赤壁夜游》等人物、历史、神话故事。

跨过屏门,再通过这一道石库门,我们就进入了堂楼,这里是陈府的第五进房。堂楼是主人家属所居住的地方,就是一般亲戚也不能擅入。堂楼下,中间是主人夫妇的起居之室,也是日常活动之地,上面所挂"祉猷骈茂"的匾额解释为福气和事业双兴盛,寓意主人事业兴旺,福运日盛。这里一对青石鼓墩,是元代遗留的作品,一边是缠枝牡丹图案,一边是缠枝莲花图案,是难得的古代石雕精品。东侧是主人夫妇的卧房,西侧是太太的丫鬟秋珠的卧室，大家可以看一看根据记载而布置的明代卧房陈设。

对面的门额上的砖雕字"兰桂腾芳"，中国古代兰、桂是对儿孙的美称，腾是飞腾发达之意，芳是美德美名流芳百世，寓意子孙新一代显贵发达。两侧的"鸾翔"、"凤集"四字，比喻家庭人才荟萃，兴旺发达。长窗木雕图案为园林、山水，又与大厅、房厅不同。

再登上18级楼梯进入小姐的绣阁，这18级楼梯可是非同一般，在评弹艺术中，小姐从绣楼上走下楼梯，去见方卿，每走一层就有一段回忆和思想活动，评弹艺术总共说18天（回），才让陈彩娥小姐走完这18级楼梯。楼中间是小姐日常起居之处，东间是小姐的绣房，西间是贴身丫鬟秋萍的住房。

参观过陈府主房之后，出西耳门，进入西避弄，就可以到达西边一路的附房区。先参观一下厨房，前面是大厨房，也就是我们现代称为的餐厅，是主人一家用餐之处。后间是小厨房，是灶间，供做饭烧菜和库存食品。天井的水井名为涵清泉，井栏有水纹雕刻，也是元代的遗物。

现在我们就到了"闻香读书楼"，这是主人的读书之处，同里当地人都称之为"陈彩娥书楼"。闻香读书楼的"闻香"二字，有着佛教禅理在里面。主人在书楼之上潜心读书，养生修性，领悟古圣贤的思想精髓，受古圣贤清风雨露之熏陶、滋润，故取名闻香读书楼。两边耳门上的题额为"德风"、"惠露"，也暗含此意。再看书楼的长窗、短窗，都是冰纹加梅花图案，寓意着10年寒窗。

与楼一墙之隔的院落，便是玉兰堂，俗称花厅，全部用柏木造成梁柱，又称柏木厅。花厅是主人接待亲朋好友的场所，犹如现在的会客室。接着通过"挹秀"月洞门进入后花园游览赏景。

现在来到的是院落，是"撷秀"院，院内的这座小楼叫茹古斋，斋名含意是好古，追遵古代圣贤的哲学理念。清雍正初年，陈沂震自杀于院内书房，也就是茹古斋。同里历代书画家辈出，清末就出了一名著名画师陆恢，茹古斋便是陆恢初次习画之地。

从茹古斋向南经过洞门进入碧筠山房，因院中有小山坡，遍

植翠竹,修竹与太湖石相互掩映,置身其内,倍觉清幽,故额题名为"藏翠坞"。

我们现进入了长廊,长廊上嵌有江南镂空花窗、洞窗、漏窗。每一扇窗都是一幅画。从这里向北,可达水流云在轩,杜甫有诗曰:"水流心不竞,云有意俱迟。"清波池中流动,白云在水中的倒影悠闲,依栏俯观,一派诗情画意在眼前。

向西就进入"清远堂",这是园中的中心建筑,临水对山,背靠竹坞,四面皆窗,有回廊可通,故又称四面厅,是主人园中宴请宾客之处。前面有月台临水,是夏秋之季赏月的好地方,"清远"二字取于北宋大理学家周敦颐《爱莲说》中的"香远益清"之句。看回廊梁上雕有莲藕,这大梁上雕有云鹤、牡丹、磬、双鱼,取意富贵、吉庆有余。这月台上灵璧石栏杆,是明代之前的遗物,古朴美观,建园时,从古徽州搜集而来。

沿着走廊向前走,在这长廊的墙上除代表士大夫雅兴的琴棋书画的花窗外,还有这散发浓浓文化气息的碑刻艺术,可称双绝:一绝是碑刻内容,有晋宋元明清各代的书法大家王羲之、苏东坡等人的手迹墨宝;一绝是这些雕刻都是由被誉为"江南碑刻第一刀"的苏州青年金石艺术家时忠德先生亲手所镌。他的传略被辑入《世界名人录》和《中国专家辞典》以及《二十一世纪人才库》。

绿秋亭是陈彩娥小姐托出一颗芳心之处,戏曲、评弹"赠塔"一场戏,就发生在这个绿秋亭内。这是六角亭,每一角下都有像龙头一样的木雕饰物,其实这形似龙而非龙的东西,古书记载叫作"嘲风",是龙生九子中的一个,平生好险,古代在殿宇建筑角上的走兽,就是其造像。主人既要装饰气派,又怕杀头,就采用这种巧妙的办法。

现在我们进入的小院是园中之园,一个幽静之处,叫紫薇堂,相传方卿曾在此读书。在唐代,中书省(衙门名)多种紫薇花,中书郎(官职名)又被称为紫薇郎,这是一种非常显贵的官职,读书人都把做紫薇郎作为一种追求,取堂名为紫薇,是主人的一种希望与寄托。

对面的半亭是绿绮亭,是主人弹琴之处,"绿绮"二字取于晋代傅玄《琴赋序》。相传汉代才子司马相如(卓文君的丈夫)写了一篇《玉如意赋》,梁孝王很欣赏,赠给一张"绿绮琴",故以后古琴就以"绿绮"作为代称。

这是西水榭,水榭为何取名为"景明"二字呢?北宋文学家、政治家、军事家范仲淹写过一篇脍炙人口之作《岳阳楼记》,其中有"至若春和景明,波澜不惊,上下天光,一碧万顷"之句,"景明"二字就取于此。

前面就是假山,这里的假山模仿真山真水,山上的小亭名叫小兰亭。晋代大书法家王羲之于暮春三月与友人雅集于浙江绍兴之兰亭,王挥笔写下序言《兰亭集序》,这是中国古代书法中的顶级珍品,在中国书法史上占有重要地位。

这是画舫,停在碧波之间,犹如浮在翡翠之上,故取名为"浮翠"。从这里,我们进入的是主人休闲娱乐的场所,这一座古戏台,供逢年过节时或祭祖酬神时唱戏听曲,自娱自乐。

这里是雅韵馆,当然是听乐赏曲之处。两边回廊相通的是知音斋和闻韵亭,一是取名于古代钟子期、俞伯牙高山流水觅知音的故事,一是取名于孔子听韶乐三月不知肉味的典故。

主建筑古戏台造型古朴,那中央藻井呈螺旋形上升,彩绘图案为百凤朝阳,出自香山名匠之手。两旁立柱的木雕垂狮上还站有和合二仙,是从徽州搜集而来的。屋脊上的《二龙戏珠》和檐脊上的四大金刚及蹲兽,以及山尖上的吉祥图案,是由香山太湖古建吴中泥塑第一人的吴小飞先生亲自塑造。

戏楼的彩绘有五代顾闳中的《韩熙载夜宴图》、永乐宫的《八十一神仙图》。戏台下空一半架于水中,既体现了江南水乡社戏古戏台临水的风格,同样也增添了音响效果,体现了一种巧妙的构思。戏台匾额"承平豫泰"四字,意思是天下太平,以音乐来歌功颂德。这两边亭子和走廊是观众看戏之处,而正厅和两旁是贵宾看戏的雅座,犹如现代欧洲大戏院的包厢。

在两边走廊墙上嵌有18幅历代戏曲人物故事,有《木兰从军》、《文姬归汉》等。在这走廊的地下,掀开石盖板有一口深井,井水清澈冰凉,夏季可供沉瓜之用,也就是相当于我们现在的冰箱。

走出了枇杷园,我们就走出了陈府后花园。请看一下对面的船舫,客人、亲戚来了,船停在船舫内,客人上岸从边门进府,船夫在此休息,所以船舫就相当于现在的停车场。只有达官富贵人家才有资格建造船舫。

我们现在来到的是宗祠,也称为祠堂,是同族的人共同祭祀祖先的场所。每逢春秋二季,都要进行大祭,称为春祀、秋祭,逢年过节也必须祭祀祖宗。这座祠堂是清末保留下的建筑,新中国成立之后,曾改为粮管所的粮仓,这次在修复陈御史府时我们也对它进行了全面修复。

现在我们来到了仪门,这一对坤石,上刻有3只狮子环抱的浮雕,这是元代遗物,也是修复时从苏州西郊搜集而来的。屋脊叫鸱吻,是龙生九子之一,因其生性好登高、好吞,所以古代殿堂建筑的脊兽头是其造像。

穿过仪门,进入的就是主厅(享堂),堂内供有宗族先祖的神位和影像(也就是遗像)。享堂内旁为厢房,供奉族内历代祖先牌位,按族系、年代而排。逢年过节,族内男丁按辈分与长幼次序,供上祭品,由族长率领叩拜礼赞。祭祀完毕,将所供祭肉品分给大家,以享祖宗恩泽,这种祭祀时的供品,称为胙。祭祀时妇女是不得进入祠堂参加祭祀的。

通过两侧过道进入后面一进是议事堂,这是族人议事之处。族内每逢大事,就由族长召集族中长辈和有名望地位者商量,定出办法。这里集中了族权,在古代封建社会,族权可以大过法律,决定违反族规者的生死。

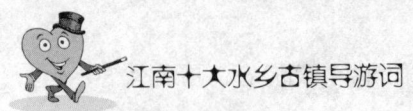

请大家到这里看一看,这里有一口井,上有半亭相盖。在封建社会中,一旦妇女有做出违反封建礼教的行为,将被视为大逆不道,必须受到最严厉的惩罚,被活活沉井而死,所谓用生命来洗刷自己的耻辱。北京故宫的珍妃井不就是珍妃沉井处死之地吗?

最后我们来到的是牌楼,同里人都称陈家牌楼,是同里一处标志性的建筑。牌楼原建立于1580年,也就是明代万历八年,陈王道逝世后,万历皇帝为了表彰陈王道任南京监察御史期间为官清正,政绩卓著,特下旨立了这一座牌楼,以示旌表。到清康熙五十八年,陈王道五世孙陈沂震又对牌楼进行了一次重修。一直到"文化大革命",牌楼被拆毁,荡然无存。这次是根据遗留的资料文献和照片按原貌重建。请看上面这"清朝侍御"4字,是万历皇帝所赐。"清"字是动词,不是名词,清就是清理整顿之意。明代南京又称南直隶,其辖区为今华东地区,南京就是留都,仍设有六部衙门、都察院和国子监等一套政府班子,并代表皇帝和朝廷行使管理南半个中国的权力。所以身为监察御史的陈王道,负责监察弹劾百官的职司,可以起到"清朝"的作用,所以"清朝侍御"是对陈王道的极大赞扬。

这有二副对联:"义制事礼制心检身若不及;德懋官功懋赏立政惟其人。"上联说的是用大义处理政事,用礼法来约束自己的思想,经常检查自身不足之处。下联说的是有德之人勉之以官,有功之人勉之以赏,立政重要的是选择人才。

"念初者丰年为瑞贤臣为宝;心游乎道德之渊仁义之林。"上联说的是念念不忘丰年是祥瑞,贤臣才是国家之宝。下联说的是心中常思念的应当是道德和仁义,这都是统治者对官吏的勉励和希望。这后照壁墙上有"恩荣"二字。这后照壁墙的须弥底座,为武康石石材,现在上面雕有力士等图案。这原石系明代早期的物品,从古徽州搜集而来。

【松石悟园】

各位游客,现在我们来到松石悟园,这里陈列着1 200余块二亿多年自然形成画面的松屏石板,它们是由原铁道部工程总公司设计部部长张家忻先生及其夫人王月军女士30多年苦心收集之珍藏(现在已赠送给了同里政府),松石悟园就是同里镇政府为了永久保存这批珍贵的自然文化遗产而修建的展馆。

松石悟园

展品共分5个部分,第一部分称"天地篇",第二部分称"人文篇",第三部分称"禅意篇",第四部分称"警世篇",第五部分称"小品",分别陈列于7个展厅之中。

"天成之美"4个大字是雕塑大师钱绍武先生为松屏石展馆题写的。请看松屏石简介:松屏石又叫松石、醒酒石、婆娑石,属变质岩,形成期距今约二亿多年,其画面是由各种溶液如锰铁类氧化物溶液等随机渗透浸染而形成的,以树枝、花卉图纹为主体。收藏此石在我国历史悠久,源远流长,最早可追溯至先秦,后至唐朝成为相府之收藏。

纵观此石艺术境界很高,有西洋油画光线与色彩的协调,国人山水画计白、布局的考究,泼墨写意画的潇洒雄浑,水彩画的明快亮丽,可以毫不夸张地说,松屏石是"外师造化"极品。

再者遴选中国历代文人墨客的千古佳句,与之相匹配。千年古镇同里,建馆收藏和展示此石,对于弘扬民族文化、丰富古镇文化旅游内涵必将产生积极作用。

大厅中间的这幅画是一幅非常好的松屏石画,名为"缘源",

既是黄河之源、华夏文明之源,又是佛家所说因缘之源。佛家认为:一切诸法因缘而生。诸位能来参观也是一种缘分。下面这块石板是张先生1967年4月在乐山大佛寺下偶然觅得的第一块松屏石,被称为"开门石",画面是一幅松涛图。

接下来为大家介绍一下建馆小记和收藏简介。序厅中还有一幅收藏人的寄语,写得很感人,等参观完展厅后我再来为大家介绍。

下面向大家介绍第一篇"天地篇"。宇宙从大爆炸开始,以后进入混沌期,进而气分清浊,光分明暗,天成地就,海陆成形,滋生万物,创造人类,繁衍生殖……人类文明从此开始,虽然天书无字却一目了然。"天地篇"分四个章节:第一章叫作开天辟地,第二章叫天成地就,第三章叫滋生万物,第四章叫创造人类。

第一篇主要是从形象思维的层面,来揭示这部天书的,这也是各位在国内大多数石展上所看到的——石头像什么。而松屏石所涵盖的内容不只是这一个层面。下面我们再从人文、美学的层面来诠释这部天书在说些什么,这就是第二篇"人文篇"。

以唐诗、宋词、元曲、老庄哲言,与天然石板画配伍,充分展现了华夏文化的自然底蕴和博大精深,真可谓天人合一。先看这幅画,既可看成是牛魔王的头,又可看成是团扇,还可看成是佛殿,美术学院学生说是《天女沐浴图》,可见天书的诠释是与文化底蕴有关的。华夏文化的自然底蕴在这里可见一斑。人文篇也分四章。

第一章"四时咏叹"(春、夏、秋、冬)。请看对于春的描绘:"蜂蝶纷纷过墙去,却疑春色在邻家。"(这星星点点,本来是岩石剥离时的残片留在了画面上,在这里却成了蜂蝶纷飞、春意盎然的景象,这正如罗丹所说的"不是缺少美,而是缺少发现"。欣赏大自然之作,关键在于提高自身的修养)对于夏的描绘:"赤日炎炎如火烧。"对于秋的描绘:"碧云天,黄叶地,秋色连波,波上寒烟翠。"(这是范仲淹的一首词)这一对石画英国人出过4 000英镑想买,没给他。张先生说:"我们可以去大英博物馆,你们也可以

来同里,都是世界文化的一部分。"

接下来请大家随我到 B 展厅,继续人文篇的第一章"四时咏叹"。对于冬的描绘:"梅雪争春不肯降,骚人搁笔费评章。梅须逊雪三分白,雪却输梅一段香。"(无须争论,其实天赋予梅的就是香,赋予雪的就是白。各有其长,各得其所。不要妒忌,要互相包容才是,做人也一样)

第二章"振古天地"。这一章又分四节,第一节"山川雨露":"好雨如扇雨如帘。"春天的雨"润物细无声"。夏天的雨"对潇潇暮雨洒江天,一番洗清秋"。第二节"大漠长空":"北风卷地白草折,胡天八月即飞雪。"把塞外"早穿皮袄午穿纱、围着火炉吃西瓜"的大陆性气候描写得淋漓尽致。第三节"鸟兽花木":"雄壮雌秀奇,连理度春秋。""深秋景如画,悠悠待来年。"都是收藏者写自己的。第四节"水乡风光":"松石有本性,日久见盟心。"这是康有为在戊戌变法前为自家大堂拟的一副壁联。

第三章和第四章分别是"人杰地灵"和"童心世界"。主要有"山中有流水,借问不知名。恬淡无人见,年年长自清。"等收藏者的自勉和联合国国徽。

下面我为大家介绍第三篇"禅意篇"的内容。禅意篇是在形象思维层面、人文美学层面之后的更深一层的佛学禅宗的层面上来破释天书的内容。众所周知,诗禅合一是中国文化最高的美学特征,所以这一篇也就更耐人寻味。大家请看:"僧言古壁佛画好,以火来照所见稀"(佛面无相,敦煌壁画);"人间四月芳菲尽,山寺桃花始盛开。长恨春归无觅处,不知转入此中来。"(这幅画是悟园的自勉画,不管外界如何,要自尊自爱,保持人间的芳菲)

第四篇"警世篇"。警世篇用生动的画面告诉我们:人与自然和谐的重要性。大家请看:"劝君勿打三春鸟,子在巢中待母归"(苍天早就用此画说明了"持续发展"的道理);"水污染"(如果地球上的水都被糟蹋成这样,那么,给人类的最后一滴清泉,就只能是人类自己的眼泪);"龙松"(象征着人类应接受老天的警告,

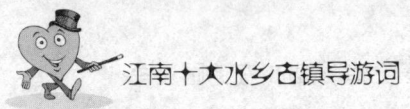

从现在起认真保护好生态环境,那么前途还是光明的。绝不能采取不了了之的态度,要是那样,也许真的就不会有明天了)。

各位游客,展览介绍到此结束,在我们离开之前,再来体会"寄语":

"天然石板画是弥足珍贵的,收藏的过程既漫长又艰苦,然而就在你'拥有'之后才发现,这卷天书原本就不是属于你的,更不是你的财产。你只是她的暂时保存者。站在历史长河岸边远望,她是永存的,而你将会飘然而去。怎么办?把她还给大地,把她献给故土,让天下有缘者尽亲之,让自己回到原本状态,这样实实在在能享受到的才是满足、愉悦和幸福。我们愿以亲身感受告诉天下的所有收藏者:'收藏的真谛和最终归宿,在于留给后人一点真、善、美的东西,留给自己的仅仅是没有虚度的感觉而已。'"

看完"寄语"大家一定会对收藏者的内心世界有所了解,在商品经济的社会中能有这样的情操的确难能可贵。收藏者也许早已悟出佛家所说的境界:看破、放下和自在。

【古风园】

游客们,讲到床榻、木雕,必须要向大家先介绍一下木材。中国的行家们都喜欢用上等的木材制作各种精美的生活用品和雕塑制品,而木材中的上品当属红木,用红木制作的家具一直成为达官贵人的首选,红木家具的制作有着悠久的历史,在每个时期都不乏精品。尤其是明清两代的红木家具,选料极为考究,凭借其优良的材质、天然木材的纹理,加上精致的工艺,无须上漆,只需石蜡打磨便光亮如镜,凸显硬木亮的花纹,格外雅致秀美,可谓"天然去雕饰,清水出芙蓉"。此外,明清红木家具的设计艺术和制作技术均属一流,因而,明清红木家具一直是国内外家具收藏家所热衷搜集的对象。明清红木家具和杂件常用的名贵木材有紫檀木、黄花梨木、红木铁梨木、鸡翅木、乌木和樟木等,不同的木材具有不同的硬木色彩和天然纹理,因而也可制作成不同风格和

特质的家具和雕刻精品。床从各处收集而来,只因江南经济发展迅速,房子拆迁频繁,居民便将这些属于传世精品却无法搬运的大件出售了,您才会在此见到如此丰富多彩的古床。

【古玩区】

古玩区

游客们,我们现在已经来到了古玩区,一如刚才的古床区一样,这些古玩都是在江南居民手中收购所得,因为同里在古时是吴江市最富裕的小镇,因此如青瓷、玉器、木雕、书画这些热门收藏品才会如此多而精。在这里您所看到的这些物件能使你充满想象,想象这里的收藏是当时一位古人的家中所有,他在清新的早晨坐在这张躺椅中,戴着这枚扳指的手端着这把茶壶,看着这些古木雕花窗上明灭的晨光。从这些古玩中我们能够感受到当时同里人生活的富裕及悠闲。下面您将要去参观的是同里陈去病故居。

【陈去病故居】

游客们,现在我们将要参观的是陈去病故居。陈去病故居为清末民初建筑,由其祖父似兰、父允升、叔父允文始建于清末同治年间(1862—1874)。其祖辈均经营榨

陈去病故居

油业,故其建筑为"前店后宅",临河而筑,陈去病对其旧居也曾前

后两次加以修葺、营建。1920年他利用老屋屋基"易位移方",新建了平厅3间"浩歌堂",取白居易《浩歌行》之意,浩歌堂是其会客之所,他所著的《浩歌堂诗钞》即以此堂而得名。1932年陈去病告老还乡后,又在其旧宅新建了一幢五楼五底二厢房的堂楼,取名"绿玉青瑶馆",其母是倪云林后裔,故取云林诗句以纪念之。故居现有浩歌堂、百尺楼、绿玉青瑶馆、家庙及下房等共45间,占地面积约1 365平方米,建筑面积约823.55平方米,为无轴线形不规形建筑。1980年5月被列为第一批县级文保单位,1995年4月被列为第四批江苏省文保单位,目前故居被列为吴江市爱国主义教育基地。

陈去病原名佩忍,字伯儒,号巢南,笔名南史氏、醒狮等,祖籍浙江兰溪,后入吴江籍,为同里人。陈去病是辛亥革命时期的风云人物,又是近代著名的资产阶级民主革命家、著名的爱国诗人和文学家,他早年加入同盟会,发起组织革命文学团体"南社",曾任孙中山的非常国会参议院秘书长,大本营前敌宣传主任,北伐后,先后担任东南大学、持志大学教授及江苏革命博物馆馆长等职,1933年10月4日患疾不治逝于同里家中。

1981年10月胡耀邦同志在首都各界纪念辛亥革命70周年大会的讲话中,热情赞扬了33位辛亥革命时期的著名风云人物,其中有两位吴江人,一位是柳亚子,另一位就是陈去病。纵观陈去病的一生,辛亥革命前由爱国走向维新,再转向反清革命,壮怀激烈;辛亥革命后,面对强大的封建势力,他进行了不懈的抗争,从参加二次革命到参加护法战争、护国运动,但总以失败而告终。他曾为寻求强国之术留学日本,但并未接受新思想,20世纪20年代后只能在创作诗词歌赋中寄托自己的情怀。

这一展厅展示了陈去病先生的一生。这些图片及资料都是关于陈去病先生一生的革命轨迹的,这些图片资料说明了辛亥革命失败后,陈去病没有退却和彷徨,他始终追随孙中山等革命领袖,同北洋军阀作斗争。1917年孙中山在广东发动护法运动,陈

去病在浙东响应,赴粤护法。1921年协助孙中山,继续从事护国运动,主张北伐。这是陈去病陪同孙中山、宋庆龄游览西湖,孙中山亲笔为陈去病母亲倪节孝君题"女之师表"、撰碑文,以表彰陈去病献身革命的功绩。孙中山为陈去病父亲及叔父题的"二陈先生之墓"一直保留着,就摆放在门口。孙中山逝世后对陈去病打击很大,他从而转入学术研究。1909年11月13日陈去病与柳亚子、高天梅等于苏州虎丘张公祠创南社。1933年10月5日陈去病先生逝世于同里家中,国民政府明令致哀,以生平事迹录入国史。1934年11月,南社诸友及故门生将陈去病遗体葬于苏州虎丘南麓冷香阁下。

【结束语】

各位游客,同里风光独特,不仅吸引了众多的海内外游客,而且许多影视导演也把目光瞄准这里,自1983年导演谢铁骊的《包氏父子》剧组第一个踏进同里以来,至今已经拍摄80多部影视剧,因而同里被影视界誉为"天然摄像城"。"借问水乡何处有,同里古镇逍遥游",但愿同里之行能给您留下最美好的回忆。谢谢!

梦里水乡——千灯古镇

各位游客:

大家好!欢迎各位来到国家AAAA级旅游景区——千灯古镇游览。千灯镇是一个具有2 500多年历史的江南文化名镇,自古钟灵毓秀、人文荟萃、物阜民丰、风物清嘉,是明末清初杰出的思想家、文学家、爱国学者顾炎武的故乡,其名言"天下兴亡,匹夫有责"一直激励着天下无数仁人志士。千灯镇也是世界人类口述与非物质文化遗产、百戏之祖——昆曲的发源地,今天我们就走进千灯去感受古镇魅力。

【概况】

千灯古镇

千灯位于长江三角洲，隶属江苏省昆山市，面积84平方公里，人口12万，其中本地人口5万，外来人口7万。它位于昆山市南15公里，东接上海青浦区，距上海虹桥机场30公里；西邻苏州，离苏州市中心35公里。千灯古镇历史悠久，远在新石器时代，这里已有先民生存繁衍，创造了灿烂的史前文明，早在2500年前这里就已经是个军事要塞。古镇物华天宝，人文荟萃，素有"金千灯"之美称。有关"千灯"这个地名的来历，说法很多，有的说："原来这里有数千个的土墩，所以称'千墩'"；有的说："原来这里长有茜草，所以称'茜墩'"；更有的说："原来这里灯多，所以称'千灯'。"其实，千灯旧称千墩，据清陈元模著《淞南志》载，昆山城东南36里，三甲川乡有水曰千墩浦，盖淞江自吴门东下至此，江之南北凡有墩及千，改名千墩。清宣统二年（1910），因为该地土墩上长满了一种草，"根可以做红色染料，也可以做药材，这种草称'茜草'"，所以，在那时把"千墩"易名为"茜墩"。"茜墩"这个地名一直用到新中国成立后。茜墩是一个人文荟萃之地，人们都感到叫"茜墩"、"千墩"有点不妥，应该用"灯"更好。这个"灯"字，象征着光明的使者，象征着辉煌，象征着富裕，与"金千灯"相符。"千灯"这个地名就由此而来。1966年4月，经江苏省人民委员会批准，改名为"千灯"至今。现在整个镇区仍保存传统明、清、民国建筑8万平方米，至今仍保留着"水陆并行"、"河街相邻"的棋盘式格局和"小桥、流水、人家"的古朴风貌。

【千灯三桥】

千灯三桥

桥是千灯水乡文化的精华和缩影。跨过三桥,就跨进了具有2 000多年悠久历史的千灯古镇。三桥联袂而筑,分别呈现宋、明、清三代的不同特色。东边的小桥叫方泾浜桥,因河名方泾浜而得名,为明代特色;中间横跨尚书浦上的三孔石拱桥为恒升桥,恒升取步步高升意,为清代特色。恒升桥下的大河原名千灯浦,为纪念明代户部尚书夏元吉而改名尚书浦。西岸一座小巧玲珑的木桥是鼋渡泾桥,为宋代特色。三桥有一美丽的名字,称为"三桥邀月"。每当月明星稀,伫立三桥,相信您会体会到"清风、明月和我"的意境。

【余氏典当一立三堂】

各位游客,我们现在到了徽派建筑群——余氏典当。余氏典当始建于明末清初,它是徽商余氏的老宅。据载,余氏的祖先余爱山在明万历年间从安徽的休宁县到千灯吴家桥开店经商,通过父子两代创业、积蓄,后成为腰缠万贯的富翁。他的儿子余尚德于清顺治三年(1646)在千灯镇区营建这片徽派建筑群。余宅坐西朝东,双排两行,建时

余氏典当一立三堂

沿河自东(过街)向西共有7进,现存5进。第一进东为店铺,四开间门面,经营茶和杂山货;第一进西四开间为典当铺,典当是收取衣物、铜锡器、家具、金银珠宝等作质押而进行放款的高利贷的商业活动,始于南北朝,时称"质库"。当铺也是整幢建筑群的头埭,是收兑典物的场所。第二进是明厅"立三堂"。第三进为大堂楼,走马楼为住宅。第四进为小堂楼。第五进为当库。整个建筑群有一明代大厅、五小厅、六幢楼、双备弄,前后左右构成"亚"字形"走马楼",大小房屋120多间,千灯人称它"迷楼"。典当铺3面有高墙,可确保财产安全。后面是"更楼",可为全镇防盗、防火打"五更",具有警示功能。

  游客们,我们已经到了余氏故居——立三堂,风雨沧桑300多年,依然如故。余氏家族,代代相传,后继有人,曾经是千墩镇上"南顾、中余、北叶"显赫的三大户之一,亦是人才辈出的礼仪之家、书香门第。余爱山的第三代传人余国柱,于顺治丁亥年高中进士,官至刑部主事,江西清吏司郎中;顺治丙戌年,余国柱和他的侄子余震元同入"科校场"考场,同登一榜,乡里传为佳话。当年余尚德因儿子高升而受封,为享受与儿子同等的官职待遇而激动不已,亲自提笔写下了一楹联"创业固难,我祖父克勤克俭;守成匪易,尔子孙其慎其谦"告诫子孙后代。中堂挂的为余震元所题:"生平所学唯四字,终生可行有一言。"

  各位游客,请随我进第五进,此厅为当库,现改成"奇石馆"(我们先看房屋的结构,为什么当库与前厅只有如此狭窄的缝隙呢?原因是为了防盗而加紧联系,所以离前厅如此距离)。我们回过头来看看这里的"奇石馆",此馆共由两幢楼构成,展示面积约300平方米。依据石头的地区来源、品种及特点的不同,设置8个展块,有230多块奇石。

【秦望山—延福禅寺】

  我们跨过这个门槛就到了另外一个景点——秦望山,此山为

第二篇 读你,在诗画江南

秦望山—延福禅寺

千灯悠久历史的见证。据汉书《吴越春秋》和宋《玉峰志》记载,三江之首吴淞江畔有土墩99个;离昆山30里有一高土堆,为第1 000个墩,此地名为"千墩"。在公元前750年,吴越争霸,吴王寿梦为防越国和海寇侵犯,在土堆上筑烽火楼,所以2 750年前的千灯就已经是个军事要塞。秦始皇曾登此烽火楼祭东海,因而称"秦望山"。

　　游客们,这是延福禅寺,它始建于503年(梁天监二年)。曾做过县主簿的王珏,因年老无嗣,舍宅扩建寺院,后晋天福二年(937),皇帝赐名"般若寺"。1008年,延福禅寺规模宏伟,共有禅房1 008间,和尚800名,成为江南佛教圣地,前来烧香拜佛的信徒络绎不绝,香火极旺。

　　和宝塔构成牢固三角形的是两棵千年古树——银杏树,栽种于北宋大中祥符元年(1008),寺庙宏伟,香火旺盛,僧人种植无数棵银杏。在清朝咸丰年间,太平军与清军作战时,整个寺庙毁于战火,包括秦峰塔四周木栏杆,银杏树仅存两棵完好无损。非常神奇的是这两棵银杏树还是一公一母,是一对夫妻树,西面一棵为公树,粗壮挺拔;东面一棵为母树,瘦弱枝少。2003年,延福禅寺迎来新生,经过大修重新恢复原貌,还江南佛教圣地壮观。

【秦峰塔】

　　游客们,秦峰塔到了。秦峰塔始建于梁天监二年(503),由千灯镇王柬捐宅建延福寺,寺庙内建一七级佛塔。因寺庙依秦望山阳面而建,故而佛塔名"秦峰塔"。秦峰塔历尽沧桑,屡毁屡建,原塔内各层有扶梯连接,每层都用楠木作为底板,可直上顶层,旧时顶层设有茶室,各层外围装有木栏杆,可远眺四方景色,清代方豪思有诗云:"千墩墩上塔层层,高入云霄碍野鹰。我欲登上观四海,秋风病骨未堪胜。"同治年间,太平军与清军作战时,秦峰塔的各层搁板、扶梯、四周栏杆均付之一炬(现尚存顶层搁板)。为此,不能拾层而上,游人只能望塔兴叹。新中国成立后政府对秦峰塔进行多次修复,现已恢复宋代风貌,游人又可登塔远眺。现塔高39.98米,砖木结构,共有7层,形态绰约,造型独特,朝东南微微倾斜,远看酷似一位亭亭玉立的少女,故而被人称为"美人塔",已被列为省级文物保护单位。

秦峰塔

【世界第一大玉佛】

世界第一大玉佛

游客们,这就是世界第一大玉卧佛——释迦牟尼涅槃像,它是由名贵的缅甸白玉精雕细琢而成。白玉毛料1999年在缅甸发现,历经3年艰苦开采,始现于世。玉料为一块完整一体的纯天然玉料。根据玉材的天然造型,经过精心设计,由德纯艺高的工匠历经两年时间精工雕成玉佛。玉佛精美华贵,庄严殊胜,玉清底白。佛像长8.9米,高2.45米,总宽1.35米,体型比例匀称,栩栩如生而自有灵气。玉佛全身镶嵌有1 500多粒红、蓝、紫晶宝石和翡翠,衣纹和莲花台由

24K 黄金镏金而成，彩绘部分采用天然石色彩画而成，如白色、红色、蓝色分别由白海螺、红珊瑚、绿松石研磨制成。玉佛 2004 年 10 月被列为上海大世界吉尼斯之最，是世界第一大玉卧佛造像，堪称天下奇宝。

【千灯石板街】

游客们，现在我们走在被誉为江南第一街的千灯古石板街上。石板街与尚书浦平行，呈南北走向，全长 3 华里，共由 2 072 块石板所铺设。石板街始于南宋，经明清进一步延伸修缮，民国三年请朱家角名匠王世吕进

千灯石板街

行设计，重新整理，从而形成了如今纵横交错、贯穿千灯全镇的格局，也成为华东地区保存最长、最好、最完整的石板街。石板街面是人行道，石板下是下水道，沿街临河，且与每家每户的下水道及河滩相沟通，从河滩驳岸边泄水入河，是优良的排水系统，即使倾盆大雨也排泄畅通，雨停水干，从不积水。石板街所用之条石有一美丽名称"胭脂红"，现已无法考证"胭脂红"石产自何地，但条石的美丽永远地呈现在我们面前。石板街所用条石均宽 50 公分，均长 2 米以内，稳固而耐用，修理替换又很方便，是科学性和实用性、美观性良性结合的典范。古街狭窄，屋檐相对，成一线天，两侧小楼相依，隔街携手授腕，成为古镇的特有风貌。

【顾坚纪念馆】

游客们，我们来到昆曲鼻祖顾坚的纪念馆，这是清末民初建筑风格的庭院。现在我们看到的只是一个小型的厅堂，这个就是

明清官宦贵族之家举行江南丝竹和昆曲演出用的小舞台，舞台精美别致、小巧玲珑。舞台两侧有副对联："曲奏陶峴丝竹江南；腔吹顾坚管弦玉峰。"千灯不仅历史悠久，更是人文荟萃，这副对联称颂了千灯一位伟大的戏曲家——顾坚。

前面这尊精神矍铄、文采飞扬的塑像就是顾坚，他是元末明初的戏曲家，也是一位文学家兼音乐家和江南丝竹的创始人。顾坚，昆山千灯人，有"风月散人"之别名，当时他与有万贯家产的昆山富商顾阿瑛，戏曲家杨维桢、高则仁都是

顾坚纪念馆

好朋友。以顾坚为首的众多文学家、戏曲家除了一起研究南曲以外，他们还创造了一种新的腔——昆山腔。昆山腔就是顾坚把弋阳腔与昆山民歌结合起来，形成的一种新腔，它是比四大腔更优美动听的一种委婉、细腻的新腔，也有"昆山正声"之称。各地方争相用昆曲脚本来演出，所用语言都是地方语言，发展有380多种戏曲派别，故昆曲有"百戏之祖"之称。2001年5月15日昆曲被联合国教科文组织列入首批人类口述与非物质文化遗产名录。

【顾炎武故居】

顾炎武故居

游客们，我们已到了伟大思想家顾炎武的故居。"天下兴亡，匹夫有责"是顾炎武一生为社会所作出贡献的真实写照。顾炎武，原名绛，字宁人，号亭林，生于1613年，卒于1682年，享年70岁，

一生著作500多卷,留给后人丰富的旷世巨著,300多年来激励着一代又一代中华儿女为民族的强盛而奋发图强。经过修缮后的顾炎武故居,包括顾炎武故居、亭林祠堂和墓、顾园3个区域,为千灯明清宅第之首。顾炎武故居为整个宅第主体,坐西朝东,为5进古色古香的明清建筑,自东而西依次为水墙门、门厅、清厅(轿厅)、明厅(正厅、楠木厅)、住宅楼,北侧有背弄连接灶房、读书楼和后花园,故居前与千年石板街相接,后与顾炎武墓地和顾园相连。该区域主要再现亭林先生居家生活、读书场景,各厅内陈列顾炎武先生塑像、手迹、著作、生平事迹和国内外对顾炎武先生及其作品的研究成果。

现在我们看到的匾额"顾炎武故居"的作者是顾延龙,也是顾氏一族之后代。大门口的门当户对,便是告诉大家这是一大户人家了。请随我参观清代特色的大厅。清厅内有许多书画作品。请看大红匾额:道崇礼范,作者徐乾学。徐乾学高度评价自己的舅舅顾炎武先生进步的学术思想体系是后人应共同遵守的典范。中堂梁启超所作对联:清诗不敢私囊箧;明月倪肯留庭隅。还有林则徐所作对联:礼为德基义垂政矩;道崇家范才蔚国华。

请各位随我继续参观明代特色的大厅。请看匾额"贻安堂",作者为清朝道光年间昆山县令廖伦,他到昆山上任第一桩事就是拜访顾炎武的后人,并题额赞顾炎武曾祖父顾章志为国所作出的政绩能源源不断地传承下来。

请大家再来看这保存完整的门楼砖雕。顶层是花卉图案,第二层为《丹凤朝阳》,第三层为《芝兰玉树》,两侧为《三国》故事:一则为《空城计》,另一则为《兄弟古城相会》,底层是《鲤鱼跳龙门》,整个砖雕集天地万物之灵气于一身,充分营造出一派美好、祥和的氛围。

现在我们来到的是亭林祠和亭林墓,它的东侧有门与顾炎武故居相通,西侧墙外为顾园。祠南向三间两厢一门楼,以三间相通作一大祭堂。两边墙上及外面走廊墙中嵌有砖石刻碑12块,记述先生事略,其中一块有先生所著《日知录》中名言"天下兴亡,匹夫有责"。庭中盘槐、桂花各两株。现亭林墓露台均用花岗石砌造,石阶7级,围以石栏杆。1682年(清康熙二十一年)顾炎武卒于山西曲沃,由嗣子顾衍生、从弟顾岩扶柩回昆山千灯故里,葬于祖茔嗣父顾同吉、嗣母王贞孝之墓穴次位,墓前有碑,上刻"顾亭林先生暨配王硕人合墓";周围有砖砌矮墙,嵌有清石碑各一块;墓南有明皇朝为旌表先生嗣母王氏的贞孝坊;墓后柳树4棵,四周松柏数十株。清光绪二十一年(1895),新阳县知县万厉钧重修了坟墓。民国三年(1914),广东学者、孔教会主持人梁鼎芬专程来千墩瞻仰亭林墓及遗像,并出资委托先生十二世孙顾子玉等筹建亭林祠。新中国成立后,政府对顾炎武故居进行多次修复,特别是2002年,千灯镇人民政府聘请东南大学编制了《顾炎武墓保护规划》,并投入巨资对故居、祠堂和墓再次进行全面修缮。现顾炎武墓及祠堂被列为"江苏省文物保护单位",也成为了著名的爱国主义教育基地。

【顾园】

顾园

各位游客,这里我们就到了占地30亩的顾家后花园,这个花园完全是根据顾炎武一生的重要时机结合苏州园林的特点后建的。

首先我们看到的这是慈母阁。是纪念顾炎武的母亲王氏的。王氏其实并不是顾炎武的生母,而是养母。在辈分上是他的婶婶,王氏16岁入顾家,还未完婚,未婚夫顾同吉就病死了,古代女子讲究三从四德,所以祭奠完毕后,就认定自己是顾家的媳妇,开始守

寡。到了28岁,顾炎武出生3个月就抱给她养了。4岁教其识字,6岁授《大学》。清兵入关后,王氏绝食13天而亡。临死前,对顾炎武讲了"不侍二姓"!顾炎武一生铭记于心。后来清朝康熙皇帝几次招他修撰明史,他都拒绝了。他对皇帝说"自古忠孝难两全",既然对母亲尽了孝,就不能为皇帝尽忠了。我们看到里边挂的匾额"贤达"二字,这是对王氏最贴切的评价。

出了慈母阁,过了小石桥,我们看到的是蒋山,蒋山即南京紫金山旧称。明太祖朱元璋就葬在蒋山,顾炎武也号"蒋山佣",即寓意为自己是明朝的佣人。蒋山脚下是蒋山亭,蒋山上面是秋山亭。因为,顾炎武写过一首《秋山诗》,故取名秋山亭。《秋山亭》是顾炎武为纪念昆山军民与清军英勇作战的事迹而作。

这里是三徐居。也是顾炎武教三个外甥读书的地方。里边我们可以看到顾炎武和三个外甥的蜡像,形象地反映出当时的情景。后来,这三个外甥非常了不起,老三中状元,老大和老二中探花。墙上的对联"同胞三鼎甲,父子两状元"即其最好的写照。

现在我们来到的是十不如斋。顾炎武非常谦虚,他说过自己的十个方面不如自己的十个朋友。所以在这边建了个十不如斋,像"学究天人,确乎不扳,吾不如王锡阐";"萧然物外,自得天机,是不如傅青主"等。

十不如斋后是秀石虬松庄。这里种了3棵松柏,象征顾炎武和他的两个朋友(傅山和朱彝尊)。顾炎武到山西后认识了傅山先生,傅先生又介绍浙江丽水人朱彝尊给他认识,三人一见如故成了好朋友。

各位游客请这边走,苏州园林讲究亭、台、楼、阁、榭、舫、廊,这里是一个水榭,它三面环水,可供游客在这里边品茗边聊天。我们看,在水榭门窗上都有精美的木刻。前面不远处是风雨舫,我们可以在这边坐一会儿。我给大家讲个小故事,为什么好多园林都有这样的汉船舫呢?

这个就要从唐太宗李世民说起。李世民经玄武门之变后登基,任用原太子李建成的部下魏徵为宰相。魏徵也是一代忠良,但又识时务者为俊杰,知道李世民确实比李建成有才识。所以,在李世民在位期间,先后向李世民提出"薄赋税,轻租税","兼听则明,偏听则暗"等200余项建议。其中,最著名的就是"水能载舟,亦能覆舟"。他比喻老百姓是水,皇帝是船,两者相辅相成。皇帝仁政,水就能托着船;皇帝暴政,水也会把船打翻。所以,自唐以后,大官家后花园大都有一个汉船舫,时时警醒后人身为父母官要多为百姓谋福利。

好,我们走出风雨舫,穿过这条长廊,长廊边挂的是当地摄影爱好者拍的千灯美景瞬间。像这幅是顾园的冬景,雪后的顾园是不是有另一种味道呢?现在我们看到的是橘颂轩。因为顾炎武拜读过屈原的《橘颂》后,有感而发,写了首《颜神山中见橘》。所以我们有意把轩的门窗也刷成了橘色。

大家看,现在我们所在的建筑物和整个顾园的风格有些不同。的确,这是山西的建筑,白石楼。顾炎武离开千灯后辗转北方,经过山东、北京、山西等。最后定居在山西,住在山西的另一个好朋友韩宣家里。韩宣家有个宜园,顾炎武就住在宜园里的白石楼里,先生说过最喜欢住在宜园里。到1682年,先生已70岁的高龄,而且得了伤寒症,在床上躺了一个多月,觉得稍有好转,就骑了一匹跟随自己多年的白马出游。不幸从白马上摔下来,第二天先生便仙逝了。为了纪念顾炎武,现在的宜园是仿山西的宜园,按原来的尺寸在此地重建。大家可能发现这个宜园的"宜"少了一点,这可不是错别字,是书法的一种表现形式。

好,我们大家这边走。这里呢是我们整个顾园最壮观的南亭。但是这里呢经常闹笑话,很多人在远处看到这个匾额,大多会念成"同致小学"。现在走进去,就看得清楚了,是"学以致用"。因为先生说过"经世致学,学以致用",这是"致用阁"。大家在这里可以照相留影,靠在栏杆上,可以照下顾园最美的景色。

【结束语】

游客们,游完顾园后,千灯古镇的讲解就要结束了,现在是大家自由活动的时间,我们可以去细细观赏,慢慢品味,相信千灯留给您的,不仅是美丽的水乡风光,而且还有丰富的文化底蕴以及先生留给我们的宝贵的精神财富。谢谢!

中国博物馆之水乡——锦溪

各位游客!

大家好!欢迎大家来到国家AAAA级景区——锦溪游览观光。锦溪是一个典型的江南水乡小镇,"镇为泽国,四面环水",这就是锦溪的写照,但与其他江南水乡相比,它有大气的湖、长廊的桥、爱妃的墓、精品的馆,凸显了水乡神韵,构成一幅动人心魄的绝妙画卷。在这里你会发觉时间仿佛停滞了,你可以抛开城市的喧嚣,来细细品味这江南古镇带给你的放松和惬意。这就是锦溪,一个可以让人彻底放松的地方!就让我们悄悄地进入静静的镇吧。

【概况】

锦溪位于苏州昆山市西南,距古镇周庄8公里。东临淀山湖,西依澄湖,南靠五保湖,北有矾清湖、白莲湖,"东迎薛淀金波远,西接陈湖玉浪平",故锦溪历来有"金波玉浪"之称。远在新石器时代,这里已有先民生存

陈妃墓

繁衍,创造了灿烂的史前文明。南宋建都临安时,宋孝宗的宠妃陈妃病殁水葬于此,锦溪便改名"陈墓",长达880年。1993年,恢复锦溪古名。古镇原有一溪,夹岸桃李纷披,晨霞夕晖,尽洒江面,满溪跃金,灿烂若锦带,所以得名锦溪。如今,全镇占地面积90.69平方公里,镇区面积1.6平方公里。这里小桥、流水、人家浑然天成,人在道上行,如在画中游。锦溪全镇共有大小湖泊16个,河道238条,细水蜿蜒。水巷两边一座座灰白古石桥,加上远近的石驳、河埠、青瓦、红柱、"美人靠",民居临水而筑,飞檐翘角的粉墙黛瓦倒映水中,形成一幅蛟龙卧于水底的动人水墨画。

锦溪是文人将相的眷恋之处,人才辈出之镇。王莽时代,辅助刘秀战败王莽的历史名将马援曾在咱们这里驯马练兵;东晋画圣顾恺之、唐代大文学家陆龟蒙,晚年亦长年隐居古镇,镇上亦曾留有顾恺之墓和陆龟蒙祠堂;近百年间,锦溪走出了100多名留学生、200多位教授;天文学家朱文鑫,中科院院士陈华癸、秦国刚等为中华文明的进步作出了不可磨灭的贡献,也为锦溪赢得了声誉。锦溪有着诸多的人文胜迹、无数独具明清特色的古建筑群、以"中国古砖瓦博物馆"为代表的13家各具特色的民间收藏品博物馆,成为名副其实的"中国民间博物馆之乡"。拥有众多名胜古迹的锦溪,以如诗如画的水乡风貌,吸引着无数游客。

【锦溪的水和桥】

锦溪的水和桥

游客们,一进入锦溪,眼前的景象实在是不像以往见过的任何一个以水乡为特色的古镇吧,我们用"大气"来形容锦溪丝毫不为过。请看在你的视野所及范围内,差不多有3/4的面积都被浩渺的五保湖所占了,仅仅在面

前青石板路的尽头,依稀可见远处的古镇。如此这般霸气外露的古镇格局,在江南数不胜数的水乡中,可谓是独一无二。我们不能小看了水乡中的"水",其实水乡之水不仅仅可以代表婉约而矜持的窄河,它也可以代表张扬而苍茫的湖泊。谁说,江南的水乡只有温婉不见气势?锦溪就是一个例外。

有水就有桥,锦溪桥梁星罗棋布,桥之密度之高国内罕见,当地民谣素有"三十六座桥,七十二只窑"之说,在1平方公里的范围内,有古桥36座,密度远远超过了水城苏州的桥梁密度。这些建造于明清时期的桥梁,历经岁月风霜,依然保存完整。桥上的碑记、柱联、花纹等镌刻精巧细致。一座又一座苍颜斑驳、风格各异的古桥梁,形成了锦溪独特的桥文化,成为古桥镇不可多得的历史文化遗产。在36座桥中,锦溪最有名的有9座,它们是天水桥、太平桥、十眼桥、锦溪中和双桥、长寿桥、众安桥、溥济桥、普庆桥、里和桥。如天水桥俗称北观音桥,明代永乐五年由郭子敬捐资修建,历经600多年的风霜雨雪,仍保持着原有的风貌。长寿桥,据说是为了纪念陈妃的死而修建,原来是座断桥,后来的人把它修复了,并且挂上了66盏灯笼,而66倒过来就是99,所以据说你走完整个长廊就能长寿。在所有桥中最著名的要算十眼长桥。十眼长桥建于明代,与古莲池、文星阁、长堤回廊和桃园构成完整的古莲景区。桥有九柱十孔,全长52米,造型古朴别致,为远近水乡所罕见,人称"小宝带桥",是观湖赏月极佳之处,也成为水乡锦溪的标志。抬眼望去,这些古桥恬静悠闲,共同营造着锦溪镇的古朴与典雅。

【莲池禅院】

游客们,锦溪古镇有一句流传很久的民谚叫"三十六座桥,七十二只窑,还有三座朝北庙",这句民谚说的就是咱们锦溪的特色所在,三座朝北庙,这里就是一座。那么,这座庙的正门为什么要朝北开呢?它的原因何在?民间流传的原因很多,但比较可信的有两个:一是因为孝宗宠妃的墓冢在南面的五宝湖中,按照封建社会的墓葬制度,一般都是墓室在后,其他建筑在前,所以作为为宠妃诵经超度的钦赐庙宇就只能建在毗邻墓冢的五宝湖北岸了,因此古莲寺的庙门就只

莲池禅院

能朝北开了。其二,因为历史上的孝宗赵昚还是个有所作为的皇帝。当初他是想要收复被金兵夺去的北方中原国土的,包括他的宠妃陈妃也有这种强烈的愿望。但直到陈妃负伤病重,赵昚也未能实现这一夙愿。因此当陈妃临终时,就要求赵昚将她水葬于古镇锦溪,并在这里建一座朝北庙,她生前不能看到赵昚收复失地,死后也要时时北望,盼望有朝一日,孝宗赵昚能收复北方失地。所以当年赵昚下旨在锦溪建朝北庙,就是有一种卧薪尝胆的初衷的。下面大家可以进入禅院细细欣赏和回味这一段爱离别的真情。

【张省美术馆】

张省美术馆

游客们,现在我们来到了张省美术馆。张省美术馆创办于2002年10月,位于锦溪镇上塘街普庆桥畔,由我国著名美术大师启功先生题写馆名。馆分两层,一楼、二楼均为展示大厅。馆内展示的书画作品有我国著名

青年画家张省先生近三十年来各个时期的作品,以及张省收藏的刘海粟、钱君匋、陈大羽、张继馨等书画大师的部分佳作精品,共209件,于2002年由张省捐赠给锦溪镇人民政府。

张省先生是已故著名绘画大师刘海粟先生的关门弟子,现为广州大学松田美术系主任、教授、刘海粟艺术研究会会长、中华名人书画院院士、中国书画研究会特邀画师。著有《张省画集》、《张省速写精选》、《张省中国画集》、《张省水墨画集》等。作品《渔舟晨曲图》、《春来江水绿如蓝》为美国前总统克林顿收藏。1994年创作的水墨画长卷《烟雨江南图》,长73米,宽0.77米,被选为世界吉尼斯水墨画之最。

张省1955年生于水乡古镇锦溪,古镇如诗如画的水乡美景和浓郁的文化气息,使生于斯、育于斯的他从小就造就了对书画艺术的无比喜爱与执着追求,为以后攀登艺术高峰打下了坚实基础。张省先生早年师从张继馨,后又师从陈大羽,并深得两位大师工笔画、花鸟画、人物画之真传。张省先生的作品,山水画雄健酣畅、大气磅礴,水墨画清新淡雅、恣肆飘逸。尤其是张省先生画中的葡萄,更是粒粒晶莹剔透,被当今中国画坛称为中国的"张葡萄"。

20世纪80年代末张省先生师从刘海粟后,又得到了这位当代艺术泰斗的悉心指导。海粟大师的夫人夏伊乔女士称赞张省为大师的"一代传人",钱君匋大师对张省的作品给予了"神笔墨意"的高度评价。

张省美术馆一楼展厅主要介绍了张省先生的从艺历程,展览了向刘海粟、钱君匋、程大发、陈大羽、张继馨等书画大师学艺的图片资料,张省先生水墨、素描等书画作品,以及他本人出版过的各类画集。

张省美术馆二楼展厅主要展示刘海粟、钱君匋、陈大羽、张继馨等大师的部分书画精品,刘海粟为张省题写的"水乡之子"墨宝,他本人创作的国画长卷《长江万里图》,由香港"金狮影帝"万梓良于1998年赠送给美国总统克林顿的《渔舟晨曲图》、《春来江水绿如蓝》的作品复制品,以及大量新近创作的书画精品。

走进张省美术馆犹如走进一座艺术的殿堂,在这里不仅可以欣赏到张省先生的素描、油画、国画、工笔画,以及显示他个人特色的泼彩画,而且更能欣赏到刘海粟、钱君匋等大师90多岁以至百岁高龄时的书画作品,让你充分享受到书画艺术的魅力。

【中国宜兴紫砂博物馆】

中国宜兴紫砂博物馆

游客们,现在我们来到了中国宜兴紫砂博物馆。宜兴紫砂博物馆于2002年5月开办,集陶都宜兴紫砂精品于古镇锦溪,让往来游客饱览古往今来从粗犷到细致、从抽象到写实、从夸张到仿真的紫砂艺术文化。展厅分上下两层,底层是古今名壶综合展,二楼是现代名人精品展。

进入展厅,首先映入眼帘的是一尊紫砂造像"未来世佛"弥勒佛,后面是一把巨型"东坡提梁壶",以夸张的手法仿制北宋著名文学家苏东坡点炉煮茶的那把提梁壶而成。此壶粗砂手制,彩描手绘,从制作、干燥直至煅烧成品,历时200多天,净重1.5吨,可供2 000人同时饮茶用。

展厅北侧墙上的一组图片,展示了紫砂壶生产制作工艺流程图。展厅南侧,陈列着历代紫砂名壶,有紫砂壶雏形宋代紫砂壶,有明代时大彬提梁壶、陈子畦的圆灯壶,有清代邵大亨的掇球壶以及蜚声海内外的"曼生十八式壶",还有彩陶、均陶堆花和紫砂瓶等现代紫砂艺术创作精品,其中不乏近年来在国内、国际上获大奖的作品。

二楼是现代名人精品展,展示了我国现、当代工艺大师们的600余件精湛之作。首先是一把名为《双线竹鼓》的紫砂壶,为已故制壶泰斗顾景舟的代表作之一。顾景舟,宜兴蜀山上袁人,世界工艺美术大师,当代最杰出的紫砂陶艺家,从艺50余载,一直保持着严谨的创作作风,对紫砂历史的研究和传统艺品的鉴赏有较高的造诣,作品富有浓郁的东方艺术特色,壶艺成就与明代制壶大师时大彬相等齐,被海内外誉为"一代宗师"、"壶艺泰斗",代表作品有提壁茶具、此乐壶、仿古如意壶,存世的紫砂壶在国际市场上已拍出了百万天价。还有国家工艺美术大师蒋蓉、河道洪、王寅仙、谭泉海等的紫砂精品之作,均为国之瑰宝,有着极高的收藏价值。

微雕是紫砂工艺一族的奇葩异卉。馆内展出的出自现代名家之手的紫砂微雕,如《龙虾》、《秋蝉》、《金屋藏娇》(仿阳澄湖大闸蟹)和《枯木蚁群》等作品,其精细入微程度,可谓出神入化,栩栩如生,几可乱真。看,这里的一对"蟋蟀"还在"欢歌"呢!

【古砖瓦博物馆】

游客们,早在明清时期,锦溪的砖瓦生产就名噪苏南各地。镇上的一处古砖瓦博物馆也在上个世纪80年代就声震海内外。

1986年,一位美国旅行家名叫莫欧礼,在中国刊物《旅游天地》上载文

古砖瓦博物馆

说:"我没有到知名的旅游城市去,却到了江苏昆山的一个小镇,这个小镇叫陈墓,人不多,比苏州还美,是典型的江南小镇,听说这里砖瓦好,很有意思。"锦溪出砖瓦远近闻名,锦溪的"古砖瓦博

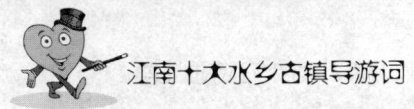

物馆"更是极具艺术魅力。

博物馆创建于20世纪80年代。由于锦溪制砖烧窑源远流长,所以散落民间的古砖古瓦品种之全、数量之多让人叹为观止,因而也引起了一些收藏艺人的浓厚兴趣。古砖瓦博物馆的创始人龚竹钰老先生就是其中一位,他早在20世纪60年代起就开始了收藏古砖瓦。他经常利用工作之余,或开会外出或因公出差,进行古砖的收集。功夫不负有心人,经过近20年古砖瓦的收集筛选,1980年龚老先生的"国营大东砖瓦厂古砖瓦陈列室"就正式挂牌。当时馆内有精品1 000余件,受到了国内外专家学者的广泛关注。1996年春,为进一步挖掘华夏古国的砖瓦瑰宝、弘扬锦溪镇古砖瓦文化,由昆山市人民政府、锦溪镇人民政府共同筹资并正式创建了"中国古砖瓦博物馆"。

中国古砖瓦博物馆位于清代民居"丁宅"内,现已收藏各类古砖瓦珍品2 300件,展品跨越5 000年。馆内珍藏最早的一块砖距今已有5 000余年历史,此砖为良渚文化遗物。它由黏土、砻糠和稻草糅合夯实,并以竹竿和芦苇做骨架,堆积大量干柴用大火焚烧而成,考古界称之为"红烧土"砖。良渚"红烧土"砖是砖,亦非砖,其实充其量只能说是砖之雏形。

馆藏瑰宝"铜雀瓦"乃建安十八年曹操在河北临漳建造的金凤、冰井、铜雀三台之遗器。唐人杜牧诗云"东风不与周郎便,铜雀春深锁二乔","铜雀"二字即指漳河边邺城铜雀台。曹操当年的铜雀台,早已被历史的风尘所湮没,台上这片筒瓦,却历经1 700多年,仍妥善地保存于江南小镇一隅,实在让人不可思议。

馆内的另一件珍宝,是一块秦代望夷宫装饰砖。在陕西咸阳出土的所有古砖瓦中,这一块是图案、花纹最完好的。此砖距今足有2 100年历史,砖面呈黄褐色,镌刻着四形回纹,线条简洁流畅,处处透出一种古朴的沧桑之美。砖乃沙土烧制,边长一尺有余,棱角分明,坚固粗犷,显示出了秦代制砖的高超技艺。望夷宫乃秦都咸阳主要宫殿之一。王安石有诗云"望夷宫中鹿为马",

"指鹿为马"的荒唐故事即源于此。《史记·秦始皇本纪》亦记载,秦二世胡亥被赵高的女婿、咸阳县令阎乐逼死。胡亥之死,加速了秦王朝的灭亡,不久以后望夷宫也在一场大火中化为灰烬。馆中的西汉墓室砖、六朝板砖、西晋纪年砖、唐宋凿榫井砖亦弥足珍贵。

我国从最早的陶质建材"商代陶水管"至今三四千年以来,砖瓦作为最大宗、应用最广泛的建筑材料,对我国的历史发展、社会进步以及人民生活的改善都起到了无法估量的作用。但时至今日,随着各类新型建材的层出不穷,砖瓦的作用已渐被取代,特别体现在高层建筑上,这是事物发展的必然趋势。因此,中国古砖瓦博物馆以大量珍贵的实物和图片资料进行展示,这对于我们今后不断回顾古砖瓦的历史作用、弘扬我们中华民族的传统文化是不无裨益的。

【古董博物馆】

游客们,现在我们来到了古董博物馆。古董馆系苏州古玩收藏家薛仁生先生于2001年开设的古玩收藏品博物馆。薛仁生原籍无锡,世居苏州,出生于没落大户,抗战前夕,其父曾在上海广州路(前称五马路)开设

古董博物馆

古玩店,收购书画、文房四宝及瓷器杂件。故所见甚广,自幼爱好古玩,弱冠后即承父业,节衣缩食,投身于收藏,半个世纪来,积聚了以历代水盂珍品为主的各类古玩藏品逾3 000件。

进馆后大型九龙红木地屏《祝寿图》映入眼帘,其高2.8米,宽3米,重1.2吨,由上等老红木精雕而成。地屏中间24K金箔镶

嵌"寿"字由清著名书法家、光绪皇帝师傅翁同龢手书;地屏祝寿人物《百忠图》,为明洪武年间银杏木雕;地屏背面饰物有西汉铜镜、北宋越窑花插、明代黄道周竹刻字联、清乾隆年间云石等珍贵文物。

古董馆底楼为漆器、木雕和明清家具展示。天然漆是中国人的最早发明创造。据考古发现证明,早在7 000年前的河姆渡文化时期,咱们的先祖就能制造漆碗,良渚文化时期的先民们也造出了漆器,殷商时代的漆液里不仅开始掺和各种颜料,而且出现了漆器上粘贴金箔和镶嵌松石的做法,开汉唐"金银开脱"技艺之先河。馆藏的汉代漆杯就是我国早期漆器的典型代表。

我国的木器制作也远溯至旧石器时代。《易经·系辞》云"伏羲氏刳木为舟,剡木为楫"。伏羲早在4 000年前就制造和使用了独木舟。

馆内收藏最早的木器为宋代马车,此乃稀世之物,该车车架、车轴、车辙均为名贵树种黄檀木制作,故十分坚固和经久耐用。

二楼瓷器、书画、玉器展示也不乏珍品。瓷器是我国艺术宝库中又一独特成果,我国是瓷器的故乡和原生地,滥觞于夏商,成熟于东汉。从原始釉开始,我国瓷器就以高温色釉,特别是以铁元素为着色剂的青釉为特征。东汉以来,表现为青釉的独盛,历久而不衰,一直绵延不断,贯穿到明清时代的龙泉青瓷的最终衰微。从馆内展示的宋代五大名窑瓷、明代钧红瓷、雍正开片瓷、乾隆朗红瓷、广彩瓷等百余件瓷器中可窥我国瓷器发展历史之一斑。

三楼水盂陈列室则珍藏了自先秦至今3 000年间的历代水盂、笔筒、笔洗和笔架800件。一件清代黄杨木镂花雕笔筒高11.8厘米,直径7.8厘米,集山水、花鸟、楼台、亭阁和人物微雕于一身。它出自清福建名艺人柯庆元之手。他的作品对山峰峦岫的高低、远近、层次的处理极为有致,衬以树木、花草、亭舍、楼台与人物,意境十分优雅。一件北宋越窑三足蟾蜍水盂憨态可掬,看后让人

忍俊不禁。三楼珍品室聚集的唐代铁瓶、南北朝青花原始瓷猛兽尊、南北朝鸡首壶、北魏石佛,堪称国之瑰宝。

【篆刻艺术馆】

游客们,现在我们来到了篆刻艺术馆。"金石人家篆刻艺术馆"是锦溪镇上一位自幼酷爱书画篆刻艺术的当代知名篆刻家唐志云于 2001 年所创办的一个文化旅游景点。金,钟鼎也;石,丰碑也。"群臣相与诵皇帝功德,刻于金石。"金石印章多为篆文,旧时用为官印的代称,接受官印,新官就职。篆刻之意,大多以书写篆字为主,先写后刻,故称篆刻。

篆刻艺术馆

"金石人家篆刻艺术馆"是一处典型的江南古镇清代建筑,二层高楼,院内有古井,盆景常青,馆内展品共分 4 大类。

"师竹轩"展示了作者的刻字艺术,其中九龙石刻、树皮山水刻字造型新颖,别出心裁,自成一格。砖刻《锦溪春色》、《普庆夏荫》、《南塘秋月》、《天水冬雪》则以古砖为材,采用平面线刻手法,古为今用,再现了锦溪古桥之倩影和亮丽的砖刻艺术风采。

"翰墨楼"陈列作者书画艺术精品,其中有以明代衡山文徵明咏锦溪八景为题材而创作的行草书"锦溪八景"诗,有"梅、兰、竹、菊"等传统的水墨写意花卉画,具有青藤、缶老之意趣。

"味石斋"展示了作者篆刻印章艺术。其治印主张是:白文印不使其满,当红日相间,密处密不通风,疏处疏可走马,不为汉印所囿;朱文印则结体疏朗,意态生动,明秀中具飘逸之趣。

"思悟堂"是作者 20 多年书画篆刻创作成果展,充分展现了作者在国内外书画篆刻艺术比赛中所获得的奖章、荣誉证书。同时展示了著名书画家、金石篆刻家唐䆳、陈雨辰、江路一、华人德、钟植生、张士东、陆家衡等诸先生以及国际艺术大师日本篆刻家协会理事长梅舒适先生为"金石人家"开馆的题词。

作者唐志云,字冲霄,号莲池居士,斋名"思悟堂",昆山锦溪人。现为国际美术家联合会艺术市场委员会理事、中国管理科学研究院企业家委员会永久会员、西峰印社理事、东吴印社社员、华夏书法艺术学术研究中心研究员、连云港淮海书画院特聘名誉院长。

【"文革"藏品陈列馆】

"文革"藏品陈列馆

游客们,现在我们来到了"文革"藏品陈列馆。30多年前,也就是在20世纪60年代,曾经有一场被称为"史无前例的无产阶级文化大革命"的运动,它像狂风暴雨一般扫荡了我们整个中国大地。因为这场近乎疯狂的运动,使我们中华民族的进步倒退了几十年。

各位游客如果你已过不惑之年,那么你就可能亲自经历了那场"史无前例的无产阶级文化大革命运动"。今天我们来到"文革"藏品陈列馆参观,去重温30年前的那一段历史。

30多年前的中国大地,人们到处可以看到的是大大小小的批判会、斗争会、声讨会;看到的是所有的机关、学校、工矿、企业、农村铺天盖地的大字报、大标语;看到的是身着绿军装、手举红宝书的青年学生狂热奔走、串联、呼号;看到的是突然从中国大地上涌现出来的形形色色的群众组织,看到的是这些群众组织之间的辩论、抗争、分裂以至武斗；看到的是党和国家领导人以及无数正直善良的人们受冤屈、打击、迫害、摧残……随着时间的推移，广大人民群众也逐渐认识到"文化大革命"的本质，狂热开始消退，1976年10月，党中央一举粉碎"四人帮"，才正式宣告这一非常运动的结束。

开办这个"文革"藏品陈列馆的目的就是要让年青一代了解"文革"，让我们中老年一代来重新认识"文革"，让更多的人在新的历史时期用科学的眼光来分析和研究"文革"，从灾难中总结并吸取教训。陈列馆由武汉的马昆先生所建。"文革"藏品，是指1966年5月至1976年10月"文化大革命"时期的特殊物品，由于"文革"跨度长，收藏品范围很广泛，浩如烟海，无奇不有。

馆内展示"文革"这一特殊时期有关的文件、报刊、商标、传单、宣传画、招贴画、课本、艺术品、门票、证券；也有"文革"时期出版的《毛泽东选集》各种语录、诗歌、马恩列斯著作、鲁迅言论集以及相关的注释、讲解、辅导材料，有色彩纷呈的各种"造反派"传单、小字报、通令、布告、声明、呼吁、通牒；有"文革"时期的工作证、会员证、出席证、荣誉证、户口簿、毕业证、奖状、介绍信；有粮票、布票、油票、饭菜票以及烟、盐、酱、糖、肥皂、火柴、肉、鱼、蛋、豆制品票；还有各款毛泽东像章、纪念章、革命样板戏脚本、革命样板戏塑像等，林林总总，数以万计。

游客们，"文革"藏品陈列馆参观就要结束了，对于曾经经历过这段历史的客人来讲，这些票证、像章、样板戏是那么熟悉，一定能勾起大家对往事的回忆。然而，现在的年轻人大多数都没见过，当然也很难想象那个什么都要票子的疯狂年代。但不管如何，请我们每一个人都牢记那段对文化、对人性产生破坏的历史，让我们反思和清醒，让悲剧不再重演。

【柿园书画馆】

游客们，现在我们来到了柿园书画馆。柿园是近代著名画

柿园书画馆

家、围棋国手陆曙轮先生的故居,位于锦溪镇古镇区德求堂内,因园内有两株柿树而得名。"柿园"两字为现代著名书法家、原中国书法家协会主席沈鹏先生所题。柿园主体建筑"片石山房"始建于清同治年间,源于主人藏有石涛《片石山房》古印一枚,又觅得古湖石一片,遂作书斋名。

柿园现在是已故陆曙轮先生和他的次子陆家衡先生的书画艺术陈列馆,于2001年9月开馆。陆曙轮(1900—1980),名纪,字序伦、曙轮,号陆叔子、残道人、柿园老人,昆山锦溪人,生性淡泊,有隐士风,工诗、书、画并擅围棋,20世纪30年代曾作为中国国家围棋队队员迎战日本棋手。绘画师从近代著名画家陈伽庵,又为陆廉夫再传弟子,曾执教于苏州沧浪美术专科学院,所作山水画有元人气息,作品《秋山萧寺图》等曾入选1937年全国美展。

陆家衡,陆曙轮先生次子,字持平,现为中国书法家协会会员,苏州书法家协会副主席,昆山昆仑堂美术馆馆长,国家一级美术师。他的书法作品在国内外书法大赛中屡屡获奖,并被国际、国内多家美术馆、博物馆收藏。

陆家衡自幼接受父训,聪颖好学。幼年的家衡在父亲的熏陶下,继承父业钻研金石字画,书法初学时以董其昌、赵子昂为主,后效法颜鲁公、吴昌硕及著名碑帖考据大家翁闿运先生,悟得书画之笔法,继而又问道于吴门宋季丁先生,始致力于两汉六朝碑版研习,潜心于隶书创作,偶又作丹青,尤以草篆之法入画见称,颇有青藤、白阳、缶庐之遗意。陆家衡所作书法,各体皆能,尤以隶书见长,其隶书作品气息高古,用笔豪放,这一点可从他隶书的刚健有力、坚韧似铁、来势突兀、气魄宏大中看出。一幅"古来画师非俗士,今日风物属诗人"的立轴,流溢出赵子昂的秀逸神韵,北碑豪迈的气度,质地沉郁浑厚,风骨峻利飞动,气势磅礴遒健,形象流畅蕴藉。隶书之势如惊涛裂岸,起千堆雪;如鹰击长空,雄姿天成。陆家衡的水墨画亦独具风格。他的小品画展,气势不小,富丽而典雅,鲜明而脱俗,构图新颖,富有情趣。骨线是中国画的生命。陆家衡的画之所以能有扎实而灵动的线条、明丽而淡雅的设色、形神兼备的造型,归根结底是因为他的书法功底坚实深厚。在他的作品中竹子四季常青,虽劲风不能撼其节,虽霜雪不能夺其色,夏风秋露,姿色可人。陆家衡绘的秀竹,竹竿的运笔从容,笔迹间浓淡逐次而生,竹竿的圆劲之态,十分生动。竹叶如写字一般,一笔下去,轻顿重挫有致,竹叶的圆润跃然纸上。在用墨处理上,竹叶正深反浅,面重背轻,而且少有复笔,前轻后重的层次也井然有序,即使是竹梢,其用笔也细劲有韧性。真是"下笔如有神,触处成春",观陆家画画,风姿绰约,清秀自然,妙不可言,在当代中青年书法画中独树一帜。

【锦溪杰出人物馆】

游客们,现在我们来到了锦溪杰出人物馆。锦溪历来文运昌盛,人文荟萃,特别是清末、民初以后的近百年间,已经培养了 260 多位专家、教授和留学生。

锦溪杰出人物馆中展示的近代锦溪 115 位

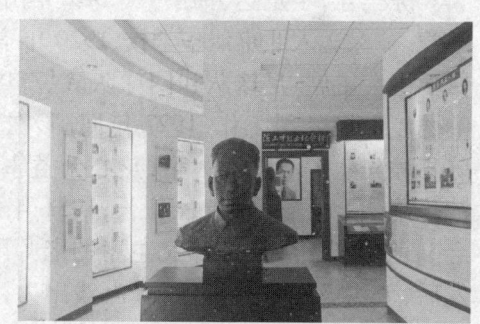

锦溪杰出人物馆

名人,他们中年龄最大的是生于 1872 年,光绪二十三年贡生,曾任江苏省立图书馆第四任馆长的陈谓士先生;年纪最小的是 1966 年出生的庄晓曦,1988 年毕业于北京大学,1990 年留学美国,获

博士后学位,现任美国芝加哥大学心理学副教授,博士生导师。

他们当中有已故的资深院士陈华癸先生,25岁获英国伦敦大学哲学博士学位,生前曾是我国农业微生物科学的奠基者之一。他在共生固氮、水稻田营养元素生物循环等研究领域取得了杰出成就,国际上已将他发现的紫云英根瘤菌定名为"华癸根瘤菌"。陈华癸先生是我国著名的微生物学家、优秀的教育家。

半导体材料物理专家秦国刚院士是北京大学物理学院教授、博士生导师,他是国际著名固体物理学家黄昆教授的高足,由他带领的课题研究组在半导体杂质与缺陷、多孔硅与纳米硅镶嵌氧化硅发光领域的研究中,获得了系统的创造性成果,并在国际上处于领先地位。

他们当中有38人先后获得了国务院特殊津贴,有多人当选过全国人大代表、全国政协委员、全国劳动模范。他们中有1925年参加中国共产党的革命前辈,有3次参加过党的武装起义的将士,有长征时期参加革命的巾帼英雄,有长期与共产党合作的爱国民主人士。

陈三才,字定达,锦溪人,1902年出生,14岁毕业于苏州元和学堂,被保送入北京清华学校,1920年毕业后赴美留学,其间曾任留学生会主席、足球队和网球队队长,1924年毕业后入美国著名的西屋电机公司工作,1927年回国,在上海创立北极电器公司。陈三才先生关心国家大事,热心公益事业,在上海时曾担任上海清华同学会会长、联青社社长,1931年发起组织"中国工程师学会",前国家领导人江泽民主席的老师顾毓琇任副会长。抗战爆发后,他积极投身抗日活动,出钱出力,并亲赴前线,协助军队构筑工事,后因参与谋刺大汉奸汪精卫未遂事泄,被"76"号特务逮捕,1940年10月2日被害于南京雨花台。在江主席和顾毓琇的关心下,2001年清华大学九十华诞时,将陈三才烈士的英名镌刻在清华园"祖国儿女清华英烈"纪念碑上。

为了弘扬家乡的优秀文化传统,继承前辈发奋苦读、矢志报

国的精神,激励后人,由镇人民政府 2003 年创办了锦溪杰出人物馆。

【张謇书门楼匾额砖】

　　游客们,现在我们所看到的是张謇书门楼匾额砖。张謇(1853—1926),南通人,字季直。光绪间状元,后务实办厂,先后建大生纱厂、通海垦牧公司、大达轮船公司、淮海实业银行、电厂等几十家企业,所以有人称他为"中国轻工业之父"。他亦举办教育事业,是中国博物馆的创始人、现代工业的资本家、立宪派的主要鼓吹者,有著作传世。此砖是他 1898 年所书写。

【结束语】

　　游客们,参观完杰出人物馆,锦溪的主要景点就讲解结束了,有兴趣的游客,还可以寻访别致的茶室或客栈,如汲坞茶驿、芳芳客栈、一个人的酒吧(这是一对云南情侣因为向往安逸的生活而在锦溪常驻开设的连锁店)。然后在临街河畔,品一壶香茗,听一曲评弹,尝一口如吴侬软语般香甜的糕点,读几首才子佳人的名诗词曲,惬意享受,只有如此,你这才会慢慢品味出著名作家沈从文喻之为"睡梦中的少女"、冯英子称其为"浓妆淡抹总相宜"、刘海粟赞为"江南之最"的锦溪!

吴文化的聚宝盆——木渎

各位游客:

　　大家好!欢迎大家来到国家 AAAA 级景区——木渎游览观光。木渎是江南著名古镇,文化底蕴深厚,名胜古迹遍布,风情独特,素有"吴中第一镇"和"秀绝冠江南"之誉。走进木渎,你便走进了唐诗宋词的幽雅意境;穿越古镇,你便穿越了 2 500 年的历史风云。

【概况】

木渎位于苏州城西南10公里处,距吴县市新区10.8公里,距上海虹桥机场80公里,西北距无锡市50公里,北至张家港码头70公里。地处长江三角洲苏、锡、常经济开发区和上海经济区大都市圈内。全镇面积34.5平方公里。距太湖仅5公里,被誉为太湖门户。境内风光秀丽,物产丰富,又刚好处于天平、灵岩、狮山、七子等吴中名山环抱之中,故有"聚宝盆"之称。木渎是与苏州城同龄的水乡古镇,迄今已有2500多年历史。相传春秋末年,吴越纷争,越国战败,献美女西施于吴王。吴王夫差为取悦西施,在秀逸的灵岩山顶建造馆娃宫,又在紫石山增筑姑苏台,"三年聚材,五年乃成",源源而来的木材堵塞了山下的河流港渎,"积木塞渎",木渎便由此得名。自古以来,木渎历史悠久,人文荟萃,人才辈出,自北宋至清末,共出进士25人,举人30余人,其中状元2名,榜眼1名。著名人物有北宋政治家、文学家范仲淹,清代著名诗人沈德潜,清末启蒙思想家冯桂芬,近代"刺绣皇后"沈寿,台湾政要严家淦等。

木渎四周群山拱峙,又毗邻太湖,既得真山真水之趣,又具小桥流水之幽,更有私家园林、名人故居等众多的人文古迹,因而,木渎景区名列太湖风景区13个景区之首。作为中国唯一的园林古镇,木渎在明清时有私家园林30多处,迄今仍保留了10余处。难怪康熙三次南巡和乾隆六下江南,每次偏幸木渎,为这里的山水风光而倾倒。接下来就请大家跟随我前去领略它的风姿吧!

【严家花园】

游客们,我们现在已经来到了严家花园。严家花园原名羡园,因最后一代园主姓严,当地人俗称"严家花园"。严家花园的第一代主人是清朝乾隆年间的苏州大名士、《古诗源》作者沈德潜。后沈德潜官至太子太傅,被乾隆皇帝赞为"诗坛耆硕"。沈德

潜原住苏州葑门,雍正七年(1729)迁隐木渎,建屋筑园,号"灵岩山居",在此开馆授徒。道光八年(1828),此园被木渎诗人钱端溪买下,钱氏叠石疏池,筑亭建楼,起名"端园"。此时,宅园初具规模,龚自珍对此园有"妙构极自然,意非人意造"的赞美。

严家花园

光绪二十八年(1902),端园被钱家后人转让给木渎首富严国馨。严氏买下端园后,特地请香山帮建筑大师姚承祖率领能工巧匠重葺一新,严国馨的母亲朱太夫人仰慕前贤,改"端园"为"羡园"。

20世纪30年代,中国现代建筑学家刘敦桢教授两次来苏州调查古建筑,对木渎严家花园的布局与局部处理推崇备至,认为此园是苏州园林中的代表作品。著名学者董军教授也在他的《江南园林志》中,对严家花园作了重点介绍,并给予了极高的评价。严家花园的建造者姚承祖大师更是把严家花园作为自己平生最满意的作品,在他的著作《营造法源》中载有大量严家花园的图片和文字资料。

羡园大厅,名叫尚贤堂,是一座有着400多年历史的明朝建筑,因梁上有帽翅,俗称纱帽厅;而厅中直柱均为楠木,故又称楠木厅。此厅主要用于接待重要客人、举办红白仪式、祭奠祖宗和商议族内大事。

作为一座江南名园,严家花园主要以其建筑布局疏密曲折、局部处理精巧著称,体现出独具匠心的造园艺术。整个花园分春夏秋冬4个部分。走进春景区,映入大家眼帘的是一棵高大茂盛的广玉兰,此树相传为当年乾隆皇帝下江南夜宿沈宅时所种。虽

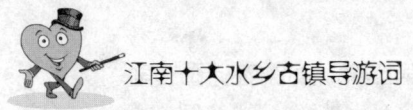

然严家花园历遭重创,可这株广玉兰一直生机盎然,枝繁叶茂。

友于书屋是当年严家馨的子孙们用功勤读的地方,严家以经商发迹,希望有后辈弃商从政,光耀门楣。果然,严氏子孙人才辈出,其中有一位严家淦先生曾担任过台湾"国民党总统"。书屋后有一座湖石假山,恰似一堵天然屏障,高峻挺拔,起到了欲扬先抑的作用。穿过假山,即为夏景区,夏园主要以赏荷为主,盛夏里三两好友置身廊内,阵阵消凉的荷风吹来,夹杂着一丝丝荷花的清香,让人暑气尽消,感觉仿佛来到了仙境一样。在夏园内从不同的角度欣赏这座湖石假山也别有情趣,人们可以根据自己的想象,在假山上寻找自己的生肖。

正在行走间,突然看见一堵粉墙,以为这里是花园的尽头了,其实不然,只要绕过一座名为天绘峰的太湖石进去,里面就是另一个世界了。这里是秋景区,秋景区是整个花园中最大的部分,分初秋和深秋园。初秋园里用黄褐色的黄石来堆砌假山,渲染一种秋收的喜庆气氛。一座水榭名"闻木樨香",水榭四周遍植桂花,每至中秋,这里是丹桂飘香,沁人心脾;到了晚上,一轮明月倒映水中,随波荡漾,是赏秋月、闻桂花的最佳去处,榭中有副对联:"闻香思折桂,攻读仰收萤",寄托了园主期望子孙得中功名的美好心愿。再往前,是见山楼和眺农楼,当年严家小姐们在楼上凭栏远望,可看见对面灵岩山、天平山的秀姿,以及农人们在田间躬耕劳作的情景。深秋园里设了临水舞台,四周的建筑就是家人和亲友听曲赏戏的地方。站在这里,我们仿佛看到了当年高朋满座、歌舞升平、欢声笑语、其乐融融的热闹场面。园内还有一条特色长廊,它沿着地势渐渐升高,让人在不知不觉中登上二楼,所以称它为爬山廊。这是苏州私家园林中最长的一条爬山廊,也是严家花园中最具有识别特征的建筑。

冬景区以庭院建筑为主,是严家花园中建筑密度最高的一个景区,主要有听雨轩、蔬影斋、海棠书屋等,这些建筑把空间分割为3个小院,3个小院既相隔又相连,互相穿插,在空间处理和景

物设置方面富于变化,为冬日游园增添了不少乐趣。冬园内分别有琴室、棋室、书房和画室,是当年主人以诗会友、以琴棋书画自娱的主要场所。严家的内厅明是楼,是主人全家生活起居的地方,现在布置了严氏家族史馆,详细介绍了严氏由来和严家后人的情况。严家是木渎大族,其后人经商从政,名声远扬,代表人物有严家灿、严家淦、唐人等。

【沿途小品】

沿途小品——怡泉亭

游客们,出虹饮山房,抬眼便见一座古色古香的石亭。此亭名怡泉亭,建于明崇祯二年(1629),整座亭子全部采用石料构成,看起来古雅拙朴。怡泉亭的平面呈正方形,宽3.1米,高约4.5米,屋顶采用歇山檐式,用8块条石合盖而成。"怡泉"为人名,冯怡泉与殷心揖是好朋友,冯对殷十分信任,把自己毕生积蓄的100两银子存放于殷处便外出了,不料冯怡泉因病猝死,而他又膝下无后,于是殷心揖就将冯怡泉寄存的100两银子,开井造亭,这样既方便了路人,又以这种特殊的方式来纪念亡友。人们对殷心揖重义轻利、高风亮节的君子风范赞叹不已,把这座古老的怡泉亭看作是纯真友谊的象征。殷心揖的弟子写

沿途小品——明月寺

有《井亭》诗:"遗金昔日有怡泉,泉下埋名亦有年。今日翼然谁肯构,怡泉亭畔说怡泉。"

继续西行,可看到一座千年古刹叫明月寺。明月寺建于后唐清泰二年(935),由僧人明智所创建,清光绪十六年(1890)道根重修,"文革"中曾遭毁坏,1993年修复开放。明月寺附近原有一大片梨树林,每逢初春,"千树万树梨花开",成为古镇一景,清李果有"梨花明月寺,芳草牧牛庵"的诗句,传诵一时。明月寺与灵岩山上的灵岩寺在布局结构上相仿,一年四季香火旺盛,附近村镇的老百姓经常要到明月寺去烧香祭拜,以寄托自己的祈盼。

顺着香溪河一路走来,远远望见一座古朴的小石桥,这便是永安桥,建于明弘治十一年(1498),至今已有500多个春秋。永安桥为单孔石拱桥,桥洞宽敞,倒影如环,葛萝垂挂,古意盎然。当地的新婚男女或小儿满月都有"走永安,祈福保平安"的习俗。

【虹饮山房】

虹饮山房

游客们,漫步在山塘老街上,大家一定会注意到身边这条静静流淌的小河,这就是香溪河。传说吴越春秋时,西施住在灵岩山馆娃宫里,每日用香料沐浴,这洗妆水流入山下河水中,满河生香,故得名香溪。沿着香溪漫步,我们似乎还能闻到2 500年前吴宫花草的芳香,似乎依然能感觉到吴越的气息。接下来,我们将要游览的是木渎镇上最大的私家园林虹饮山房。

虹饮山房是清代乾隆年间苏州城西郊著名的私家园林。山房门对香溪,背靠灵岩,其"溪山风月之美,池亭花木之胜"远过于

其他园林,所以乾隆皇帝每次下江南游木渎,必到虹饮山房,在这里游园、看戏、品茗、吟诗,直到夜色降临,才依依不舍地顺着门前的山塘御道返回灵岩山行宫。因此,虹饮山房在当地又被称为乾隆皇帝的"民间行宫"。

虹饮山房内存有很多乾隆皇帝的遗迹和遗物,大门对面的御码头和御碑亭就是其中一处。乾隆十六年,也就是公元1751年的春天,乾隆首次南巡,御舟经过运河,转胥江,折入香溪,在这里舍舟登岸。乾隆喜好游山玩水,舞文弄墨,所到之处,必赋诗题字。当他见到这条山塘古道幽奇古绝,诗兴大发,当即口占七律一首。后来,这首七律被当地官员镌刻于碑,放置亭内,正好与西面的明代怡泉亭两相映照,成为古镇一大景观。

乾隆"到此一游"之类的诗题得还真不少,据说他在位的60年中,作诗达41 800首,平均每天达2首。因此,后人对他的诗题和书法见仁见智,多有褒贬。他自己也觉得题诗太多,说是"五集篇成四万奇,自赚点笔过多词"。但是,后人对乾隆的重臣、大学士刘墉的书法却是推崇备至,称他为"浓墨宰相",为一代书家之冠。现在我们看到的虹饮山房的匾额,就是由刘墉亲笔题写的。

当年,乾隆皇帝住在灵岩山行宫,而那些随臣就住在虹饮山房。据记载,刘墉曾两度下榻虹饮山房,与主人徐士元相交默契,花厅横披"程子四箴"4个大字,就是刘墉赠给徐士元的。"程"指的是北宋理学家程颐、程颢,两人为亲兄弟,同学于周敦颐,为北宋理学的奠基者,世称"二程"。程颐官至崇政殿说书,反对王安石新政,主张"去人欲,存天理",例如寡妇再嫁,他认为是大逆不道。为封建统治者辩护。所谓"程子四箴"也就是要求读书人恪守本分,效忠朝廷。

虹饮山房有个镇宅之宝"龙椅"。它是当年康熙南巡驻跸灵岩山行宫时的圣驾专座,乾隆非常喜欢,派人从灵岩山拿到虹饮山房的花厅内,每当他看戏的时候都坐在这把龙椅上。龙椅是用千年紫檀精制而成,9条金龙缠绕腾飞,显示出至高无上的帝王之尊。虹饮山房的主人徐士元是个落第秀才，一生不求功名，就喜欢在家里读书。他还有个嗜酒的癖好，常和朋友在园中饮酒作赋，而且他的酒量极大，号称"虹饮"，又因宅园离虹桥很近，虹饮山房由此得名。徐士元嗜饮却从不放浪形骸，一生循规蹈矩，尤其对父母孝顺，是远近闻名的大孝子。为讨二老欢心，他专门在园中建造了这座古戏台，每逢春秋佳日，请来戏班子为二老演唱，以怡其心，安享天年。乾隆到木渎，必游虹饮山房，而且一定要在这里看戏。据说，有一次，乾隆看戏看得高兴，还亲自登台，舞剑助兴，这倒真有点与民同乐了。不过，与乾隆爷一起看戏，一般老百姓可没有这样的待遇，能在这露台之上陪侍皇上看戏的，都是四品以上官员，其他地方官员和乡绅只能在戏台两侧的看楼里观赏，而且这戏台四周都有大内侍卫和官兵把守，一般人等是不得入内的。戏台两侧的廊墙上，陈列着明清及至民国时期吴地名人书写的对联65副，称为"吴中联墨宝鉴"，所选名人大都与木渎有关，而且都是书坛一代大家，有着极深的艺术造诣。廊内还陈列着近百件清代牌匾，大多都是重臣大吏、进士举人榜书题写，书法精美，风格各异，加上精心刻制，妙趣横生，极具收藏和欣赏审美价值。感兴趣的朋友可以尽情浏览一番，细细品尝玩味。

东园原是明代李氏的小隐园，以老树奇石和竹林茂盛为主要特色。乾隆初年（1736），被徐士元购得，增建了四进厅堂，主要用于生活起居，又在后园中疏通池塘，栽种了好些花木，于是就成为一处精巧雅致的宅第园林，它既与古戏台娱乐区相连，又是一处较为独立的部分，十分的清静闲适。轿厅，名为"离茨堂"，是当年徐士元迎客停轿的地方。"离茨"二字出自《离骚》，有"茨菉葹以盈室兮，判独离而不服"句，"茨菉葹"都指恶草，徐士元将其借喻小人，告诫自己近君子，远小人，所以特地将其定为轿厅的名称。

大厅，是主人举办婚嫁喜事、祭祖典礼或招待贵宾的地方。中堂为《古木慈乌图》，表达了徐士元对父母养育之恩的感激之情。两侧字画值得一读，一幅是《春山访友》，是徐士元留存至今唯一的一首诗作，诗意清新脱俗，寄托了诗人幽居隐逸的情怀；另一幅是《夜读山房》，作者谈汝龙也是木渎人，康熙南巡木渎的时候，谈汝龙作为木渎秀才，当面向康熙献诗一首，深得赏识，被钦取进京，入内廷任纂修，相当于现在的中央办公厅秘书。

到了清末，徐家渐渐衰落，东园就卖给了木渎陈家。陈家的外孙女沈寿从小在这里长大，随外祖母和姐姐沈立学习女红，她非常勤奋好学，最后成一代"刺绣皇后"。这座楼厅就是当年沈寿的绣楼，叫"雪宦楼"，如今，我们在这里布设了沈寿纪念馆，较为详细地介绍了沈寿的生平、艺术成就和获奖情况，感兴趣的朋友可以去看一看。

清同治十三年（1874），桂花飘香时节，沈寿出生于吴县，即现在的苏州乔司空巷。沈寿7岁的时候，开始在木渎外婆家生活，为姐姐沈立穿针引线，学习绣艺。8岁时绣成第一幅作品为《鹦鸿图》，12岁时绣成《秋雨月上图》，震惊了长辈。15岁就以绣艺闻名姑苏，被称为"神童"。光绪二十年（1894），20岁的沈寿与绍兴秀才、书画家余觉结婚，住在苏州范庄前。5年后，随余觉迁居上海。

光绪三十年（1904），慈禧太后七十大寿，沈寿与姐姐沈立、学生余静芬等人绣成《八仙上寿图》、《无量寿佛》两幅寿屏，进献给慈禧，慈禧看后非常开心，称之为"绝世神品"，颁发了"四龙宝星"四等商勋给她们，并且亲自书写"福"、"寿"二字赐给余沈夫妇。沈寿原名沈立芸，得到慈禧赐的字后改名沈寿，并改号为"雪宦"。这时，朝廷采纳农工商部建议，设立女子绣工科，又称皇家绣工学校，沈寿成为总教习，余觉为外事总办。余沈夫妇曾赴日本考察美术学校教学，第二年1月回国后，带回各种画册87本和刺绣小屏1架以及金线、颜料等，开始尝试以东洋版画及摄影图片为绣稿，开创"仿真绣"技艺，具有划时代的意义。光绪三十二年（1906），沈寿用"仿真绣"技艺绣制了我国第一幅人物肖像刺绣作品《意大利皇后爱丽娜像》参加意大利都朗博览会获一等奖，被授予"世界至大荣誉最高之卓越奖状",被誉为"神针"。辛亥革命爆发,沈寿的女工绣工科解散,余沈夫妇去天津创办自立绣工传习所。1914年,接受张謇之邀请,沈寿去南通任女工传习所所长,为南通培养绣女150多人。第二年2月,美国为纪念巴拿马运河通航,在旧金山举行博览会,沈寿的《世界救世主耶稣像》获博览会一等奖,声名远播,被誉为"绣圣"。1917年10月沈寿患病,卧病期间,她口述自己一生绣技的经验、理论要点,由张謇手记整理成《雪宧绣谱》,开中国工艺专书之先河。在此期间,沈寿还抱病绣成了她一生中最后一幅作品《女优倍克像》。1921年6月8日(农历五月初三),沈寿病逝,终年47岁,葬南通黄泥山。

作为一代刺绣皇后,沈寿为我国培养了大量的刺绣艺术人才,为苏绣在国际上赢得了巨大荣誉。这就是沈寿的大弟子金静芬,是新中国成立后苏州刺绣研究所第一任所长,第三届全国人大代表。沈寿的侄女沈粹缜,是邹韬奋的夫人,这是他们的全家福,中间就是邹家华。沈寿大师是苏绣的骄傲,也是木渎的骄傲。

各位游客,现在我们来到了西园,这里原来是明代东林党人王心一的别墅,建成于崇祯四年,也即1631年。当时,王心一因弹劾宦官魏忠贤,被削籍遣归。他先在苏州建造田园居,也就是现在拙政园的东园部分,还觉得城里太过烦闹喧嚣,又在木渎香溪河边建了一座秀野园,就是我们现在看到的这座园林。不久,王心一又被朝廷重新起用,先后做过太仆卿(相当于现在的中宣部副部长)、应天府甲(相当于现在的北京市市长)、少司寇(相当于现在的司法部副部长)。

木渎不但是江南唯一的园林古镇,而且是乾隆六次到过的地方。因此,在修复虹饮山房过程中,我们走遍大江南北,在民间遍搜有关清代皇族文化的珍藏之物,现在,就请大家随我去欣赏一下这些稀世珍品、镇园之宝。

圣旨馆里面陈列着清代10位皇帝即顺治、康熙、雍正、乾隆、嘉庆、道光、咸丰、同治、光绪、宣统的20道圣旨。大家在古典戏

剧和影视剧中经常能看到这样的场面,一位皇宫太监手捧黄绫在宣读圣旨:"奉天承运,皇帝诏曰……"其实,这些都是演出的道具,真正的皇帝诏书和圣旨却不是这样的。那么,真正的圣旨又是怎样的呢?

所谓"圣旨",是民间对皇帝"诏书"、"封诰"的尊称。"诏书"专指皇帝的命令文告,而"封诰"就相当于现在组织部门的"委任状"、"任命书"、"聘用文件"之类。"封诰"分"诰命"和"敕命"两种:一品至五品颁发的是诰命,圣旨用七彩绫;六品至九品颁发的是敕命,用的是白绫。在清代,这种贵重的绫锦丝织品专门由江宁织造,我们熟知的《红楼梦》的作者曹雪芹的祖父就曾任过江宁织造,而他的外公李煦也担任过苏州织造。圣旨一般有3米至5米长,宽33厘米。为什么这样长呢? 一是内容很多,上面不仅有官员的职衔、勋封等项,还有对这个官员的事迹描述。除了封勋官员本人,还对其先代和妻室实行"推恩封赠",甚至延及该官员的子孙后人。二是清代圣旨书写时采用"满汉合璧"的方法:满文从左至右,汉文从右至左,中间书写"年月日"。年月按奉旨日期书写,上面盖有"制诰之宝"也就是皇帝的玉玺。为了防伪,圣旨还有它特定的防伪标志。每道圣旨的两端,都有两条上下翻飞的银龙,中间是"奉天诰命"4个气韵非凡的篆字,既神圣威武,又动感壮美,这就是清代圣旨的防伪标志。

从圣旨的图案中,能看出被赐者的地位等级。五品以下的一般用祥云图案,五品以上则为瑞鹤。武官则是麒麟。

对于圣旨的保管,历代都有相当严格的规定。官员得到皇帝授予的圣旨后,就把圣旨小心翼翼地珍藏于秘箱内,而另外复制木刻匾牌悬挂于殿堂之上,以显示家族之荣耀。如果偶然遇到水、火或偷盗导致毁失者,经申请复议,准许给予补给;如果是因为收藏保管不慎导致虫蛀、损坏者,轻者罚俸禄6个月,重者革去官职;最为严重的就是将圣旨典当,违反了大清刑律,除了追回来外,还要把当事人移交刑部,以欺君之罪论处。

专门书写圣旨的人称为"庶吉士",而庶吉士必须是进士出身的翰林院大学士,擅长书法,文采飞扬。我国著名书法家柳公权、颜真卿、董其昌等人都担任过庶吉士,专门书写圣旨。因此,历代圣旨的字迹圆润飘逸,行文遣词相当洗练,具有极高的艺术欣赏和学术研究价值。

圣旨的用料,还反映了当时的国力。清代盛世的圣旨用绫都很讲究,到了清末,用料越来越差。到了光绪年间的圣旨,就已经粗糙得像麻布一样了。而伪"满洲帝国"傀儡皇帝溥仪索性将圣旨改为"指叙令",玉玺也由"司法部门"代替了。

圣旨馆内还保存了一道慈禧太后的懿旨。清后期慈禧专权保守签订了不少不平等条约,留下了千古骂名。不过,这道光绪二十七年十二月二十二日下达的公告全民的"一视同仁"懿旨中,却有其非常进步的一面。懿旨内容大致如下:一、废除满汉不准通婚的禁令;二、劝阻汉族妇女缠足的陋习,使其恢复自然;三、禁止在汉女中选秀女。前方就是宫廷用品馆,里面展示的是清代官服、顶戴以及其他宫廷用品。

陈列在展览柜里的是满清官员的官帽和花翎。花翎是孔雀的羽毛,由皇帝赐戴,分三眼、双眼和单眼三种。眼,就是翎上似眼状的环形花纹。三眼最贵,双眼次之,单眼最次。清初,只有皇帝嫡亲才能得到戴三眼花翎的赏赐,皇帝宗亲有戴双眼花翎的资格,五品以上内府大臣才能戴单眼花翎。到了乾隆时期,戴花翎的规定开始放宽,凡是为皇室作出重大贡献的大臣也可以赐戴花翎,有的甚至可以戴三眼花翎。

清代官服做工考究,配色鲜丽明朗,光泽炫目,生动雅洁,十分珍贵。这边展出的分别是清代文武官员的行褂、亲王行褂,还有晚清的舒袖氅衣。从明洪武二十四年(1391)起,官员都穿带有补子的官袍,清朝沿用,文武官员都分一至九品,文官补子用禽鸟纹,武官补子用猛兽纹。补子都缝在官袍的前胸和后背上,是显示官衔高低的明显标志。明朝二品文官补子为锦鸡图案,全部图

案用彩色金丝盘制而成;二品武官补子则为狮子图案。这里还有清朝五品文官的补子、六品文官的鹭鸶补子。

大家都知道科举制度是中国封建王朝培养人才、选拔官吏的一项根本制度,从隋朝开始到清朝的1 300多年里,共有状元750余人,进士11万余人,举人上百万。中国历代王朝的政治、经济、文化的兴衰,都与这一制度有着密切的联系。西方文官考试制度也是根据中国科举制度建立起来的。科举制度是中国乃至世界历史上的一大文化奇观。现在就让我们走进科举文化吧。

科考要有户部开出的"执照",相当于现在的介绍信,上面有考生的曾祖、祖父、父亲三代姓名,如果该考生的出身成分不好,就没有考试资格。考生持有这份"户部执照"后,就可以到国子监换取这份监照,相当于现在的准考证。古代虽然没有照相机,但工作人员通过文字把考生的五官相貌描绘得一清二楚,看这份监照的描述"根据户部册报,温世寿,系山西汾州府介休县人,年十五岁,身长、面白、无须",等等。

再看这是一套光绪二十年河南乡试题目。考试共分三场,第一场是"四书"三题,第二场是"五经"五题,第三场为"策"五道。这是一套完整的乡试考卷,是河南省姚毓贤乡试卷13场真迹,十分珍贵。清朝时乡试要求严格,起首为考生姓名、面形、年龄、描述,后面是考生三代的姓名,并印有监考、关防以及收卷官(分内收掌、外收掌)、弥封官等官印。乡试考取者即为举人,3年后方可进京参加会试、殿试。

这就是科举考试最高一级考试试卷——殿试卷。殿试是国家最高级别的考试,由皇帝亲自主持,在太和殿(后改为保和殿)举行,考中一甲第一名为状元,第二名为榜眼,第三名为探花。考中第二甲者赐进士出身,第三甲者赐同进士出身。这是一份殿试卷,双面书写,书法功力深厚,内容切题,用语精彩,是一件不可多得的学习范本。

封建科举考试可谓考场森严,但依然挡不住各种稀奇古怪的作弊手段。且看这件长45厘米、宽38厘米的丝绸夹带,双面书写并对折成两部分,便于考生藏于鞋内。夹带上每个字只有2~3毫米大小,笔画细如发丝,书写俊秀,共有2.8万余字,包含了"四书"的全部内容和批注。这本小书,是为考生作弊用的,但狡猾的书商却在扉页上写有"幸勿误带入场"的字样,真是"此地无银三百两",无非是为了避免考生一旦露馅而牵连到自己。

游客朋友们,我们已从琳琅满目、富丽堂皇的清代皇陵文化藏品中走了出来,让我们以一种平和的心态,再来欣赏这座园林的美景吧。当年,东林党人王心一构筑的这座秀野园以水景为特色,各种建筑围绕水来建造,参差错落。在这里,既可近览水影鸟踪,远瞩灵岩山色,又可聆听西墙外千年古刹明月寺的隐隐梵铃声,令人心旷神怡,仿佛置身于尘外仙境一般。

【香溪】

香溪

游客们,木渎镇上有两处"双桥",刚才已经过了一处,现在看到的就是有"小双桥"之称的西安桥和小日晖桥。站在西安桥上向东望去,百步之隔的就是东安桥,这两座桥一座精致,一座雄丽,遥相呼应,又称"姐妹桥"。站在桥上向西望去,就是木渎著名的古"十景"之一的"姜潭渔火"。每当夜幕降临,岸上万家灯火、天上繁星闪烁、江中渔火点点相映生辉,让人流连忘返。

再往前走便是始建于宋代的虹桥。每当夕阳西下,可见夕阳和香溪、虹桥形成一线风景。迟暮的日光把香溪水染成一匹彩绸,又给两岸的粉墙黛瓦披上一袭朱纱,绚丽无比,这就是木渎古"十景"中著名的"虹桥晚照"。

【古松园】

游客们,由于山塘街背倚灵岩山,面临香溪水,风水极好,所以以前许多达官显贵、文人雅士都在此建园觅居。接下来我们将要参观的景点是清末木渎四大富翁之一蔡少渔的旧宅——古松园。

古松园的主人蔡少渔早年在上海经营洋货生意,发达后回乡造屋买地,拥有良田万顷,是木渎四大富翁之一。从《古松园鸟瞰图》可以看出,古松园的建筑布局小巧精致,曲折幽深,是典型的清代宅第园林。

古松园

穿过门厅,进入天井,回首可见一座砖雕门楼,门楼上下坊分别刻有《老子西游入关》、《疯僧扫秦》、《将相和》、《截江夺斗》、《张羽传书》、《宁戚饭牛》一组历史故事,字枋为"明德惟馨"。两侧兜肚分别为《张良拾履》和《高山流水》,整座门楼深雕缀饰,形神有致,尤其《张良拾履》中的拱桥和《高山流水》中的水浪波纹,生动逼真,有极强的质感,充分体现出雕刻技艺的精妙。

古松堂是一座抬梁式大厅,是主人接待贵宾的地方。正厅为仿明建筑,步杆和内四界的梁架上各有四对楟木,形状如同古代官帽翼翅,所以又称纱帽厅。楟木上透雕了各种戏文故事,梁头的山雾云和抱梁云为《鹤鸣九皋》图案,气韵生动,精妙绝伦。最有吸引力的是明间梁架正中一根方椽上刻有8只琵琶,名为"八音联欢",寓意喜庆欢乐。

楼厅,共有5间,两侧是厢房,檐枋下端有16只倒挂花篮,楼上轩梁又雕有16只凤凰,人们称其为"花篮楼"或"凤凰楼"。它是东山雕花大楼的前期作品,其建筑风格和雕刻艺术如出一辙,这里的所有雕刻均为吉祥图案,民间称为"讨口彩",如明间檐枋由西至东分别刻着画、书、信和元宝,寓意为"书中自有黄金屋";次间檐枋刻有花篮、笛子、宝剑、葫芦等"暗八仙";厢房檐枋上刻有海螺、风火轮、珊瑚、铜鼓等8件宝物,雅称"八宝"。

楼下是"木渎名人馆",介绍了木渎镇上66位历史的、当代的名人,图文并茂,相信大家看后会对木渎的历史有更深层次的了解。楼上是"书法艺术馆",集中展示了木渎"书法之乡"的艺术魅力。不远处有一株银杏,粗可盈抱,枝干挺拔,秋天果实盈枝,初冬则满树金黄,为前宅后院带来一片喜气。

古松园后花园建筑的最大特点就是以双层长廊把亭台楼阁连成一个整体,站在双层曲廊之上,既可近览古松翠色,又可远瞩灵岩山景。这样,古松园虽小,但仍能领略山水之妙、自然之趣,不失为苏州私家花园的精巧之作。

【榜眼府第】

游客们,木渎不仅是一个水乡古镇,同时也由于镇上私家园林众多,又有"园林之镇"的美誉。接下来,我们将要参观的就是以"江南三雕"见长的一座私家园林"榜眼府第"(冯桂芬故居)。

榜眼府第

榜眼府第的主人冯桂芬是近代著名的启蒙思想家、政论家。道光二十年(1840),冯桂芬中庚子科一甲二名进士,也就是仅次于状元的榜眼,所以人们称他的故居为"榜眼府第"。榜眼府第占地约10亩,它的建筑布局前宅后园,坐南朝北,照墙、门厅、大厅、楼厅、花园形成一条

纵轴线,是典型的清朝中期江南宅地园林。

主人出生在桂花开时,所以得名桂芬。桂芬自幼博览群书,通晓经史,才学负名乡里。道光十二年(1832),林则徐任江苏巡抚时,提拔了素昧平生的冯桂芬,称他为"百年以来仅见"的人才,并招进抚署读书,收为学生。这一年,他才二十三岁。

冯宅大厅名"显志堂",是主人招待贵宾的场所。堂名是主人当年春风得意时所题,显示出了他雄伟的抱负。厅内陈设古朴高雅,反映了主人的儒雅风范。

冯桂芬的书房叫作"校邠庐"。他考中榜眼之后留在京城担任翰林院编修,因为不满官场的腐败,没多久就辞官回乡了。在这期间,冯桂芬写下了他的政论代表作《校邠庐抗议》,书中针对鸦片战争时期内忧外患的国情,提出了40条改革建议,其中最著名的就是"采西学,制洋器",成为洋务派"中学为体,西学为用"思想的先声,后来又被资产阶级改良派奉为先导。冯桂芬性格刚烈,疾恶如仇,这副"官久方知书有味,才明敢道士无难"的对联,正是对他一生仕宦生涯的总结。

校邠庐的建筑结构较为别致,汇聚了榜眼府第内的木雕精华。屋顶为三轩连缀,江南罕见;另外,在结构承重上又有独到之处:两根步柱不落地,用短柱替代,并以倒挂花篮装饰(俗称"花篮厅"),这样既增加了空间,又方便采光,这种集技术和艺术、实用和美观于一身的建筑风格,正是当地香山帮巧匠高超智慧的体现,也是榜眼府里的一宝。

从书房走出来,对面壁上的石雕《盛世滋生图》是榜眼府中的第二宝。此画又名《姑苏繁华图》,由清朝宫廷画师徐扬于乾隆二十四年(1759)所绘,全长1 225厘米。画中描绘了康乾盛世时苏州的繁华景象,具体内容为"一城、一街、一镇、一村",其中一村、一镇均在木渎,占了近1/2的篇幅。因此在民间流传着这样一句话:"姑苏繁华图,一半在木渎",由此可以看出木渎当时的繁华景象。

进入内宅,我们便可以看到榜眼府的第三宝:砖雕门楼。这座砖雕门楼建于清嘉庆年间,砖雕内容都是戏文图案,有《渔樵耕读》、《太白醉酒》等,这些都反映了主人崇尚的人生境界。中间"通德高风"4字,意思是高风亮节,那是冯桂芬的又一位恩师潘世恩的墨宝。内厅名芙蓉楼,芙蓉有"出污泥而不染"的寓意,用来表达主人的高洁品性。另外,芙蓉花的生命力旺盛,因此又有希望家族兴旺发达的意思。

后花园面积很大,园中的亭榭廊轩点缀在红花绿树之中,最有特色的是,站在假山顶上的含山亭中向远处眺望,俊逸挺秀的"吴中第一峰"灵岩山一下就跃入眼帘,激起我们对吴王、西施故事的无限遐思。

【胥江→下塘河棚】

各位游客,大家请看这座石牌坊,上坊写着"瑞门入胜"4个字,也就是说,当我们跨进这座吉祥门时,就是走进了木渎古镇悠远的历史画卷。右手边的这条河看起来很普通,可在春秋历史上赫赫有名。当年吴王为了讨伐楚国,从陆地上开挖了这条全长230多公里的人工运河,经水路发兵,出奇制胜,取得了"五战五捷"的辉煌战果,由此奠定了吴国春秋霸主的地位。因为这条运河是由伍子胥建议并率众开凿的,后人为了纪念他,就把这条河称为"胥江"。

下塘河棚,全长175米。它一面倚河,一面与民居连成一体,可为上街卖菜的菜农、船民和过往行人提供方便,夏天不遭日晒,雨天不受雨淋,因而深受欢迎。远远望去,百米河棚显得错落有致,高低不一,仿佛姑苏园林

胥江→下塘河棚

中一道贴水的长廊,风姿绰约,平添了几分美感。

下塘河棚的尽头有两座桥,一座名"斜桥",一座叫"郏巷桥",两座桥一横一竖,联袂而筑,相依相偎,又称"双桥"。源自太湖的胥江和源自光福的香溪在斜桥下合而为一,一清一浊,形成一条明显的分水线,这就是木渎著名的古十景之一的"斜桥分水"。

【江南木雕收藏馆】

木渎的历史悠久,文化积淀深厚,民间收藏十分丰富。现在,我们来到的就是郭凡夫古代建筑木雕收藏馆。该馆创办于1996年,是我国第一家江南古建木雕的私人收藏馆,里面藏有数百件古建木雕珍品,主要分梁枋立柱、门窗挂落、装饰构件、匾额联屏、组合家具5大类。藏品中不乏珍品,尤以明末清初杭州严嵩府第内存大型雕花落地罩及清道光年间何绍基书法贴簧四挂屏最为珍贵。请大家入内欣赏,细细感受木雕的艺术魅力。

【姚建萍刺绣艺术馆】

现在,请大家跟我一起去参观姚建萍刺绣艺术馆。苏绣是中国四大名绣之首,在中国传统刺绣中工艺最复杂,要掌握它的繁复的技巧往往要毕尽一个女子终生的心血。在近千年的历史间,一代代绣娘巧手穿引,心手相传,创造出上百种技法,逐渐使苏绣成为一门丰富深邃的学问,木渎镇曾出了沈寿、顾文霞、李娥英等刺绣大师,吸引后来者在其中忘我努力,姚建萍就是其中非常优秀的一位。姚建萍,苏州人,出生于1967年,现在担任姚建萍刺绣研究所所长,1997年被联合国教科文组织与中国民间文艺家协会共同授予"民间工艺美术家"的称号。木渎古镇作为刺绣艺术的发祥地特别重视传统文化的保护,并着力将这一传统艺术发扬光大。2000年,木渎镇政府花了300万元为她修建了这座刺绣艺术馆,下面请大家欣赏这些珍贵的刺绣艺术品。

【灵岩山风景区】

灵岩山风景区

游客们,在我们停车场西边的马路对面的这座山就是著名的灵岩山风景区了。我先为大家介绍一下灵岩山风景区的概况:灵岩山位于木渎镇西北,地处太湖之滨,是著名的太湖风景区的一大部分,与天平山、木渎古镇一起组成一个以吴越遗迹、文物古迹和山林石景为特色的木渎景区。山高182米,面积约1 800亩,因山上多奇石,形状像灵芝,所以称"灵岩山"。我国地大物博,幅员辽阔,除苏州有"灵岩山"外,还有江苏六合的灵岩山、安徽青阳的灵岩山、浙江淳安的灵岩山等,但其中独占鳌头的还数苏州的灵岩山,它素来就有"灵岩秀绝冠江南"、"灵岩奇绝胜天台"和"吴中第一峰"等美誉。山上不仅有许多怪岩奇石,而且古树名木众多,可以说既雄伟又不失秀丽妩媚。在2 500多年前的春秋末年,吴王夫差为美女西施在灵岩山上建了一座"馆娃宫"以后,达官贵人、逸士名僧纷纷在山上山下兴建园林别墅,构建寺庙丛林,在山坡上一路留下了许多名人的足迹和美丽的传说故事,而山上的灵岩山寺更成为东南净土宗的一大道场。

听了介绍,大家肯定也感觉到灵岩山的魅力了吧。接下来就请随我在山中探古寻幽吧。灵岩山风景区里包括山下的吴越春秋史料馆、西施介绍馆、灵岩山馆、姑苏台、诗人张永夫墓以及山上的灵岩山寺和馆娃宫遗迹等。

【吴越春秋史料馆】

　　游客们,现在我们来到了吴越春秋史料馆,馆中主要介绍的内容有:在商末周初,仲雍为将王位让于弟弟季历,来到南方,始建"勾吴"国。公元前585年寿梦继位,吴国实力大增,疆域扩大。公元前515年,阖闾即位,重用楚国之臣伍子胥,伍子胥又推荐了孙武,在他们的帮助下吴国军事力量日益强大,加入了中原争霸的行列,于是就有了吴越争霸。吴越两国经常交战,互有胜负,最后于公元前476年,越王勾践反败为胜,吴王夫差自杀亡国。吴国从寿梦到夫差之国只有短短的50年,其间有许多重大事件都发生在这一带,从吴越军事布局对峙图上不难发现,灵岩山、木渎正是当年吴国易守难攻的盘踞地,在吴越考古中具有十分显要的地位。而周围散布的遗迹如姑苏台、馆娃宫、石头城遗址以及古护城河等的发现也充分证明了这一点,灵岩山更是见证了这一段惊心动魄的帝王争霸历史。

【西施与灵岩山】

　　游客们,我们已经来到了灵岩山,灵岩山因西施而出名。西施是越国苎萝村人,与郑旦同为浣纱女。越王勾践请乐师、舞师教会她们唱歌、跳舞,调教她们的举止行为、礼节言语,然后进献给吴王夫差,让他丧失斗志。西施忍辱负重来到吴国,她倾城的美貌果然博得吴王夫差的宠爱。为取悦西施,吴王在灵岩山上建馆娃宫、姑苏台。这些庞大的工程需要很多木材,而众多的木材经水道运至小镇时堵塞了大小河流港渎,"积材三年,木塞于渎",木渎之名由此而来。从此,夫差沉迷于西施的美色,不理朝政,大兴土木,耗尽了国力。公元前473年,勾践发兵灭了吴国。关于西施的下落,大家众说纷纭,也没有一个确切的说法。一说越国灭了吴国后,西施的情人范蠡带着她乘船出太湖,在一个隐蔽的地方过着幸福的生活;一说勾践得胜后将她带回越国,勾践夫人出于嫉妒和保护国家,把她沉江处死了;还说西施尝尽人间滋味,看破一切,最后选择了自尽……灵岩山的一花一木几乎都与西施有关,至今还流传着许多故事。

【姑苏台】

游客们,相传吴王阖闾一年一度都要在高山顶上祭天,祈求上苍造福民众。公元前504年,阖闾在紫石山建了姑苏台,同时建造阖闾大城、开凿香溪运河,并为阖闾时期的三大工程。到了公元前491年,夫差又扩建姑苏台。现在灵岩山风景区内的姑苏台一层布设成为木渎镇镇史馆,里面陈列了自吴越春秋以来木渎镇的相关资料,是游客们了解木渎的一个极好的窗口。二层是茶楼,是朋友们观赏风景、品茗休憩的好去处。

【张永夫墓】

游客们,我们已经来到了灵岩山脚。灵岩山下有一块墓碑上书"再来人之墓",墓主乃是清康熙年间木渎诗人张永夫。他的故事离奇动人,非常有趣。传说张永夫是个有民族气节的诗人,誓不做清朝的官,写了不少反映劳动人民生活疾苦和讽刺清政府的诗歌,最后穷困而死。张永夫没有子女,他的好友盛青嵝出资安葬了他,隔了十几年,盛青嵝做寿,忽然来了位陌生青年向他祝寿,并自我介绍说:"我前生是张永夫,今天特地来为兄弟祝寿。"说毕送上100两银子,大家不信,青年当场把张永夫生前作的诗一一背诵,大家吃惊不已。当然这只是一个传说,但表达了人们对这位诗人的敬仰和怀念之情。

【灵岩山馆】

游客们,这里是灵岩山馆。当年,达官贵人、文人雅士在灵岩山兴建的私人别墅很多,这些别墅成为当时词人墨客聚散尽欢之处,同时也为灵岩山留下来大量题咏词章,灵岩山馆就是其中较

为出名的地方。灵岩山馆是清乾隆年间的状元毕沅所建,所以灵岩山馆又称"状元馆"。毕沅乃太仓人,是著名女词人张藻之子,从小随木渎著名诗人陈德潜在灵岩山下学习。乾隆二十五年(1760)中庚辰科状元之后,历任多处要职,是乾隆的重臣。毕沅高洁风雅,博识多才,为官后,他叫家人在灵岩山下当年求学之处买地建园,命名"灵岩山馆",他死后就葬在木渎上沙村。

【灵岩山寺】

游客们,现在我们所看到的这座寺庙就是灵岩山寺了。东晋末,司空陆玩在灵岩山吴宫遗址上修建别墅,后来他把园宅捐赠给佛门,这便是灵岩山建寺之始。南朝梁武帝年间,佛教盛行,灵岩山寺得到进一步的整复扩建,寺名初叫"秀峰寺",后来改成"灵岩山寺"。灵岩山寺在唐朝时为律宗寺庙。宋绍兴年间朝廷将其赐予抗金名将韩世忠,更名显亲崇报寺,为禅宗寺庙。民国年间,我国现代僧界泰斗印光大师移住灵岩山寺,大力提倡净土宗,灵岩山寺遂成为名闻海内外的净土道场。灵岩山寺内建筑气宇轩昂,佛像金碧辉煌,彩塑罗汉神态各异,栩栩如生,并创设中国佛学院灵岩分院。寺院东侧有灵岩塔一座,又名多宝佛塔、永祚塔。初建于梁天监二年(503),南宋绍兴十七年(1147)重建,新中国成立后几经维修。塔高33.4米,七级八面,黑瓦黄墙,古朴凝重,与整个寺院浑然一体,成为灵岩山的标志。游客们,灵岩山寺西部有一座花园,这里就是馆娃宫的后花园,园中有"玩花池",传说是夫差专为西施赏荷而凿。池北有两口井,圆的叫"吴王井",传说西施常在此对井梳洗,以水为镜;八角形的叫"智积井",水质甘甜清冽,井水不竭不溢。花园北侧是假山环绕的"玩月池",传说因西施懒于仰首望月,吴王便命人开了"玩月池",让月亮倒映水中。西施常在月明之夜,与吴王并肩赏月。除此之外,还有"西施洞"、"琴台"、"披月台"、"望月台"、"佛日岩"、"献花岩"等遗迹且都有题咏。园中井池花木相互映衬,亭台假山高低错落,可以

说馆娃宫是"国内最早的山顶皇家园林",而在一旁的灵岩山寺,默默静看凡尘俗子的一切悲欢离合事。

【结束语】

各位游客,木渎古镇的游览就要结束了,这里不仅风光秀丽,而且物产丰富,大家回去时可顺带一些时令鲜果和木渎特产枣泥麻饼、石家酱方等。在上车之前让我们再回首木渎:四周群山起伏,古镇悠悠,既得真山真水之趣,又具小桥流水之幽,更有私家园林、名人故居等众多的人文古迹。难怪我国著名文物、古建专家罗哲文、郑孝燮等人参观了木渎古镇后,激动不已地说:"这才是真正的文化遗产。"

神州水乡第一镇——甪直

各位游客:

大家好!"江南好,风景旧曾谙。日出江花红胜火,春来江水绿如蓝。能不忆江南?"这首词,总是把人们的思绪带到风景如画的江南。而今天我们要游览的就是江南著名水乡古镇、国家AAAA级旅游风景区——甪直。

【概况】

游客们,欢迎大家来到古镇甪直游览观光。甪直水流纵横,桥梁密布,贴水成街,镇上人家枕河而眠,镇貌古朴,风情幽逸,被费孝通先生誉为"神州水乡第一镇"。

甪直镇隶属于苏州市吴中区,位于苏州城东18公里,距上海60公里。是太湖国家重点风景区的重要景区,是首批中国历史文化名镇和国家AAA级旅游区。深厚的历史文化底蕴和典型的江南水乡风情以及区内居民的生活文化构成了甪直独特的旅游风

甪直背景

景。据镇南张陵山出土的文物考证,大约6 000年前这里就有先民聚居;文献最早的记载是春秋战国时期,距今2 500年,与苏州古城同龄。现在,它是国务院公布的太湖风景名胜区13个景区之一;2001年被联合国教科文组织列入文化遗产预备清单;同年被国家旅游局评定为AAAA级旅游区;2003年又被国家建设部和国家文物局命名为"中国十大历史文化名镇"之一。现在让我们走进景区,去感受"神州水乡第一镇"的魅力。

【大牌楼→甪端】

大牌楼→甪端

游客们,现在我们首先来到了古镇入口处的大牌楼。这座高大雄浑的石牌楼是甪直新区和古镇区的分界建筑,过牌楼,就进入古镇景区了。上端"甪直古镇"4字为著名艺术家钱君匋所题,两侧是苏州大学教授、著名学者钱仲联撰写的对联,上联:"古镇远扬名为存罗汉杨家塑",是指唐代开元年间"塑圣"杨惠之为保圣寺精塑的一堂罗汉像;下联:"唐诗晚开照来拜江湖甫里祠",说的是晚唐诗人陆龟蒙隐居古镇的事。再来看牌楼背面,著名书法家瓦翁不仅题写了"水乡泽国"4字,还集明代高启诗句为联:"长桥短桥杨柳人看旗出酒市,前浦后浦荷花鸥送船归钓家。"这两副对联勾勒出甪直镇的精华所在和古镇风貌。由此向东,走上马公河上的甪直桥,迎面可见镇口新辟的600平方米的广场以及广场中心6米高的雕塑。这座由石栏护卫的石雕是甪直的镇标,一头造型独特的独角兽,这是什么动物呀?原来它叫"甪端",与麒麟同类,是古代传说中的神异之兽。它有两大特异功能:一是速度飞快,能日行一万八千里;二是信息灵通,懂四方语言,了解远方之事。当地人认为甪端与甪直的民间传说有关,据说,行踪不定的甪端也想找个好地方栖息,有一天偶然经过这里,就被甪直的水土风光和淳朴的民风所打动,于是就留下不走了。由于它的呵护,从此甪直风调雨顺,百姓安居乐业。由此可知,甪端和龙、凤、麒麟一样,是古代神话的产物,也是一种传统吉祥物,选择它作为镇标,不仅寄寓了甪直人民的美好愿望,而且也与这座文化古镇的氛围相协调,尤其是它的名字也是个"甪"字,请它来为甪直"看家",更觉名正言顺,再贴切不过了。

【香花桥】

踏上石板路,就进入1平方公里的古镇景区了。这座石拱桥叫"香花桥",香是香火,花是佛教的一种圣花,叫曼陀罗花。由于对着保圣寺的山门,刚上桥就能看见雄伟的殿宇,令人产生一种庄严肃穆之感,由此可见造桥者的匠心和技艺,把建桥与建庙联系起来,既相得益彰,又给人以遐想,难怪著名电影表演艺术家白杨饰演的宋庆龄要在这座桥上作演讲呢!

【保圣寺】

走过香花弄,前面就是驰名中外的古刹保圣寺。早先正山门上是精美的《西游记》砖雕,可惜毁于"文革"动乱年代,现在正山门上方"保圣寺"3个古隶大字是费新我所题,而这位书法家是很少写这种字体的,由此可见保圣寺的崇高地位。保圣寺原名保圣

教寺,创建于南朝梁天监二年(503),距今有1 500年历史了。梁武帝萧衍笃信佛教,一做皇帝就大兴寺庙,保圣寺即是"南朝四百八十寺"之一,当时规模宏大,号称有屋宇五千,僧侣千人。

保圣寺

这几棵枸杞树是保圣寺古木的三绝之一(100多年树龄)。支撑枸杞树的是苏州有名的太湖石,它以丑为美,有四大特点:瘦、皱、漏、透。这两座蟠杆夹是北宋遗物,每逢初一、十五,旗杆上白天挂旗,晚上挂灯笼,作用就是招徕四乡百村的善男信女前来烧香拜佛。

现在来到的是天王殿,展出的是古代各式铜镜,就是古代女子化妆用的镜子。庭院里有两大宝贝:一是青石经幢(1 000多年历史),它是唐代创始的一种佛教石刻,由盖、柱、座组成,柱上刻佛像、佛名或经咒;一是铁钟,明末清初铸造(300多年历史),高1.5米,直径1米,钟顶是龙钮(龙生九子,子子不同,这是龙的第四个儿子,叫蒲牢,因为它喜欢听音乐,听钟声,所以把它放在此钟的上面),钟身铸有"风调雨顺,五谷丰登"等吉祥语。

庭院之北,就是在大雄宝殿原址上建立起来的古物馆,内有世界闻名的"塑壁罗汉"。据《吴郡甫里志》记载,原来的大雄宝殿建于公元1013年,殿内供奉释迦牟尼佛像,旁列罗汉18尊,为圣手杨惠之所塑。杨惠之(713—741),吴县人氏,唐开元年间,他与吴道子一起学苏州画家张僧繇的笔法,后专攻泥塑,当时有"道子画,惠之塑,夺得僧繇神笔路"的美谈。杨惠之在南北各地寺院制作过许多塑像,但由于泥塑作品不像石刻铜雕那样经久,因此其真迹很难保存下来。1918年夏天,史学家顾颉刚应叶圣陶等人之邀来游保圣寺,在大雄宝殿里见到这出自唐代圣手的作品时,不禁为之惊愕倾倒,兴奋之情难于言表。但当时大雄宝殿由于年久失修,已岌岌可危,18尊罗汉塑像随时有被毁的危险,于是就在报刊上将这堂久不为人注意的罗汉公布于众,呼吁抢救,可惜当时的政府未能立即采取措施。1928年,大殿半边坠塌,半数罗汉被毁,造成了不可挽回的损失。过后,经蔡元培、马叙伦、叶楚伧、顾颉刚等先生的呼吁,公私合力集资倡修。1932年,由建筑专家范文照设计,建造了这座中西合璧式的罗汉堂,并由雕塑家江小鹣、滑田友等把这幸存的9尊罗汉塑像放在这个位置。现馆内罗汉塑像虽仅存一半,且还有残缺,但仍不失为古典艺术瑰宝。1961年,保圣寺罗汉塑像被列为全国重点文物保护单位。

现在我们来看一下这9尊罗汉。一提起罗汉,大家就会想到许多寺庙里的罗汉堂,其中的罗汉都是一个个依次排列的。而这里的不同,作者挣脱了寺院造像单尊依次排列旧模式的束缚,独具匠心地创作了以山水为背景、置罗汉于其间的一幅立体山水画。高居正中的是"达摩"罗汉,他的着装很特别,头戴纱帽,身穿龙袍(其他罗汉身穿袈裟),闭目打坐,静如处子,完全是一副面壁9年修行的姿态;与其一洞之隔的称"降龙"罗汉,胡貌梵相,神形伟岸,仿佛在制伏造成天上水患旱灾的恶龙,但他对人间的灾害却无能为力。这是两尊保存最为完好的塑像,其照片已收入《中国通史》。"讲经"罗汉是位老者,正在讲授佛经,而"听经"罗汉则神情专注地在听,这一长一少、一瘦一胖、一动一静,形成了强烈的对比。东下角那尊倒挂眉、络腮胡的罗汉,称"尴尬"罗汉,他的脸部表情十分丰富,似哭非哭,似笑非笑,一副尴尬人遇到尴尬事的无奈模样,原来神仙也有烦恼呀!西壁袒胸露腹的那尊称"袒腹"罗汉,他肌体丰腴,皮肤和衣衫的质感清晰可见。右上方那尊凶猛威武的称"伏虎"罗汉,三分带笑(东角度),七分带怒,尽管他手臂断残,却力量无穷。西上角那尊称"智真"罗汉,双眼半开半合,静中有动,一副智者神态。而西下角那尊是"沉思"罗汉。

【保圣寺西院—陆龟蒙墓园】

保圣寺西院—陆龟蒙墓园

现在我们来到保圣寺西院,看一下晚唐诗人陆龟蒙墓园。陆龟蒙,字鲁望,号甫里先生,吴县人,曾做过苏州刺史的幕僚,后隐居甪直,一边赋诗撰文,一边从事农业,著有《甫里先生集》、散文《野庙碑》等,对当时的黑暗统治作了辛辣的讽刺和揭露,受到鲁迅的高度评价。他对农具很有研究,所著《耒耜经》详细介绍了犁、耙等农具的发明、制作和使用。唐广明年间(881年)贫病而逝,立碑"唐贤甫里先生之墓"。墓前在"斗鸭池"上建有"清风亭",亭内有陆龟蒙塑像,并有"清风亮节"匾额一块,后被毁于兵火。20世纪80年代政府拨款重建"清风亭"、"斗鸭池"、"垂虹桥",请看亭子两侧各有一座精致的小拱桥与岸相连,称为"庙挑桥"、"桥挑庙"。墓前尚存两具2米长的武康岩石槽,为陆龟蒙饲鸭遗物。

【保圣寺西院—叶圣陶先生墓】

这里是当年叶圣陶创办的"生生农场"旧址,"生生"即为先生与学生之意,通过共同劳动,建立起新型的师生关系,也寓意"生生不息"之意。当代著名教育家、文学家叶圣陶先生墓,由花岗石建成,"叶圣陶先生墓"6

保圣寺西院—叶圣陶先生墓

个大字由赵朴初题写,墓台四周雕刻着桃花、李花和万年青,象征叶老桃李满天下,业绩峙千秋。在墓道中央建有一座六角形纪念亭,因叶老早年将自己的住所命名为"未厌居",故此亭为"未厌亭",所谓未厌,是指对生活从未餍足,概括了叶老一生不断追求进步的高贵品格。叶圣陶纪念馆,是叶老当年任教的"吴县第五高等小学"旧址,现被列为江苏省学校德育教育基地、江苏省爱国主义教育基地。东边是当年的"女子楼",1919 年,叶老夫人胡墨林应邀担任女子部教师,在此执教 3 年。西面是"四面厅",四面环通,是当年"五高"的博览室,叶老常把自己购买的中外进步书籍供学生阅读,如今厅堂内安放着叶老的遗容面膜,供参观。西面是"鸳鸯厅",是当年教师的办公室和集体宿舍。展厅以珍贵的实物、照片及文字资料,从不同侧面介绍了叶老光辉的一生以及在教育、文学、社会活动等方面的卓越成就和重大贡献,特别是在甪直期间所进行的教育改革实践、文学创作等。

　　叶圣陶,生卒年 1894—1988 年,享年 94 岁,名绍钧。出生于苏州一个平民家庭,因家境清贫,18 岁于苏州草桥中学毕业后,即开始当小学教师并从事文学创作。1917—1921 年在吴县县立第五高等小学任教,从此与甪直结下了不解之缘,叶圣陶把甪直比作培养自己成长的摇篮,亲切地称之为"第二故乡"。当年叶圣陶与同事们自编教材,进行了一系列教育改革实践,他给学生们讲授都德的《最后一课》、莫泊桑的《两渔夫》等,每一堂课都是爱国主义教育课。每逢清明节,他总带学生到陆龟蒙墓前凭吊,晓之以"天下兴亡,匹夫有责"的道理。当伟大的"五四"运动兴起的消息传来时,他与师生们在操场上召开"五四宣讲会",还带头振臂高呼"外争国权,内惩国贼",又带领学生绕镇游行示威,在甪直古镇区点燃起爱国的烈焰。由于深入底层,贴近农民,冷眼看不平等的社会,叶圣陶在甪直的文学创作获得了大丰收,先后发表白话小说、散文诗近百篇,他创作的我国第一部童话集《稻草人》、我国现代文学史上第一部长篇小说《倪焕之》以及著名的短篇小说

《多收了三五斗》等作品,不少素材和人物形象都来源于古镇甪直。在甪直期间,他是我国第一个新文学团体"文学研究会"的创建者之一;他还与朱自清、俞平伯等创办了我国新文坛上第一个诗刊《诗》。叶圣陶的几个"第一",足以说明他是一位敢为人民立言的作家和勇于改革的教育家,他为中国人民留下了宝贵的精神财富,成为一代师表。1988年12月8日,叶老不幸在北京病逝,他的骨灰在其亲属和各有关领导的护送下,归葬在第二故乡甪直,这是古镇甪直的光荣。

【保圣寺东院】

游客们,现在我们来到了保圣寺的东院,即甪直澄湖出土文物馆,这里珍藏展出了去年在甪直澄湖考古发掘的众多的珍贵文物,我们进去观赏一下。首先大家看到的是不同时期的形状各异的水井(根据展板对照简介),现在我们看到的是在甪直距今5 500年前,澄湖地区原始人类生活、生产的模型,它是根据澄湖发掘的现场实际进行展示的,上面的人物、房屋、水稻田、水沟、动物等都是按考古现场分布陈列的,特别是水稻田的发现,说明在距今5 500年前,我们甪直的祖先已经开始在澄湖甪直地区种植水稻,这不仅证明了人工栽培水稻的历史悠久,同时也表明当时社会经济已开始从渔猎经济向稻作农业经济的转化。现在我们走在这个展览馆里就像在穿越历史的时空隧道,充分感受甪直的远古文明。下面我们到第二展馆去观赏崧泽文化时期的彩绘陶瓶、黑皮陶壶,良渚文化时期的提梁壶,西周时期的陶尊,东周时期的铜削等珍贵文物。

【沈宅】

各位游客,现在我们来到了沈宅,这座宅院是甪直教育家沈柏寒先生的故居,建于1873年,距今有130年历史。原建筑面积为3 500平方米,现向游客开放的只属西部的720平方米。沈氏

沈宅

拥有众多的产业和财富,清末民初以来,俚语"沈半镇"就广为流传。这里是仪仗厅(原摆放官帽、花轿等),现开辟为小书场。

这原是沈家便厅,是招待一般客人的茶厅,现作为"吴东水乡妇女服饰展"的展厅,在这里,我们将沉浸于充满水乡特色的民俗文化之中。说起水乡妇女服饰,半世纪前还比较普遍,生活在苏州以东的角直、胜甫、唯亭、陈墓一带的农村妇女,依然保留着传统的民俗服饰,形成了以头扎包头巾,身穿拼接衫、花布胸兜和拼裆裤。腰束作裙、作腰,小腿裹卷绑,脚着百衲绣花鞋为主的一整套(8件)服饰,富有江南水乡特色,故有"苏州少数民族服饰"之美称。包头巾,大家平时所见的包头巾,大多是一块方形巾帕按对角线折叠成三角形,然后在额下打结;而这里的三角包头巾却是底角为锐角的一块梯形布,包头巾可以把头发缚得很牢,在田间劳动,能遮阳避风,防飞虫,起到护发保洁作用,实际上是妇女的劳保用品,而且您无论从哪个角度看都是呈三角形的。三角包头巾是整套吴东水乡妇女服饰中的标志性饰物,相传包头巾起源于吴王阖闾时代,当时采莲女为了遮阳挡雨,把荷叶折成船形,两头用竹片固牢,戴在头上,后来经不断改制就演变成现在的三角包头巾了。妇女的上衣采用紧袖,是田间劳动的需要,袖宽容易拖泥带水。至于肩部和袖部用异色的布拼接,因为古时妇女是田间的主要劳动力,而挑担最容易磨损衣肩,收割庄稼难免会损坏袖部,补时就不一定能找到相同颜色的布料,不如裁新衣时就做成三色,重补就方便多了,后来发现这种拼接打破了一色的单调,另有一种装饰美,于是就流传下来了。百衲绣花鞋,鞋面上绣的是色彩鲜艳

的剪纸形图案;鞋帮底部四周扎一圈几何图纹,主要是为了增加鞋子的牢度;鞋帮后一块布,可起到拔鞋作用。在水乡,绣花鞋常作为检验女子是否心灵手巧的标尺,所以鞋绣得都不马虎。

现在我们来到的是沈宅的精华部分——乐善堂,这座三开间正厅是甪直镇上最豪华的建筑,不仅高大宽敞,雕饰遍布,且因前后做重轩,冬暖夏凉,四季皆宜。沈柏寒,甪直人,光绪年间重建甫里书院的沈宽夫就是他的祖父,他7岁丧父,由母亲抚养长大。因沈柏寒是沈家长子,其祖父特别疼爱他,从小就得到名师的指点,打下了旧学根底。21岁时东渡日本,入早稻田大学教育系攻读,在日本,他学到了新知识,接受了新思想,并且开阔了视野。23岁,沈宅大家庭内部发生了严重纠纷,沈柏寒只得辍学回家,回到家乡,他痛感古镇风气的闭塞,认为必须启迪民智,于是确立了教育救国的思想,把甫里书院改为甫里小学,从事教育事业。

堂内有两副抱柱联,其一:经济有成,事业俱自苦志起;读书最乐,俊彦都由名教来;其二:和气祥光,清声美行;尊德乐义,合宅戴仁。前一副是教育子孙的话,后一副则是跟堂名有关,是希望由"乐善"而达到的至高境界。东面一楼一底原为书房,现楼底为灶间,保留了当时大户人家的炊膳陈设。宅内还有两口古井,一在乐善堂前的天井里,上有武康石井圈,据传为宋井;一在楼厅前的阶石东角,传为明井。100多年的宅院内怎么会有宋明古井呢?因为富家买下别人房产改建新宅时,为保留风水和图"财源滚滚"的好彩头,对老井一般都保留在原处。后天井之北是7间带厢房的楼厅,东西两边都有楼梯,是当时女子活动的地方,现楼下设立了小卖部,出售具有水乡特色的旅游工艺品。

【萧宅】

游客们,现在我们来到了萧宅,这座宅院建于1889年,距今已有100多年的历史,占地1000多平方米,是古镇现存最为完好的清代民居。它原来为镇上杨姓武举人所建,后来售予里中望族

萧宅

的萧家,主人萧冰黎,因为宅主是柏林电影节影后、香港著名电影演员萧芳芳的祖父,故此宅现今为"萧芳芳影视艺术馆"。请看萧宅的门厅,因门间上浮雕荷花柱,故称为"垂花门"。砖雕门楼上刻有"积善余庆",取自宋代欧阳修的"积善之家,必有余庆",即多做好事的人家,必然会有意外的幸福。"燕翼诒谋"意思为要善于为子孙后代谋划。萧宅一共3进,从外向里,一进比一进高,寓意"步步升高",这是中国民俗文化的具体反映。而且整座房子的木结构全靠榫卯结合,不用一颗铁钉,所有墙壁只起分隔和防雨挡阳的作用,而不起承重作用,这又体现了中国古建筑的一大特点。

楼厅是这幢住宅的主要建筑,楼下是宅主接待至亲好友、举办红白之事的地方,楼上是宅主一家的起居之处,而今成为萧芳芳生平事迹和影视创作的展览室,所有展出的照片、图片和实物等均为萧芳芳本人提供,具有第一手资料的价值。

萧芳芳父亲萧乃震,曾留学德国;母亲成丰慧,擅长丹青。1947年,萧芳芳出生于上海,取名萧亮,芳芳是她的艺名。1948年,两岁的萧亮随父母移居香港,不幸的是,次年她父亲病逝,从此母女俩过着十分清苦的日子。萧芳芳6岁就开始涉足影坛,她勤勉好学,拍摄了电影200多部,特别是由于她在电影《女人四十》中的精彩演技和杰出成就,因而荣获柏林电影节影后(最佳女主角奖)的殊荣,为中国人争了光。值得指出的是,萧芳芳并不单靠容貌和演技取胜,而是凭着她广博的学识和超群的悟性脱颖而出。她在名师指点下好学上进,随名翻译家傅雷学文,能不断出版著作。从艺术大师张大千习画,而且英语熟练,还能在美国高等学府取得学位,这是国内演艺界任何女演员都无法达到的艺术

境界。1997年7月1日,香港回归祖国之际,萧芳芳主持了中央政府赠送给香港特别行政区政府一座紫荆花大型雕塑的交接仪式,这不仅是她本人的荣耀,也是她的故乡甪直镇的光荣。

【王韬纪念馆】

各位游客,现在我们来到了王韬纪念馆,这是1998年甪直镇人民政府为纪念近代思想家王韬、弘扬他的爱国思想和开放意识而建造的。该馆占地面积800平方米,共分王韬生平事迹陈列室、王韬故居、韬园3部分,当代书画家钱君匋题写馆名,雕塑家王大进为纪念馆制作了王韬半身铜像。

王韬,原名利宾,号韬园老名,1828年11月10日出生于甪直镇书香门第。其父是位乡村教师,家境十分贫困,王韬自幼毕读群经,博学多才,17岁以第一

王韬纪念馆

名的优异成绩考入县学,成为秀才。1849年家乡发大水,加上父亲去世,王韬便接受了英国传教士麦都思的邀请,来到上海墨海书馆,从事编译西学书籍工作达13年之久。后因上书太平军出谋划策,被清政府指为"通贼",被迫远走香港并赴欧洲,开始了长达23年的政治流亡生活,同时也扩展了自己的眼界和增长了见识。1874年2月4日,王韬在香港创办了著名的《循环日报》,自任主笔,这是我国第一张以政论为主的报纸,通过报纸,王韬积极传播西方文化,呼吁改革开放,被称为"中国新闻报纸之父"。晚年,王韬结束了长期的政治流亡生活,在上海格致书院任教,这是我国第一所教授西方科学知识的学校。1897年秋,王韬不幸在沪病逝,享年69岁,后归葬故乡甪直。纪念馆正厅有一副抱柱联:"短衣匹马随李广;纸阁芦帘对孟光",这是王韬的书房联,上联是

说进而愿着"短衣"、骑"匹马",跟随李广那样的猛将,做一个保卫国土的战士;下联是说退而愿在"纸阁"中、"芦帘"前,面对孟光那样的美妻,过着朴素和睦的生活(李广:西汉名将;孟光:东汉人)。

【万盛米行】

万盛米行

游客们,万盛米行到了。万盛米行是叶圣陶先生小说名篇《多收了三五斗》中所描写的一家米行。万盛米行原型是甪直镇南端殷家祠堂的万成恒米行,这家米行是一家老字号店铺,始建于民国初年,由镇上沈、范两家富商合伙经营。该米行规模宏大,拥有存放粮食的廒间近百,是当时吴东地区首屈一指的大米行。该米行格局为"前店后场"式,即前面是做买卖的铺面,后面是加工大米的工场和仓库,店前的河埠头是装卸谷米的码头,一到新谷登场,这里米船汇集,就会出现小说里所描写的热闹场面。当时米价通常是七八元一石,但当秋收后新米登场,米价就下跌,越是丰收,米价就越低,以致"谷贱伤农",米行老板趁农民急于出粜,尽量杀价收进,过后再按常价出售,这样钱就赚得多了。

当年叶圣陶在甪直执教期间,曾亲眼目睹米行老板"谷贱伤农"的恶行,便愤而创作了以万盛米行为背景的名作《多收了三五斗》,后来该文被选进了中学教科书,万盛米行也就名闻海内外。20世纪50年代,这家米行改为粮食收购站和仓库,而今,甪直镇人民政府投资恢复了万盛米行原貌。门面为3开间,店铺内设有售粮高柜,上挂"万商云集"牌子,店铺后是宽敞的石板大院,院后有"耒耜堂",陈列着各式农具和加工谷米的器具,并且将《多收了三五斗》全文抄录在米行的墙壁上,让海内外游客重温当年的情景。修复了的"万盛米行",不仅再现了民国年间江南米市的风貌,而且因为增设了江南历代农具的陈列,成为一处独特的富有水乡风味的新观。

【农具博物馆】

游客们,这是农具博物馆。中国农具,从刀耕火种的原始农具,到铜铁木竹的配合,从而发展到小手工业生产的农具,经历了漫长的历史时期。

地处东南沿海长江三角洲的吴地(整个吴方言区)是我国最早使用农

农具博物馆

具的地区之一,为著名的鱼米之乡。农业以种植水稻为主,自古有"苏湖熟,天下足"之美称。从浙江余姚河姆渡文化遗址发掘出的稻谷遗存和石、骨器农具来看,吴地早在7 000多年前,已经跨入了耜耕农业阶段,用石斧砍树辟地,用石镰收割谷物,原始农业从渔猎时代进入耕作时代,这是一个质的飞跃。

苏州草鞋山等地,5 000多年前的马家浜—崧泽—良渚文化遗址中,挖掘出大批带木柄的石刀、石镰,有肩穿孔的石铲和犁形器、耕田器。

到了良渚文化的晚期,随着冶炼技术的发明,产生了从开垦、翻耕、中耕、管理到收割等一系列的青铜农具,农具改革从此揭开了新的一页,大大促进了生产力的发展和社会进步。

六朝以后,吴地农具又有了重大进步,不断由粗放走向精细,并产生了我国最早的一部农具专著,即唐代著名诗人——(甪直)

陆龟蒙撰写的《耒耜经》。它详细记载了江东犁,该犁一直沿用至今,标志着唐代农具的高度成就。

一部农具史,就是一部农业发展史和一部社会发展史。吴地农具源远流长,是灿烂的吴文化中一笔宝贵的财富!

【结束语】

各位游客,甪直古镇作为江南水乡,自古有"五湖之厅"、"六泽之冲"的称誉。镇内河网交错,水流纵横,河流总长达5.6公里,桥梁达41座,所谓"水巷小桥多,人家尽枕河",正是对甪直的真实写照。游客们,我的讲解到此就告一段落了,接下来是自由活动时间,大家可以拍拍照,也可以在街上去购买一些地方土特产,比如甪直萝卜干、蹄膀、水乡服饰、双面绣等,物美价廉。谢谢大家!

中国最后的枕水人家——乌镇(东栅)

各位游客:

"乌镇,来过便不曾离开。"这是刘若英简单的一句广告语,却是对乌镇最好的解读。现在我们就来到最后的枕水人家——乌镇(东栅)。今天各位游客偷得浮生数日闲,可以随我在小巷走一走,在河边坐一坐,静心感受小桥、流水、人家。这一刻,是否体会到乌镇等待千年仿佛就是为了等待我们的出现?

【概况】

乌镇位于嘉兴桐乡市北端,京杭大运河西侧,距杭州、苏州均为80公里,距上海140公里。乌镇是全国首批历史文化名镇之一,据《乌青镇志》记载,唐咸通年间正式称镇,距今已有1 300多年的历史。古镇十字形的内河水系将全镇划分为东南西北4个

第二篇 读你,在诗画江南

区块,当地人分别称之为"东栅、南栅、西栅、北栅"。全镇总面积71.1平方公里,约6万人口。

那为什么称为"乌镇"呢?据载,唐宪宗元和年间,有个英勇的将军,姓乌名赞,人称乌将军。乌将军热爱国家,体

乌镇

恤百姓,武艺高强,勇敢善战。自"安史之乱"以后,中央实力渐弱,地方官吏飞扬跋扈,纷纷割据称王。当时,浙江刺史李琦,也想称霸,就举兵叛乱,致使这一带兵荒马乱,田园荒芜,百姓无法生活。皇帝为防李琦尾大不掉,就命乌赞将军同副将吴起率兵讨伐。他们穷追猛打,直打得李琦望风而逃。追至车溪河畔,李琦突然挂出免战牌,要求休战。乌将军只好就地扎营,待机再战。谁知就在当天深夜,叛军突然袭击营地。乌将军奋起迎战,李琦且战且退,退到车溪河边,从一座石桥上飞快逃过。乌将军跃马上桥,跟踪追杀。刚过石桥,只听得战马长嘶一声,前蹄陷落,乌将军从马上跌下,原来李琦在桥堍设下陷阱,暗害乌赞将军。为纪念这位英勇的将军,所以把这里叫作乌镇。

南宋嘉定年间,以车溪(即今市河)为界,分为乌青二镇,河西为乌镇,属湖州府乌程县;河东为青镇,属嘉兴府桐乡县,乌镇分而治之的局面由此开始,直到1959年,今市河以西的乌镇划归桐乡县,才统称乌镇。

乌镇是典型的江南水乡,它完整地保存着原有晚清和民国时期水乡古镇的风貌和格局。以河成街,街桥相连;依河筑屋,水镇一体,组织起水阁、桥梁、石板巷、茅盾故居等独具江南韵味的建筑因素,体现了中国古典民居"以和为美"的人文思想,以其自然环境和人文环境和谐的整体美,呈现江南水乡古镇的空间魅力。

镇上有修真观、转船湾、双桥、江南百床馆、民俗馆等景点,同时也是我国现代文学巨匠茅盾的故里。镇上的茅盾故居是茅盾的出生地,现为国家级重点文物保护单位。东侧的立志书院是茅盾少年读书处,现辟为茅盾纪念馆。乌镇钟灵毓秀,人文荟萃,人才辈出,自宋至清出过64名进士,161名举人。正因为他们才有了乌镇浓厚的文化底蕴,才有了乌镇江南水乡古镇之首的地位。

【高竿船】

高竿船

游客们,乌镇是历史上重要的丝市。镇上有许多缫丝厂,四乡蚕农收下蚕茧都送到镇上来,缫成生丝,再运到苏杭织绸或出口。每到收茧时节,乌镇河面上船帆云集,人声鼎沸。因为蚕的好坏直接关系到农民的收入和这一年的生活,对于重要的东西,人们便会设立一些禁忌,很多生活习惯也会围绕着它而变化,甚至娱乐也离不开它。久而久之,便形成了乌镇一系列有关养蚕的风俗习惯。

我们眼前的这只特殊的船叫"蚕花船",又叫高竿船。高竿船是乌镇蚕桑文化的一种,是与当地蚕乡风俗有关的一种娱乐形式,始于清乾隆年间。在每年清明时节,为祈"蚕花廿四分",乡民都会合股凑份组成"高竿"表演船,爬竿人身着白衫,在没有任何保险的情况下徒手往高达10米的竹竿上爬,并在空中模仿蚕宝宝吐丝的"形态",表演许多惊险的杂技动作,如双脚勾竹的"倒挂金钩"、单手悬竹的"灵猴望月"等,伴以阵阵急如暴雨的鼓点声,围在四周观看的人群中便不时地发出尖叫声和鼓掌声。它寄寓

了人们希望蚕茧丰收的美好愿望。"如果你看到这么好看的高竿船居然跟蚕文化有关,真是会觉得想不到吧。"游客们常说。

【逢源双桥】

逢源双桥

游客们,桥是江南水乡古镇不可或缺的因素。据说乌镇历史上桥梁最多时有120多座,真正是"百步一桥",现存30多座。这些桥最早建于南宋,大多始建或重建于明清。年代久远的石桥在傍晚时分让人有沧桑古老的感觉。

我们眼前的是一座非常有特色、别具风味的石板桥,它有一个很好听的名字,叫逢源双桥。大家可以看到这座桥由左右两座小桥组成,所以取名双桥,也叫"姐妹桥"。又因为它上面有一廊棚,所以又称为廊桥。桥下有水栅栏,这是古代水路进出关卡。传说踏走双桥有男左女右的习俗,走一遍桥,须分走左右两半,因此又演绎出走此桥便可左右逢源之说。站在逢源双桥上,是眺望乌镇美景之———财神湾的极佳视点,极目一望,东栅河南岸垂柳依依,北岸水阁逶迤,令人心旷神怡。但今天咱们就不分男左女右了,我们可以理解为左升官、右发财,如果你想升官,请你走左边;你想发财,请走右边。

【财神湾】

游客们,我们眼前的这片水域称为财神湾,旧时也叫转船湾,顾名思义呢,就是船只掉转船头的地方。因乌镇的水系比较特殊,呈"十"字形,越到栅头河道越窄,船只也不易掉头,所以当地人就在这儿开塘挖河造了一个能使船只掉头的地方,同时为了区别于其他地方的转船湾,便借用旁边的财神堂命名为财神湾。财神堂内供有一尊等人大小的财神雕像,为乌镇的东路财神,原身是比干丞相。这是一位特殊的财神爷,因他是掏心而死,后人誉之为没有私心,并以此告诫人应取仁义之财,不能有过多的私心私利。旧时全镇最大的水产集散中心就在这里了。

【水乡的街→江南百床馆】

水乡的街→江南百床馆

游客们,走进乌镇,走在那用青石板铺成的狭窄的小街上,看到两边各式各样的民居和仍住在民居中的乡民,就会让人有一种亲切自然的感觉。作为历史文化古镇,乌镇无论是整个镇还是观前街,都体现着一种人文环境和自然环境和谐的整体美。走进这个充满了农业文化氛围的古镇,漫步于古镇绵延1里多长的石板小街上,可以倾听脚步在另一小巷中的回音。

游客们,我们先参观门票上所列的第一个景点——百床馆。百床馆是中国第一家专门收藏、展出江南古床的博物馆,坐落在乌镇东大街210号,又称赵家厅,面积约1 200多平方米,内收数十张明、清、近代的江南古床精品。从富商大贾到极普通的平民百姓的各式木床无不具备,从一床一室到一床多室(床内备有化妆间、卫生间、仆人间等),既有贵胄们的奢华,也有普通百姓的俭朴。此展览是中国床文化的集大成者。

古人认为人的生命有1/3是在床上度过的,所以中国人对床的要求一直是非常讲究的。但据说中国人最初的时候是没有床的概念的,他们白天工作,晚上在地上铺上一张草席就可以了。这叫席地而卧。再往后就有床了,从出土的战国木漆床可以看出

那时候的比较矮,20公分左右,而且很宽,这时床的功能其实不仅仅是睡觉,它还可以供人娱乐,以及谈论国家大事。有个成语叫促膝长谈,指的就是苻坚和王猛坐在床上膝盖碰着膝盖谈论国家大事。首先我们看到的第一张床是我们这个展览馆当中年代最久的一张床——明式马蹄足大笔管式架子床,至少有400年历史了。明式家具简洁大方,用料讲究,整张床都是用黄榉木所做的。接着我们往里走,里面有一张是百床馆中的镇馆之宝,它就是拔步千工床。

在这里看到的是清式拔步千工床,为什么说是千工床呢?就是指一天一工,一千工是指一个木匠需要一千天,也就是3年时间了。此床雕刻之精致可谓巧夺天工。此床共雕刻了106个人物,古时以108为吉祥数字,而且此床为新婚床,加上一对新婚夫妻刚巧凑足108,亦是吉祥如意的象征了。此床占地面积达6个多平方米,共有四进深,第一进是换鞋处,第二进是更衣室,第三进是放马桶箱的,在古代称它为子孙桶,就是现在家里的卫生间了。最后一进是主人睡觉休息时所用的,设备这个齐全相当于现在的套房。在这张床上最有特点的地方就是悬挂在空中的那块木牌了,我们可以猜一下这牌子,是干什么用的。有人说是闲人请勿打扰的意思,您还别说到后来还真有那么点意思。但最主要的作用不是这个。据说最早的时候木匠是不做床的,做床要折寿,行话叫:"宁上一根梁,不做一张床。"那么怎么才能不折寿呢?有一个变通的方法,就是在做完床以后我不卖给你,当礼物送给你,刻上一块牌子,上面写一些吉祥如意的话,如"百年好合"之类。主人也不给工钱,包个红包,据说这样就不会折寿了。床四周的木板可以抽掉,冬暖夏凉,设计十分精巧。

看完千工床再往里走,在这一进可以看到三张风格一样的床,是属于中西合璧的。在床两边还有两个罗马柱是西式的,在床挂落上有牡丹花,牡丹花在中国的古代是国花,代表富贵。还有葡萄和双喜,葡萄是多子多孙,多子多福;双喜是中国人结婚时

用的,代表喜庆。也就是说这床是当时结婚所用的喜床,是民国初留下来的,材料是红木的。

刚才我们看的大部分都是双人床,接下来往里走可以看一下两张小姐床。首先我们看一下近代的雕花人字匾架子床,它是以前十三四岁的小姑娘所睡的。虽然是小姐床,但是这张床上所雕的大部分都是武将的图案,可以说这位小姑娘是不爱红装爱武装,是属于花木兰这一型的,而且她的志向也是非常高,抬头可以看到有两行字:"双手要捞天边月,一石击破心底天。"在这张床上还雕刻了蝙蝠和狮子的图案,蝙蝠代表了多福,威武的狮子起到了避邪的作用。旁边是清代的小姐床,这张小姐床的颜色比较亮丽,是红颜色。这是一种比较珍贵的银子漆。床上的人物都是镀金的。

现在我们看到的是藤榻,也可以称之为"罗汉床",它就像现在人们家里的沙发,可以在上面喝茶、下棋、聊天、抽烟等。你看它还配有床几,根据需要可拿下来,也可以放上去的。在"罗汉床"的对面我们还可以看到这两张姐妹床,它们之所以被称为姐妹床并非是指姐姐妹妹睡的,而是由于这两张床是我们当地同一个木匠师傅制作的,风格和款式差不多,把它们放在一起展出,所以命名为"姐妹"床。你看中间"鸾凤和鸣"4个字不就是代表了夫妻恩爱吗?

这些雕工精美、历史悠久的古床在江南百床馆里可谓让人目不暇接,它们有的雕工精湛、风格独特,有的装饰华丽、豪华气派,无一不是江南木床中的精品,使人由衷地感叹中国文化的博大精深。同时它们也从一个侧面反映了我国劳动人民的高超工艺、对艺术的感悟及对结构造型的丰富想象力。

看百床馆,并不在于穷究其到底能收容下多少数量的床,而在于细细品味那一张张床上所承载的丰厚历史文化与生活内涵,或求平安,或求多嗣……当床也能被如此雕琢的时候,人一定是平和与幸福的,这就是古老中国人的心境。

【江南民俗馆】

游客们,东栅的金家,曾是这里的一方富庶,今天他们的居所成就了一段江南生活的记载。这儿展示了晚清至民国时期乌镇民间有关寿庆礼仪、婚育习俗和岁时节令等民俗。精彩的蜡像塑出了一幕幕婚嫁的话剧,处处融入了对美好生活的期盼。衣俗厅以实物、蜡像、照片等不同手段展示百余年前江南民间穿着习俗,可以从中西合璧的风格中窥视历史的缩影。节俗厅通过陈列一年不同节气中乌镇人不同的生活习俗,比如春节拜年、元宵走桥、清明香市、水龙大会、中秋赏月、重阳登高、冬至祭祖等,生动地展示了一幅江南水乡风情长卷。婚俗厅以喜堂拜堂为中心,通过新人、媒婆、父母等人物以及花轿、嫁妆等实物展示婚庆的热闹场景。寿俗厅以老人祝寿为主题,通过厅堂的吉庆实景和字画、寿幛、寿桃、寿面等特有的做寿物品,展示了敬老尊老的中华传统。

江南民俗馆

首先我们要参观的是衣俗厅,有关于民国三四十年代江南一带的人物的穿着展览。在这个橱窗中我们看到的男女的穿着是当时那个年代较为普遍的,女子穿着以旗袍为主,而男子则穿上长衫,礼帽配西裤、皮鞋,这也是当时受到西方文化影响的表现吧。在这边的这个场景中我们看到的四个人,从衣着服饰可判断其身份,里面坐着的是账房先生,淡色短衫长裤的是当时的文人或小商人的穿着打扮,而头戴乌毡帽的则是劳动者,蓝色长衫的则是伙计的形象。

在我们身后的这个橱窗中看到的是民国时期的西服、学生装及中山装。学生装是由西服演变而来,也是日本制服的改良,简便不用戴领带。中山装是由学生装演变而来的,民国十八年由国民党政府定为国家制服。四个口袋,分别代表"四维":礼、义、廉、耻。袖口上三个扣子表示国民党三民主义:民主、民权、民生。再往边上过来看到的历史照片是茅盾和家人穿着的介绍,从服饰来看,茅盾也是出生于小康家庭的书香门第,待会我们会去茅盾纪念馆和故居参观。再这边看到的是30年代的妇女时装。边上橱窗中看到的是清代汉族女子的穿着袄裙及满人所穿的旗袍,旗袍也是旗女之袍的简称。到了民国时期,旗袍也已经西化了,线条趋向于全身的裁剪了。

现在我们进入的是岁俗厅,这是当地人每年的正月接财神的一个仪式,旧时商家春节休假后,一般都在初四晚上接请五路财神,初五开市,以图吉利。按说接五路应该是在初五,为什么又说在初四晚上?原来,初五日是正日,由于大家求利心切,都想自己比人家早一点接到财神,于是时间就一点点提前了,甚至提前到初四的早晨。这样当然不符合规矩,后来就由长者出面,规定初四晚上一起行动。

初四日下午三点,接五路仪式的准备工作就开始了,直到晚上九十点钟结束。先是摆案桌,一般用两张八仙桌拼起来即可,讲究的要三张,外加半张,俗称三桌半。头桌是水果,用到的有甘蔗、橘子、苹果,寓意财路广阔,生活甜甜蜜蜜、节节高高;二桌是糕点、菱角,代表了称心如意,高升、常青,财源广进;三桌是三牲:猪头、雄鸡、鲤鱼。半桌是饭、面、菜,一碗路头饭中插一根大葱,葱管内插一株千年红,寓意兴冲冲、年年红。但是整个仪式最特别的是中间吊起的这条鱼,这鱼当地人在接完财神后要放生,放生的鱼就是代表了年年有余。接五路主人必须带上香烛分别到东西南北中五个方向的财神堂去接请,每接来一路财神,就在门前燃放一串百子炮,全部接完后,主人和伙计依次向财神礼拜,拜后将原供桌上的麻幛火化,表示恭送财神,仪式才算是结束了。

看过了当地人接财神的展厅后,现在我们来到的是节俗厅,中间的是斋月堂。每逢八月十五中秋节,当地人都要祭拜月神,祈求全家子孙团圆。两边是江浙一带的风俗习惯:贺岁拜年、元宵走桥、清明踏青、立夏称人、端午粽子、分龙彩雨、天贶晒虫、中元河灯、中秋赏月、重九登高、冬至祭祖、腊月小更。

现在我们看到的这个展厅比较喜庆了,是乌镇人以前结婚的仪式,展示了民国年间新婚夫妻拜天地的情景。中间是个喜堂,供奉了送子观音像,观音前面所放的是:红枣、花生、桂圆和荔枝,象征着早生贵子。这两位身着大红喜服的就是新郎新娘了,新娘旁边所站的就是能说会道的媒婆了,新郎身后的胡须长长的老先生则是主婚人司仪了。坐着的两位是新郎的父母高堂,按男左女右坐在那里。民间的婚嫁风俗向来很讲究,在司仪的主持下,一拜天地,二拜高堂,三乃夫妻交拜。行礼之后,用两家各出一条的红绸带结成同心花球式的牵巾,新郎新娘各牵一头,新郎面对新娘倒行将新娘缓缓牵入洞房!"父母之命,媒妁之言"是中国传统婚姻的一般原则,先由媒人传言,再由父母决定,当事人往往对自己的婚姻没有直接表示意见的权利,因此二人未曾认识,新娘头上的红盖头是最后入洞房后新郎所去揭开的,当然不可直接用手,得手持一杆搁在如意之上的秤,挑去红盖头,寓意为"称心如意"!屋子右边所放的是以前新娘子出嫁时的嫁妆了,有子孙桶、漆盒、绸盒、樟木箱、澡盆、饭篮等。对面还有以前女孩子出嫁时坐的花轿,因为传统的婚育观念女孩子十五六岁就出嫁了,而且南方的姑娘长得娇小玲珑,所以花轿很小,4人抬的。另外还有3个条箱,用于放丝绵被的。乌镇的女孩子出嫁时,连被子一并都要嫁入男方家的。

最后一个展厅就是寿俗厅了。由于中国人的传统观念比较强,祝寿讲究做九不做十,也就是说逢九做比较隆重,六十大寿是在五十九岁时做的。中间桌子上摆放的是做寿用到的东西,三尺三的长寿面,取其长长久久之意;还有乌镇特色糕点定胜糕。正堂中供奉了福、禄、寿三星。两旁分别挂有百福、百寿图和麻姑献寿等图案。

【高公生酿酒坊】

高公生酿酒坊

游客们,乌镇的酿酒业十分发达,明万历年间有酿酒作坊多达20多家,其中最为有名的当属高公生、顺兴和永盛3家了。这些在当时均称为糟坊和酱园。除了生产白酒以外,还有黄酒、酱油、米醋等产品,此外还经营食油和食盐等,是小镇上非常重要的行业。

我们现在看到的就是高公生酿酒坊,由于酒坊所需场地比较大,所以它的建筑是前店后坊的格局。所谓酒香不怕巷子深,大家在巷子口就应该能闻得到浓浓的酒香味了吧。三白酒是乌镇人的美酒,天然原料纯手工酿成。何谓三白酒?《乌青镇志》上说:"以白米、白面、白水成之,故有是名。"此酒因醇厚清亮、香甜可口而名声远扬,男女老少皆宜饮用,几百年来风靡江南,经久不衰。

乌镇的三白酒历史悠久,早在朱元璋登基做皇帝时,就有浙江的官员把三白酒进献给朱元璋。他喝过之后大加赞赏,封为贡酒,从此三白酒的作坊就开始兴旺发达起来。但是直到清朝同治十一年(1872),向工部申请,朝廷才颁发公文。从此,高公生糟坊正式挂牌营业。

三白酒制作方法复杂,大致如下:

先把糯米放在大缸中加水浸泡,一般需要12小时,然后用木桶装上糯米蒸熟(约半个小时)。蒸熟后用冷水淋凉,倒入大缸

中,拌入酒曲粉。每缸中大约放入4桶,然后把饭压紧,在中间挖一个小洞,盖上盖子进行发酵,两三天后,在小洞中有酒浆溢出,此时前期发酵已经完成。

前期发酵完成后,在缸里加水至缸口,同时再倒入一桶刚蒸熟的饭,密封进行主发酵。一个星期后进行开耙,用木耙把发酵过的米饭上下搅拌均匀,去除二氧化碳,再密封继续发酵。48小时后把缸里的酒酿装入酒坛进行后期发酵。四五个月后进行压榨,把酒糟和酒水分开,酒水放入蒸馏箱。架上铁架,上面铺上小麦粉和糯米进行蒸馏。出来的酒分为酒头、酒中、酒尾。然后去头掐尾,酒头和酒尾放开,与下次压榨出来的酒水一起再蒸馏,即所谓的二次蒸馏酒,也就是55度的三白酒!了解了三白酒的酿制原理后,接着就来品尝一下当地的特产——三白酒!

据说,三白酒的来历与一个孝子有关。这位孝子在帮别人家做工时,雇主给了他两只粽子当点心。他舍不得一个人吃,想留给母亲吃,就将粽子藏在一个老树洞里,并顺手扯了一把草遮住洞口。后来天突然降下大雨,孝子走得匆忙,忘了取粽子,等再想起来取时,粽子已经被雨水草汁浸成软乎乎的了。也实在太穷了,孝子还把这两只软乎乎的粽子拿回家给母亲吃。没有想到外壳剥掉后,立刻散发出阵阵香气,味道出奇地好。母亲忙问究竟,儿子答说上面盖了一层草云云,原来这是一种能使米食发酵的酒药草。以后,母子俩就用这种草和面做成曲饼,酿制甜白酒。慢慢地,这种做法就流传开来。

三白酒除了55度的三白酒外,还生产12度白糯米酒以及4度的甜白酒。喜欢美酒的朋友可不要错过,我们好好用心品尝。

【蓝印花布作坊】

各位游客,前面就是蓝印花布作坊。走进这扇古老的木门,这儿是一个天井,也是晾布匹的地方。蓝印花布始于后晋,发展于宋元,鼎盛于明清。旧时,我们乌镇一带染坊遍布,最多时有

蓝印花布作坊

十几家之多,可见当时印染业在乌镇是非常兴旺的。

由于蓝印花布特殊的原料及工艺,我们也将它俗称为"石灰拷花布"或"药斑布"。走进这个展厅,再看这旁边这些橱窗中,陈列了不少明清时的衣服、布料、蚊帐、头巾等物品和一些现代工艺的制品《清明上河图》、《世纪上海》等。在这里您还能目睹到许多明清时和更早的制作蓝印花布的工具,比如在古书《二仪实录》里讲到的夹缬板,就是最古老的印染工具。

看过展厅,让我们到边上这间小屋,参观一下上浆和拷花工艺。这道工序是制作蓝印花布非常重要的步骤。就是用事先刻好的花版,平放在上好浆的白布上,均匀地刷上调和好的石灰粉和黄豆粉。为什么要刷上这两种粉?因为石灰粉可以起防染作用,也就是说拷上石灰粉的地方是染不上颜色的。而黄豆粉有较强的黏性,可以把石灰粉牢牢地固定在布上。上好浆在这里面晾一星期左右,再拿到隔壁的染坊去染色。

一进染坊,一股焦味扑面而来。在这大染窑下是用暗火烧砻糠的,使染窑保持一定的温度。像它的制作染料是用板蓝根的叶子,根可以治感冒的。一般蓝印花布要经过反复七八次染之多。最后再把浆刮掉,有浆的地方就是白颜色的,而其他地方是蓝颜色了。在这染窑中央有一根毛竹是空心的,就是烟囱。在这染坊中,柱子、烟囱上都贴着一张红纸,这就是吉祥如意纸,上面绘着梅葛二仙的画像,相传这蓝印花布是他们发明的。所以旧时的江南,几乎每家染坊都供着葛洪、梅福画像,奉他们为行业的祖师。

【江南木雕陈列馆】

游客们，这里原是东栅徐家的豪宅，又名百花厅，以其木雕精美而闻名。它雕梁画栋，尤其是门楣窗棂上的人物、飞禽、走兽，通过圆雕、平雕、透雕、镂空雕等表现手法表现得出神入化。如今，它的正室偏屋内陈列了丰富的中国古代木雕精品器件。

江南木雕陈列馆

木雕馆里的木雕题材丰富，有《八仙过海》等民间传说，有《打鱼》、《斗蟋蟀》、《敲锣打鼓》等生活场景，也有《龙凤呈祥》、《梅兰竹菊》等传统图样，以古朴的风格、细腻精巧的表现手法，刻画出具有江南地方特色的民俗风情。其中的郭子仪祝寿骑门雕花大梁长4米，宽约40厘米，用整块樟木精雕而成，雕刻着唐中兴名将郭子仪做寿的场面，人物个个神态逼真，栩栩如生，曾有客商出资数十万而欲购不得。江南木雕陈列馆藏品丰富，可看性强，具有深厚的文化底蕴。细细品味，从中可以领略中国几千年来博大精深的木雕文化，见识这东方文明的一枝奇葩。

【余榴梁钱币馆】

游客们，余榴梁钱币馆到了。余榴梁，土生土长的乌镇人，钱币收藏大家，著有《中国花钱》、《中国鉴赏与收藏》、《钱币》、《钱币漫谈》、《钱币学纲要》、《世界流通铸币》等10多部学术专著。他苦心集藏40年，拥有世界上230多个国家和地区的历代钱币近26 000余种，其中有金属流通货币、纸币、花钱等，材质有金、银、铜、铁、锡、铝、铅、锑、陶、镍、纸、竹、骨、琉璃、塑料15种，上起夏

余榴梁钱币馆

商,下至现代,绵延整整30个世纪,其数量之多、范围之广、品种之全在全国首屈一指。钱币馆内分批展出的皆为余先生数十年来收藏之精品,在这所小小的青瓦民居里,钱币就是历史的书籍。走马观花,当可领略浩瀚钱币世界之一二。

【文昌阁】

游客们,立志书院门前河埠上有一幢楼阁,名文昌阁。文昌阁供奉的是文昌星,他掌管天下学子学业成绩和功名利禄。"十年寒窗无人问,一举成名天下闻",金榜题名,光宗耀祖,是中国人传统的心态,按清朝旧制,一族出20位举人之后方可建造文昌阁。立志书院与文昌阁之间,仅隔一条不宽的观前街。旧时读书人到文昌阁,一般都有下人陪同乘坐小船前来。小船就泊在阁下的河埠边,读书人上楼,下人就在过道两旁的长凳上坐着等候。清末科举废止,文昌阁便成了镇人游玩的地方,同时由于长期以来造就的中心地位,它又是镇人的新闻传播中心。立志书院作为茅盾纪念馆的一部分,按原样恢复后,文昌阁也将重现飞檐临波的风姿。

【茅盾故居】

游客们,接下来我们要参观的是乌镇著名的景点——茅盾故居。茅盾故居是嘉兴市迄今唯一的全国重点文物保护单位,坐落在乌镇市河东侧的观前街17号,四开间两进两层木结构楼房,坐北朝南,总面积450平方米。故居分东西两个单元,由茅盾的曾

祖父分两次购买。老屋临街靠西的一间房是茅盾曾读过书的家塾。故居内部的布置简单,却散发着沈家世代书香特有静雅之气。

茅盾是我国现代文学史上杰出的作家、文艺理论家、文学翻译家。他

茅盾故居

以创造进步文化为己任,辛勤笔耕 60 余年,为祖国留下了 1 000 多万字的不朽作品。作为文学工作者,他为我国现代文学的繁荣作出了卓越贡献。新中国成立后,他被任命为文化部长。

茅盾于 1896 年 7 月 4 日出生在乌镇,原名沈德鸿,字雁冰,小名燕昌。少年时期的茅盾是一个勤奋好学的学生,而且尤善作文。这首先得归功于他的母亲。茅盾 5 岁时,母亲就开始向他教授当时上海澄衷学堂的《字课图说》和从《正蒙必读》中抄下来的《天文歌略》,还有一本历史读物《史鉴节要》,也激发了他对文学的热情。茅盾的中学是在湖州、嘉兴、杭州念的,1913 年茅盾考入北京大学,1916 年毕业后进入上海商务印书馆工作,复游历日本,尽管行踪杳远,却始终与故乡保持着较亲密的关系。在文学创作中,茅盾屡屡把乌镇的故事作为文学创作的素材,甚至到了不肯割爱的程度。在《子夜》、《林家铺子》、《多角关系》、《霜叶红似二月花》、《春蚕》、《秋收》、《残冬》等小说中,我们都可以看到乌镇的影子,读到乌镇的方言,闻到乌镇的气息。

游客们,请跟我继续到里面参观,首先看到的是立志书院,坐落在茅盾故居的东侧,最初由邑绅严辰于同治四年(1865)创建。立志书院前起观前街,后至观后街,直落五进。今天的书院基本保持了当时的面貌。大门的门楣上嵌着"立志"二字,两旁的柱联分明是院名的注解:"先立乎其大;有志者竟成。"进得门来,穿越

过道,就见一个小天井,内植桂花树,隐含"蟾宫折桂"、荣登"桂榜"之义,古代读书人是一看就明白的。过天井是讲堂,上悬"有志竟成"额,是浙江布政使杨昌濬所题。讲堂后面为当时的教学楼,名"籀云楼",为山长严辰所题。籀有"钳"义,"籀云"可作"拿云"、"凌云"解,它与"立志"互为呼应,寓意显然。立志书院门前河埠上有一幢楼阁,名文昌阁。文昌阁是立志书院的附属建筑,建于同治十年(1871)。此阁是乌镇读书人心目中的圣地,里面不仅奉祀着主管文运科名的星宿和大成至圣先师孔子,还是文人聚会和科举预考的场所。

接下来去参观茅盾故居,书院跟故居只有一墙之隔。茅盾故居在观前街17号,四开间两进两层木结构楼房,坐北朝南,总面积450平方米。故居分东西两个单元,是茅盾的曾祖父沈焕分两次购买的,东面的先买,称"老屋";西面的后买,叫"新屋"。门口高悬着陈云同志题写的"茅盾故居"匾额;穿过天井,便是老屋第二进的两间楼房。东边楼下是客堂间,西边是厨房,老屋前楼靠东一间是茅盾祖父母的卧室,靠西一间是茅盾父母的卧室,茅盾祖父就诞生在这里。新屋第一进楼下两间与老屋格式一样,但是打通的,是全家用膳的地方。第二进后面是个半亩地大小的院子,有门与老屋相通。茅盾的曾祖父从梧州返乡后,曾在这里建了3间平房以度晚年,他逝世后便一直空着。1933年,茅盾回乡为祖母除灵,决定用刚刚收到的《子夜》的稿费翻建这3间濒临坍毁的小屋。他亲自画了新房草图,请人督造。1934年秋,新屋告成,茅盾从上海赶来察看,并在小径旁亲手栽植了一棵棕榈和一丛天竹。此后,茅盾多次回乡,都住在自己设计的房子里,并从事写作,小说《多角关系》就是他于1935年秋在小屋的书房里写的。走到这里,茅盾故居也就参观完了。

【中心广场→修真观】

各位游客,出了茅盾故居往西就是乌镇的中心广场——修真

观广场,它是旧时乌镇的文化娱乐中心,人们迎庙会、看神戏的最好场所。这个戏台就是修真观的附属建筑,最早建于清乾隆十四年(1749),后遭到毁损,但这戏台自1919年修缮以后就一直保存到今天,所以这里的人都

中心广场→修真观

称其为古戏台,为市级文物保护单位。戏台占地204平方米,分两层,上层的前部即为戏台,歇山顶式屋面,叠梁式结构,飞檐翘角,是江南水乡典型的古建建筑。

现在,戏台前锣鼓声不断,每天上午、下午逢整点都有演出,唱的是当地的地方戏曲——桐乡花鼓戏,都是用地方方言演唱的。广场北面就是江南三大道观之一的修真观了。

修真观最早建于北宋咸平元年(998),道士张洞明在此结庐修真得道,所以取名修真观。它与苏州玄妙观和濮院翔云观并称。据有关资料记载,初建时的修真观有3大殿,后屡毁屡建,至乾隆十四年(1749)增设山门和戏台后,修真观的格局就基本定型了。现在的修真观,前为山门,中为东岳大殿,后为玉皇阁。

在这里我想大家一定在奇怪为什么门口挂着一个大算盘吧?您看这副对联,上联是:"人有千算",下联是:"天则一算",告诉了人们"人算不如天算"的意思,所以呢,这大算盘就代表了老天爷的算盘。现在请随我进内参观。进入山门您就看到了两位熟悉的神仙,左为青龙君,右为白虎君,他俩就相当于门神,日夜守卫着修真观。

进入修真观您可能发现了一个问题,这也是修真观的一大特点,它是佛道合一的。那么为什么会这样呢?从理论上说佛、道虽各有教义和宗旨,其行为方式也各不相同,但在几千年的发展过程中,它们时有融合、渗透,两者都是劝人为善的,所以在老百姓看来这是一而二、二而一的事情,把它们混同起来,也是很自然的。

过了山门的两边配殿中,右边是十殿阎王和文武判官的塑绘,正中间一位就是地藏菩萨。每年的七月三十是地藏菩萨的诞辰,所以那天晚上乌镇这一带就有插地藏香的习俗。左边为道教中的三清尊神——太上老君、元始天尊、太上道君,他们三位在道教中的地位是最高的。

第二进正殿是东岳殿。正中供奉的为东岳大帝,相传东岳大帝是主管人间生死的,人们非常敬畏他,所以各地都有东岳庙,每年农历三月二十八日为东岳大帝诞辰日,会举行隆重的祭奠和庙会。两旁依次是高两米的十二生肖神像。

现在,在左右配殿内供奉的是城隍菩萨和瘟元帅,每年的五月十五、七月十五乌镇都有迎瘟元帅、城隍菩萨的活动。

第三进玉皇阁分两层。下层供有观音,其左右两边站立的是她的弟子善财童子和小龙女。上层供有玉皇大帝塑像,玉皇大帝是仙界中至高无上的主管,所以地位也最高。两边有程长庚研究室创作的壁画。这两幅壁画均高 8 米,宽 3 米,分别是太乙诸神上朝图和西王母出游图。

【翰林第】

翰林第

看完修真观,接下去前往的是乌镇才子夏同善的翰林第。在历史上,乌镇曾有两处翰林第:一为北栅的严辰翰林第,一为中市的夏同善翰林第。夏同善翰林第原是一般的民居,我们当地称之为肖家厅。肖家厅大门里

的门槛很高,中间一节可卸下来,称为"德槛"。跨过石板天井便是肖家的正厅,在正厅匾额两旁供奉着的大红镂漆木盒是盛放圣旨皇榜的。

那么既然是肖家厅,又怎么会变成夏同善的翰林第呢?原来肖家厅是夏同善继母的娘家,夏同善的生母在他5岁时就已过世了,他的父亲续娶了乌镇肖家的小姐肖氏,夏同善待之如生母,在他十五六岁时,因家道中落,其父弃儒经商,夏同善随继母常住于肖家,他舅舅肖仪斌藏书颇丰,夏同善又酷爱读书,每日手不释卷而懒于打理酒酱铺的事务。肖老太公非但不责怪,反而认为孺子可教,把他送入塾馆请老师教授。由此夏同善学问大进,科举连连告捷,在25岁时考取进士,次年被钦点为翰林。夏同善为报答肖家对他的养育之恩,就把翰林第的匾额挂于肖家厅。

在1876年,夏同善会同27名官员为杨乃武与小白菜翻案,得到当地百姓的称颂,乌镇的乡绅非常敬重他,出资在肖家厅隔壁造了一间翰林第。现在我们就穿过这个假山到隔壁看一下。这个小小的庭院就是肖家花园了,有假山、小池、竹子、芭蕉,显得小巧而雅致。花园北边是"轿厅",又称"接官厅",里边停放的是两顶轿子,一顶为冬轿,一顶为夏轿。再看南边,这就是翰林第的正厅了,里面的一切摆设都是按当年的情形布置的,正厅的墙上高挂着"翰林第"的匾额。这幅题有"高风亮节"的竹子图则象征了夏公的为官清廉和为人正直。走过正厅后面的天井就是楼厅,楼下安放着夏同善的塑像,当时夏同善与翁同龢同为光绪皇帝侍读,官拜兵部右侍郎。

在这个翰林第中还有一间小白菜曾住过的房子,被称为"白菜楼"。那么小白菜怎么会住在这里呢?据说,当年"杨葛"冤案昭雪以后,裕亲王十分好奇,究竟是一个怎样的女子竟使我朝大小官员近百名被革去顶戴花翎?于是他命刑部带小白菜来面察,那小白菜虽然面色憔悴不堪,但仍掩不住她的天生丽质,裕亲王顿起同情之心,便问她有什么要求,于是小白菜就说了:她曾在狱中许下一个愿,谁帮她洗清冤情,就服侍谁一辈子。裕亲王一听就为难了,因为慈禧已经下了谕旨要小白菜到庵堂了却余生,可自己刚才话已出口又很难收回,这可怎么办才好呢?思虑片刻之后,倒也想了个两全其美的主意,他让小白菜到乌镇去伺候夏同善的母亲夏老夫人3个月的时间,三个月后再进庵堂,以还其心愿。但这段时间必须是不见天日的,悄悄地去,悄悄地回。据说这里的后门与长廊就是为了使小白菜"不见天日"而修筑的。

【汇源当铺】

汇源当铺

游客们,接下来我们要参观的是"汇源当铺",在应家桥和南花桥之间,五开间的门面,楼上楼下,1.8米高的柜台,煞是气派。据《乌青镇志》记载,乌镇典当行最多时达13家,太平天国前还有7家。到了1931年,只有汇源当铺1家还支撑着;到了日寇入侵之前,典当铺也只出不进,不久即告停业。自汇源当铺关门大吉,乌镇典当行的历史便画上了句号。今天,汇源当铺的位置还是在当年的老地方。

汇源当铺是徐东号第九世孙徐焕藻(茗香)于道光年间创办的。徐东号资金雄厚,又好做善事,从以下两事看,他开典当不单是为了赚钱:一是不设高柜台和木栅栏,交易时双方可以平等论价;二是每年的12月(初一到月底)千文以下的典户不计息,而且典值也放得比较宽,甚至连石臼也可以入典,此举完全是为了照顾贫民。所以在乌镇徐东号无人不知。

游客们,旧时乌镇是一个两省三府七县交接之地,经济繁荣,故而典当行也特别多,后随着时代的变迁,典当行也曾消失了几

十年。现因旅游的开发,这家古老的典当行又恢复了往年的面貌。现在就让我们进去看一下吧。首先映入眼帘的便是高墙上特别醒目的"当"字,这墙称为照墙,它有两种含义:其一它是一个玄关;其二是因为进入当铺是一件很没有面子的事情,害怕被街上认识的人看到,所以设墙挡之,起到了"遮羞"的作用。由此可见当年的商家已经考虑到了顾客的心理。

当铺的柜台特别高,有1.8米,在古代的时候有些当铺的柜台比这还要高,可达2.0米呢。那么您可能会奇怪为什么建这么高?其实呢这是为了使当铺的朝奉先生居高临下,让他气势凛人面对顾客,可以更好地压低价格,而且起到了保护的作用,避免打架斗殴。这边请,我们去里面看一下。

一进门,我们便看见在西墙边有一张特别的床,这便是卷当床,它是用来整理一些典当衣服和物品的。在卷当床的两边我们看到了两股麻绳,这麻绳便是用以包扎典当物品的。

在这边有一块特别的木牌,被称为望牌,其实就相当于我们现在的日历表。望牌一、三两行采用了《千字文》中的18个字,这些字是可以移动的。为什么采用18个字呢?那是因为旧时典当物品最长的时间就是18个月,每个字代表一个月,物品存放了一个月后对应的字移过1格,移到18格后,此物未能赎回,店主即可自行处理。

中间这"天然几"上供奉了3位财神。这3位当中,脸颊特别红的呢,就是关公,旁边这位是赵公明元帅,他们两位是武财神,后边这一位看他的着装打扮便知他是一位文财神——增福。

这边的这张桌子,我们称为"管钱桌",里面存放一些钱币,用于支付典当物品,旧时这位子的工作人员就相当于现在的出纳。坐的这个就称为钱榻,它既可以坐人,又可以存放零钱。那么在这边的便是一个小小的账桌,它主要做一些典当业中所独有的一些账簿。再往里走就是一间首饰房了。靠墙这些有抽屉的木柜在旧时是用来存放一些金银细软的。在我们左手边的这张桌子

为真正的账桌,做类似于流水账一类的账目。在这旁边的楼梯下,是一个很深很暗的暗房,作避难应急之用,因而它靠首饰房特别近,以便于贵重物品的转移。

沿着楼梯上楼时,迎面看到了两个只有在典当铺中才能见到的神位。左边的是火神,旧时主人为防火灾而供奉,祈求平安。另外一位便是号神,"号"与"耗"谐音,顾名思义是为了防老鼠的。旧时的当铺是不能养猫的噢!

【乌镇特产→姑嫂饼】

各位游客,乌镇的特产很多,比如三珍斋酱鸭、乌镇羊肉、熏豆茶、三白酒等,其中尤以姑嫂饼、杭白菊最为出名。

乌镇姑嫂饼是桐乡乌镇的传统名点,据《乌青镇志》记载,距今已有100多年的历史。民间传说它是因姑嫂二人斗气而形成,故姑嫂饼的形状酷似棋子饼,比棋子饼略大。所有配料跟酥糖果相仿,也是面粉、白糖、芝麻、猪油等,但其味比酥糖果可口,具有油而不腻、酥而不散、既香又糯、甜中带咸的特点。

据说在100多年前,乌镇方家名叫"方天顺"的夫妻茶食店,祖上学得一手制作酥糖的好手艺。因其配方独特,制作精心,味道出奇地好,深受乡民的喜爱。为了保持独家经营,方家制定了关键技术传媳不传女的家规。因为女儿迟早要嫁人,祖传秘方不能让人学去了。

也不知传到了第几代,这方家生有一男一女,儿子已讨了媳妇,女儿尚未出嫁。那方某当然是继承祖训,不肯将技艺传给女儿。日子久了,那姑娘不免会产生嫉恨。有一日嫂嫂配好了料,有事暂时离开了盛放作料的粉缸。在旁做下手的姑娘顺手将一包盐抖进了缸内,并且搅拌了几下,指望着第二天看嫂嫂的尴尬。第二天天一亮,全家人照常早起开张。顾客买去一尝后,大赞"椒盐的味道好极了!"消息传到方某的耳朵里,一时间也丈二和尚——摸不着头脑。细细查找原因,也一无所知。当晚方某夫妇

自己操作,精心制作了第二天的酥糖。不料这一日竟有不少人来买椒盐酥糖,倒将方某弄得莫名其妙。可是做了一辈子酥糖,却无法做出像昨日的椒盐酥糖。那姑娘见"弄拙成巧",本来提起的心,放了下来。晚饭一过,扑通一声跪倒在父母面前,说出了事情的真相,请求父母兄嫂原谅。方某听了不但不加责怪,反而大喜,连忙扶起女儿,一家人计议开了。他们不但改进了配方,而且用模子定形,给新产品取了个意味深长的名字——姑嫂饼。

这一来,小酥饼的名气居然传遍了江、浙一带,待会自由活动时,我们可以在这里观看其整个制作过程,品尝姑嫂饼的风味,而且还可以戴上一次性手套亲手做几个呢。

【传统作坊区】

游客们,这里是传统作坊区的竹器坊了,制作的都是老百姓家里常用的一些居家用品和小工艺品,有竹篮子、针线箩、杯垫、首饰盒、斗笠等,质朴清新,安置在现代的居室里也是很有意味的。如果您有充裕的时间,不妨指定或设计一个物品现场制作,这可是挺有意义的噢!

在竹器坊的旁边就是竹艺斋了,浙江盛产竹子,这边的竹刻和竹根雕都是师傅根据竹子本身的特点因材制宜、精心设计而成的,所以每一件作品都是独一无二的。看!这里面还有不少师傅的得意之作呢。

这是一间制作湖笔的小作坊。湖州是"湖笔"的发源地,在历史上乌镇曾一度隶属于湖州府乌程县。湖笔始创于公元前200多年,历经2000年的改进和完善,形成了独特的民间手工制笔工艺传统。它采用山羊、鸡、狼、山兔等兽毛为原料,经过手工70多道工序制作而成,具有尖、齐、圆、健四大特色,毫性刚柔相济,书写得心应手,是为"毛颖"之冠。如果您喜欢书法、绘画的话,相信您一定能在这里找到一支称心如意的笔。

来到这边还有很多各式作坊,如真丝手绘的作坊、制作铜器

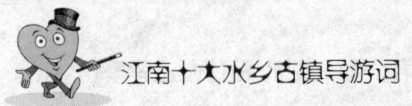

的作坊,还有工艺车木和磨制梳子的作坊等。除此之外,您看还有刨老烟丝和纳布鞋的作坊呢!在这里,想必您对乌镇的传统手工艺已经有所了解了吧!它们也是民间文化折射的璀璨的光芒噢!

【结束语】

各位游客,乌镇(东栅)景区的讲解到这里就要结束了,最后想告诉大家的是在全国古镇、古城保护中,乌镇首创和成功运作了"管线地埋"、"改厕工程"、"清淤工程"、"泛光工程"、"智能化管理"等保护模式。2001年,乌镇保护开发东栅工程东栅景区正式对外开放后,以其原汁原味的水乡风貌和深厚的文化底蕴,一跃成为中国著名的古镇旅游胜地。传承千年的历史文化、淳朴秀美的水乡风景、风味独特的美食佳肴、缤纷多彩的民俗节日、深厚的人文积淀和亘古不变的生活方式使乌镇成为了东方古老文明的活化石。那么多的游客,不惜千里迢迢赶到这里,这就是乌镇的魅力吧。"乌镇,来过便不曾离开。"

中国最后的枕水人家——乌镇(西栅)

各位游客:

大家好!在江南,有不少像乌镇这样的古镇,美丽而宁静。但乌镇除了拥有小桥、流水、人家的水乡风情外,更多地飘逸着浓郁的历史和文化气息。深厚的人文积淀体现了东方古老文明的魅力,智慧的传承伴随脉脉书香,在乌镇展现出一幅迷人的画卷,而东栅和西栅则是其中最美的两道风景线。人称"一样的古镇,不一样的乌镇",我认为"一样的乌镇,不一样的东栅、西栅"。同在乌镇,东栅和西栅却有不一样的风情,每一处风景都是不容错过的珍藏。

【概况】

　　游客们,位于浙北桐乡市杭嘉湖平原上的乌镇,是一个有1 300年建镇史的江南古镇。十字形的内河水系将全镇划分为东南西北4个区块,当地人分别称为"东栅、南栅、西栅、北栅"。1999年乌镇东栅区块实施了综合整治保护工程,2001年,东栅街区正式对外开放,昔日的江南明珠拂去了它的灰尘,重新焕发出动人的光彩。开放以来,乌镇每年吸引200多万海内外游客前来观光游览,成为浙江省年接待外宾数量最多的单个景点,已接待了江泽民、吴邦国、温家宝、钱其琛、李岚清、乔石、李瑞环、李鹏等众多党和国家前领导人及APEC会议嘉宾。被国家旅游局评为首批AAAAA级景区,获得联合国颁发的"2003年亚太地区遗产保护杰出成就奖",连续三年进入"全国重点旅游景区旅游信息定点播报单位"系统。

　　乌镇东栅街区保护和开放的成功,有效地保护了乌镇宝贵的历史风貌和遗产,同时也给乌镇的地方经济带来了蓬勃生机。但由于其面积只占乌镇总面积的1/4不到,乌镇还有大量的经典明清建筑群尚待保护修复,加上受地理环境的限制,无法为游客提供更完善的服务。所以,乌镇从2003年开始启动省级重点项目——乌镇古镇保护二期工程(西栅街区),投入10亿元巨资对乌镇西栅实施保护开发。

　　西栅街区占地面积3平方公里,毗邻古老的京杭大运河畔,由12个碧水环绕的岛屿组成。乌镇西栅街区真正呈现了原汁原味的江南水乡古镇历史风貌。相对东栅街区保护开发工程,西栅街区的保护开发更加完善彻底,人和环境、自然、建筑更为和谐。景区内保存有精美的明清建筑25万平方米,横贯景区东西的西栅老街长度达1.8公里,两岸临河水阁绵延1.8公里。内有纵横交叉的河道近万米,形态各异的古石桥72座,河流密度和石桥数量均为全国古镇所罕见。景区北部区域则是5万多平方米的天然湿地。

东栅、西栅街区最大的区别在于,东栅是个与其他古镇类似的观光型景区,而西栅则是一个中国罕有的观光加休闲体验型古镇景区,古镇不再仅仅是一个"活化石"、"博物馆",而是完美地融合了观光与度假功能,成为一块远离尘嚣的安谧绿洲。街区内的名胜古迹、手工作坊、经典展馆、宗教建筑、民俗风情、休闲场所让人流连忘返,自然风光美不胜收,泛光夜景气势磅礴。景区内还有各类风格的民居特色客房和各种档次的度假酒店、多家设施齐全的会议中心和商务会馆,可供800余人住宿;游客服务中心、观光车、观光船、水上巴士、直饮水、天然气、宽带网络、卫星电视、电子巡更、泛光照明、星级厕所和智能化旅游停车场等配套设施一应俱全。由于历史、文化、自然、环境、人文有机融合,具有先进完善的服务配套设施,乌镇(西栅)真正成为了集观光、休闲、度假、商务活动于一身的最佳旅游目的地。接下来就让我们走进西栅街区,细细去品味它那浓厚的水乡风情。

【进入景区→摆渡船→元宝漾】

进入景区→摆渡船→元宝漾

各位游客,现在我们即将乘渡船进入西栅景区,可能大家都会感到奇怪,乌镇既不是沿海岛屿,也不是湖泊景区,为何要乘摆渡船?其实,这就是乌镇与其他古镇的不同之处,也正是我们所谓的"一样的古镇,不一样的乌镇"的真正内涵和玄机。现在趁候渡的时候,为大家讲解一下这个奇特的现象。

乌镇西栅历史上处于两省三府七县的交接地,就是在今天,我们西栅还是两省三县的接合部,那就是西临浙江湖州、东接嘉

兴及北靠江苏吴江。由于这样一个特定的历史原因和特定的环境,形成了该地区商贸和民间交往的兴旺和频繁,但是也造成了治安状况的混乱,特别是明清时期太湖上强人出没,他们往往选择像乌镇这样民间商贸十分红火、居民生活较为富庶、进退方便和地方保安力量薄弱的"多不管"地带作案。

因此,乌镇地方及许多富商,纷纷组织自防和维持地方治安,然而,最有效的就是模仿许多城市筑起防御体系。而我们乌镇只能利用水乡泽国的天然优势,筑栅为垒,引水为界,在通往各河的水道中筑上栅门,子时关闭,卯时开启;或者在镇区周围开河绕水,在河上架设吊桥,防止强人午夜入镇抢掠。等会儿我们到镇区就可以看到我们称为水城门的西栅水栅、古镇区四周的护镇河,还有像过去架设在护城河上的吊桥。而现在我们所要摆渡经过的元宝湖,就是进入镇区的必经之道——镇东护镇河。

游客们,现在我们已经登上了摆渡船,算是进入了西栅景区的第一关。大家看我们这条摆渡线路的北侧,是一个大约200平方米见方、当地人称之为"元宝漾"(湖)的人工湖泊,但是我们怎么看都不像一只元宝。据民间传说,在明末清初开挖该"护镇湖"的时候,原定计划是开挖一条长形的溪流即可,谁知从地下挖掘出了许多唐宋时期的元宝,这消息不胫而走,引来了两省三府七县数以万计的地下掘宝人,有许多人安营扎寨地在这里挖地三尺,虽然元宝并不多见,只是有许多古铜钱而已,但是挖宝人的兴致不减,硬是把一条"护镇河"挖出了一个"大漾潭",改变和扩大了护镇河的原先模样。谁知就这样歪打正着,这数万名掏宝人却把这个工程给完成了。

但是,面对这个如此宽阔、挖掘得不伦不类、根本无法建桥的湖泊,只能采用免费摆渡小船,只要有人摆渡,自己拉扯着固定在对岸的绳索,把自己拉到对岸。由于这里曾经挖掘出元宝,而且是深浅不一,因此,当地人们也就习惯地把这条河称为元宝漾。因为"漾"在当地百姓看来,是一个较深、较宽,而且可以让船掉头的"漾潭"。

今天,经过治理的元宝漾,河面平静如镜,流水清亮淙淙,成为了西栅景区的天然屏障。我们可以放目四顾,河的东西两头分别是渡口,而南北两侧则是环境良好的生态农垦区和四面环水、环境优雅的通安客栈、俪坊 KTV 和各种餐饮点等。

游客们,西栅景区面积共有 3 平方公里,内有 12 个环水居民点或者称为岛屿,1.8 公里绵延水阁、近万米纵横交叉的水道溪流、10 多个民间传统作坊、10 多处历史遗迹、10 多个经典展馆和堪称中国罕见的 72 座古石桥。因此,景区共设计了 3 条陆地游览线路和 1 条水上游览线路,而今天我带大家选择的是全程线,大约需要 4 个小时。因此我建议大家,到了里面集体游览结束后,你还可以选择小船慢游,与这京杭大运河的水来一个亲密接触;可以品尝一下乌镇的民间风味小吃;可以找一处临水的茶馆,品茶观景;可以到茅盾、王会悟等文化名人和革命先烈纪念馆进行文化和红色旅游;也可以找一个民间作坊,购买几样乌镇的民间传统商品;当然,你更可以选择住下来,做一个"夜宿西栅,枕水江南"的百年美梦。但是不管怎样,你不妨自己做个统计,你今天会走过几座古石桥,踏过几条老街,经过几条水巷,钻过多少间廊屋和水阁,参观了多少历史遗迹和展馆等,我担保你计算不过来。

【草木本色染坊】

草木本色染坊

游客们,下了摆渡船,我们进入西栅街区的第一站就是"草木本色染坊",也叫"盛源号"染坊。工坊占地 2 500 平方米,晒布场地以青砖铺就,竖立着密密麻麻的高杆和阶梯式晒布架,规模相当庞大。草木本色染坊除

了以蓝草为原料浆染制作蓝印花布工艺外,还有独特的彩烤工艺流程。彩烤色彩丰富,利用从草本原料像茶叶、桑树皮、乌桕树叶中提取的色料,所以这个染坊在当地叫作草木本色染坊。

蓝印花布源于汉晋,发展于宋元,到了明清两代则达到鼎盛时期。明朝的时候皇家设有织染局,基本上垄断了织染业,直至清朝,民间染坊才开始涌现。随着蓝印花布历史的发展,品种不断增多,纹样也更加丰富多变。民国以后,为了与"洋布"抗衡,当地工匠几经研究,发现不同的草本中所含的色素不一样,就尝试用其他植物来代替蓝草,如桑树皮可以染浅褐色,菊花(取花粉)可以染浅黄色,红茶和绿茶则分别能染浅红色和浅绿色,乌桕树叶能染浅灰黑色,遂成五彩缤纷之天然布料。

说起这"盛源号"染坊其实还有一个故事。相传明末清初,地处江浙之交界的乌镇西栅民间商贸十分兴旺,因此这里的印染业已经很风靡。我们现在所看到的整个作坊大院,当时曾经是王家、吴家和宋家三户人家的后院,而且都是开家庭染坊的。但是到了第二代传人的手里,大家都想把对方并吞并独占河边的码头。因此,就在这个大院的东大门前,同时挂有3块匾额,由于在生意上互相倾轧和不正当竞争,三家的生意每况愈下。因此在清朝康熙年间,一户姓盛的江苏富商,一口气吞并了这3家染坊,取名为"盛源号"染坊,并为了不影响当地河流的水质,从作坊流开挖了一条小河,把染色的废水引入外河,并在河上建了一座以自己姓氏命名的石平桥,名为盛家桥。

【古街区→骑门楼】

各位游客,我们参观完了草木本色染坊以后,就进入了实质性的古街区。首先迎接我们的是这写有"安渡坊"字样的骑门楼。其实这安渡坊除了寓示着这里是一个平安摆渡的渡口以外,其实还有一个含义,那就是这里是一个"坊"。过去江南古镇的镇区,其实也都有像这样以门楼、拱门、墙界石和桥为自然分界线的

古街区→骑门楼

"坊"、"界"、"白场"和"居"等各自相对独立的地段,一般都是以大家族名号、区域功能定位、商业业态区分、大户人家冠名以及该处的某些特别之处等方法进行区别。一个坊相当于农村一个生产小队,约二三十户人家,而这些坊与坊之间一般情况下,其建筑既是互相牵连的,建有这样的门楼或者拱门加以分隔。因此,本地有个规矩,凡是本坊之间的人有了婚丧之事时,也都在本坊范围内走动来往,与所谓的五邻八舍差不多。

说完了坊,我们再来看这骑门楼,它是横跨街面的一座门楼,再在上面建造了一房间而已。然而别小看了这一间小小的骑门楼,它其实是权势和富有的象征,因为在当时的迷信思想下,通过像这样的公共通道,就像是从人家的胯下而过,没有人愿意这样做。因此,像这样的骑门楼必须是街面两侧的房产均是一家所有的大户人家或者官宦之家才能拥有,而且这样的骑门木楼在江南一带也不多见。

下面我们再看这骑门楼的南侧有一个拱门和一堵高高的封火墙,其实这里除了是一个区分的界碑以外,还起到了隔离防火的作用,一旦这连片的老街发生火灾,也只能蔓延到封火墙为止。因此,像这样的封火墙、拱门,也称门券、券洞门等,在江南的木结构房屋中,是一个特色。

【西栅大街→通安桥】

各位游客,现在我们这一站就到了西栅的真正老街——西栅大街。登上这座位于西栅老街东段的通安桥,就可以初步领略到水乡的秀美。大家看,在我们的脚下,就是与整个老街平行的西栅河,也是整个西栅居民赖以生存的母亲河,由于它的水源来自于最西端的京杭大运河,因此,这里的水可以称得上水源充沛,水质上乘。

现在我们先朝东看,就可以看到刚才我曾经介绍过的西栅水城门,它屹立在西栅河的最前端,像是一名卫士守卫着这个古镇,试想有这样结实坚固的水上防御体系,太湖强盗也只能望镇兴叹了。

【西栅河→两侧房屋→水阁】

我们再来看这横跨西栅河、呈南北走向、南面与酱坊相连、北面与通安客栈相接的单孔石拱桥——通安桥,虽然其始建年代已经无从查考,但是据当地方志记载,南宋嘉定年间(1208—1224)桥南建有"都酒务酒正"

西栅河→两侧房屋→水阁

的治所,桥北塊曾有南宋尚书顾岩的宅院。该桥于清朝道光年间重修,全长 16.4 米,净跨 8.8 米,桥面宽 3.2 米,是江南水网地带典型的水上建筑。该桥原名通安桥,因与桥南的叙昌酱坊相连,民国时期旁边又曾经驻扎过水警,因此乡民常常称其为"坊桥"、"枫桥"和"水营桥"。

值得一提的是这桥面石上的石刻图案,是一幅自中心分 6 道弧形向外逐渐扩展,最终呈车轮形状的"生死轮回"图。大家知道佛教宣扬的是因果报应、轮回转世的思想,倡导普度众生,劝人为善。因此,古代在桥上刻上"轮回"图案,是佛教文化的具体体现,让人们在过桥时,能经常看到"轮回"图案,记住要时时从善不作恶,以广积功德。然而奇怪的是在这座桥东侧的靠背式栏石上,刻有清道光二十二年(1842)当地冶坊捐助募建该桥的情况,这并非寺院庙庵捐建的桥梁,何以刻有佛教的图案?据当地人介绍,这是与桥南侧两座分别建于梁代和宋代、规模宏大的"慈云寺"和"石佛寺"分不开的,由此也显示了1 500多年前,乌镇民间佛教文化的繁荣。

　　说完了桥,现在我们再看这西栅市河的两侧的房屋,由于一条水脉贯穿整个镇区,所以几乎是家家户户临水而居、枕水而眠,正所谓"日听木橹欸乃催炊烟,夜枕细流叮咚渐入眠"。这些房子有一半的建筑是造在水上的,这就是江南最有名的水上吊脚楼——水阁。乌镇的东栅和西栅是江南水阁最为集中和保存完好的地方,东栅河和西栅河沿岸,逶迤数里的水阁绵延成最美的风景线。坐一艘小船,荡波而去,碧水蜿蜒,小桥映影,水阁长卷在眼前徐徐展开,临河窗户里晃动着忙碌或悠闲的身影,萦绕耳际的是甜甜糯糯的乡音,窗口吊篮子垂下长长的叶子,婀娜的杜鹃映着碧波开得灿烂……恍惚间,你仿佛也沉入了这个千年不醒的枕水之梦。

【水栅口街→水上栈桥】

水栅口街→水上栈桥

　　游客们,下面我们就要进入风光旖旎、美不胜收的"在水一方"。江南古镇、水乡泽国乌镇地区素有沿水而行和以水兴商的说法,因此,下面我们就要看到"水"与"商"紧密结合的场面,那就是沿袭了数百年的水栅口街和水上集市。水栅口街,顾名思义,是以西栅的水上集市而得

名,每天清晨5点左右,附近的小贩和居民便云集在这个全长457米的水上集市里,吆喝声、叫卖声、讨价还价声响成一片。

其实说得通俗一点,这水栅口街和水上集市就是我们如今的农贸市场或者农产品批发市场,所不同的是,由于过去所有的交通都依靠水路,所有农产品交易和商贸往来也都是在水上进行,因此,这水上集市就应运而生。农民种植的蔬菜、粮食等各种农产品,还有蚕茧、桑苗、禽类等,以及从外面购进的日用品和本地生产的所有小商品等,都在这水上集市进行交易。

前面我们曾经介绍过,因为西栅的富商怕外来强人的掳掠,因此在镇的四周都建起了护镇河,镇区成了一个相对封闭的地域,而郊外的农民和外来的商家也因为没有公路,必须要进入镇区。于是,我们就可以看到现在这个与其他古镇所不同的一个水上集市。现在游客们可以看到水上集市由两个方形的水域交易区组成。而在南侧的交易区的最南端,有一座又低又小又狭窄的小石桥,其实这座桥是唯一直接通往外面的水上通道,每天清晨,所有的船在这里鱼贯而入,停在这四方形的水域里,通过四面临河而建的水阁商铺,按照已经成为习惯的区域划分,对农产品及商品进行展示,然后在窗口或者通过河埠进行交易。靠北侧的四方水域交易区,则是当地小商贩与各批发商间进行交易,最后这些小商小贩通过水路或者岸路步行,把商品运往全镇各处进行销售。

【民间手工传统作坊区→叙昌酱园】

游客们,下面我们去看看西栅河南侧的第一个大型区域——民间手工传统作坊区的叙昌酱园。

我们乌镇地区饮食有"三怪",那就是:臭味当家菜、霉浆当作料、新谷蒸熟再碾碎,说的是本地老百姓十分喜欢的"臭豆腐干"、"豆瓣酱"和"蒸谷糙米"。而下面我们所看到的有着160多年历史的叙昌酱园,是在清咸丰九年(1859)的时候,由乌镇陶叙昌以自己的名字为号创立的,主要是生产和经营豆瓣酱、酱油和酱菜。

民间手工传统作坊区→叙昌酱园

现在我们看到的叙昌酱园,仍旧是原来前店后坊的格局。也就是说后面作坊生产的酱产品,就在门前的店铺销售,或者通过门前的河埠外运到其他码头。下面我为大家简单介绍一下这制酱的过程。

这里做酱或者酱油的原料,是清一色的黄豆、蚕豆、小麦粉。从隔夜起把黄豆放到大缸里用水浸泡8~10小时,进笼蒸熟和焖炖1小时,再把黄豆、面粉和酱曲搅拌在一起,捏成一个一个小窝窝头状,放到曲房的芦席上发酵,整个过程大约需要7个小时,中间必须要有两次升温、两次翻摊才能完成,最后把做好的曲料放到外面大院子里的酱缸里发酵和曝晒。瞧,这满院子黑黝黝的200多只酱缸,上面戴着的斗笠是雨天防水,里面还遮盖着一层丝绵网,主要是既能被阳光照射,又能防灰尘、防苍蝇及小虫子。就这样,经过3个月左右的发酵、搅拌和曝晒,等到酱缸里释放出阵阵香味时,这酱就算完成了。由于乌镇的豆瓣酱具有咸、甜、辣等品种及色香味齐全的特色,在清代至民国时期,一度被选为进宫的贡品和江、浙、沪民间的往来礼品。待会儿游客们可以免费品尝,当然也可以带些回家或者馈赠亲朋好友。

下面我们再来看看这酱油是如何生产的。在酱园有这么一句俗话:"扁担扛棒不离手,一天到晚搬石头",这就足以说明做酱油是个力气活。师傅们把外面酱缸里已经发酵好的酱醅取出来,再加入等量的盐水,养醅大约24小时后就进行压榨,压榨时将酱醅灌入丝制榨袋中,放入杠杆式的榨箱中,搬来一块块石头压在杠杆压臂上,利用重力把酱糟和酱油分离,这个就是酱油了,经过装灌后和水浴式杀菌处理,达到卫生标准才能向外出售。

【亦昌冶坊】

各位游客,由于西栅地理位置的独特和优越,因此,早在明代嘉靖年间,就有许多外地商户来到乌镇开张营业。当时有一位湖州的铁匠沈济,带着一身熟练的冶炼技术来乌镇开坊经营,这就是乌镇冶业的开始,在当

亦昌冶坊

时它是浙西北唯一的一家,所以生意特别兴旺。在明清时期,依靠京杭大运河的通达,坐落在乌镇西栅的这个有460多年历史的亦昌冶坊,被朝廷定为专门冶炼进贡朝廷"膳具"的"官家冶坊"。现在我们看到的这口铸于同治五年(1866)的天下第一锅,据说是沈氏家族冶炼业正处鼎盛时期,而且获得"朝廷贡锅"称号100周年之际,沈家人为了显示自家冶炼技术和经济实力而铸造的。

据传当时沈家就用这口锅煮了3大锅粥,连续3天,施粥于当地贫民,普施善心;而且每年冬季农历年前,沈家总要砌灶安锅,为隆冬时节过年困难的贫民送上一碗热气腾腾的暖肚粥,因此,江浙一带的老百姓盛赞沈家冶坊的义举,谈论着这口巨大无比的铁锅。据民间传说,消息不胫而走,传到乾隆爷耳中,他点头称赞道:"天下第一锅,普济天下人。"因此,这"天下第一锅"的故事就流传至今。

该冶坊除了铁锅著名以外,所冶炼的铁质膳具(包括罐、瓢、盆、盘、刀、铲、勺、壶等)具有用料考究、厚薄均匀、尺寸齐全和音色洪亮等特点,特别是"龙耳炒锅"、"凤边汤锅"等,堪称江南一绝,是专门冶炼进贡朝廷的膳具和供官方礼尚往来铁制品的"官坊"。由于乌镇西栅有一个四通八达的水运码头,与外界的联系十分频繁和通畅,因此,乌镇的铁质膳具吸收了许多不同地域的膳具文化,具有膳具种类多、式样新、尺寸全和冶炼技术最新的特点。在战乱时期,该冶坊也一度生产和制造手工兵器。到了民国时期,应用上了现代武器后,该作坊又生产和制造小型铁质玩具兵器,如大刀、长矛、混元铁棍等,这些铁质玩具一直延续至今。

登上二楼的观望台,看一下这铁锅是怎样浇铸的。大家可以往下看,作坊中央有两个大火炉的,就是熔化生铁的熔炉,这是整个冶锅中最重要的,也是最危险的一道工序。然后将高达1 000多度的铁水,人工倒入由上模和下模合并的模具里,在把生铁水浇入锅模时,一定要恰到好处,少了不行,锅会有漏洞;多了也不行,材料浪费不算,老百姓并不喜欢,因为热得慢。

待稍作冷却后,可以揭模把铁锅从模型中取出来了,工人还要对毛坯的锅进行修补、磨光,确保铁锅的美观,最后才盖印入库。民间有句俗话——天下三大苦:浇锅、摇船、磨豆腐,因此铸锅业这种高温作业,一般在一年中有两次停工休业,即每年的立夏和春节停工。

最后,我还要为大家介绍一下"炉神"的传说。据说战国时期欧冶子为齐王铸剑,3年都铸不成,正面临被砍头的当口,他的女儿为救父亲,跳入火炉中,宝剑马上就铸成,人们为了纪念她,把她供为炉神。因此,在这里,我们同样供奉着"炉神"。

在我们即将离开冶坊的时候,我想用当代人的时髦话来说,由于铁锅含铁量丰富,而人体所必需的铁元素和铁分子又十分重要,因此,铁制品如今又成为人们日常生活中的新宠,你不妨在这里挑选几件铁制品,既作为纪念品,又可以为你们全家补充一下铁元素。

【水上集市】

游客们,昔日乌镇地处二省三府七县的交界位置,河道密布,四通八达。四乡八邻的镇村居民习惯在清晨摇着船早早地出来

水上集市

喝早茶,顺便赶个早市,把家里种的蔬菜和养的家畜带到集市买卖,补贴家用,逐渐地就形成了集市,非常热闹。临河的居民只要吆喝一声,船就会摇到水阁边,不出门也可以买到新鲜的蔬菜,很受居民喜欢,所以至今仍兴盛不衰。

西栅的水上市场人称"水栅口",整个水域面积约 3 400 平方米,被一条东西走向的木栈桥一分为二,木栈桥与景行桥隔西栅河相望,水域东西两侧临河都建有水阁。乌镇的居民一般遵循"小河—房屋—街道—房屋"的建筑格局,沿河的民居有一部分延伸至河面,下面用木桩或石柱打在河床中,上架横梁,搁上木板,人称"水阁"。水阁是真正的"人家尽枕水",三面有窗,凭窗可观栅河风光。这与其他水乡古镇的民居是不同的。

【茅盾纪念堂】

游客们,著名文学家茅盾就是乌镇人,这就是茅盾纪念堂了。它位于乌镇西栅灵水居区域,建筑面积大约 1 000 平方米,分为上下两层,其间陈列有茅盾遗物 59 件、书籍 1 000 余册、图片多幅等珍贵历史资料,整个

茅盾纪念堂

展馆以人生之路和文学之路为主线,展示了茅盾先生波澜壮阔的

一生。

纪念堂左侧是茅盾生前使用的书房,按照北京茅盾故居的格局还原布置。纪念堂右侧的房间是陈列茅盾先生遗物的展厅,博古架上的玉盘、瓷器等是茅盾任文化部长期间出访各国时的友人所赠。展厅左侧有4个播放机,可以聆听先生讲述笔名"茅盾"的由来和他创作生涯的开始等内容。

纪念堂正中有一水池,中央的黑色花岗岩平台上敬置着汉白玉雕的茅盾先生遗像,水池中有潺潺的流水,象征着茅盾先生提倡的"为人生"的文艺思想代代相传,生生不息。在这里请允许我介绍一下茅盾的生平。

1896年7月4日茅盾生于浙江桐乡县乌镇。父亲沈永锡,清末秀才,通晓中医,是具有开明思想的维新派人物,颇重视新学,除声学、光学、化学、电学和数学等自然科学外,也喜欢传播进步思潮。茅盾10岁丧父,母亲陈爱珠,是一位通文理、有远见而性格坚强的妇女,因此茅盾从小就接受了母亲所教的文学、地理和历史知识。茅盾说:"我的第一个启蒙老师是我母亲。"

茅盾的启蒙教育开始较早,上小学前便读过家塾、私塾。8岁入乌镇立志小学读书,后转入植材高级小学,成为该校第一班学生。在这里,他不仅读到了国文、修身和算术教科书,而且对绘画也产生了兴趣。那时,在一般守旧人的眼里,小说之类被称为诲淫诲盗的"闲书",是不准孩子们看的,但茅盾竟得到开明的父母的允许,读了许多小说。《西游记》、《三国演义》、《水浒传》、《聊斋志异》和《儒林外史》等,都是他这时爱读的书。从茅盾小学时代留存的作文中得见,当时他便流露出忧国忧民、扶正祛邪的思想情绪。

茅盾的中学时代,是在浙江的3所中学度过的。1909年,他考入浙江湖州第三中学堂插班二年级读书,1911年秋季转入嘉兴中学堂。不久,辛亥革命爆发,茅盾热情地迎接了这次革命,做起革命的义务宣传员来。在学校里,由茅盾和几个同学发起,抨击了一个不得众望的学监,因而茅盾被学校除名。于是,他便转入杭州安定中学学习,并在那里毕业。在中学时代的生活中,固然有些师长,给茅盾以深刻的印象和积极的指导,但整个的学习氛围是陈旧的。"书不读秦汉以下,骈文是文章之正宗,诗要学'建安七子'……气度要清华疏旷"(《我的中学时代及其后》)。这一切曾给茅盾以古典文学的修养,但在他的回忆里更多的却是平凡、灰色和令人窒息的东西,他几乎把课余时间都消磨在看小说上。古典小说启迪了他的文思,同时也在他的作文格调上留下了印记。

1913年,茅盾考入北京大学预科第一类。预科毕业后,由于家庭经济的窘迫,便开始工作谋生。1916年8月,到上海商务印书馆编译所工作。开始在英文部修改英文函授生课卷,继之和别人合作译书。这样,便有最初的译著《衣食住》(卡本脱著)问世。不久,又到国文部编写《中国寓言》,一面也参与《学生杂志》的编辑工作。1920年初,"五四"文学革命深入开展中,茅盾开始主持大型文学刊物《小说月报》"小说新潮栏"的编务工作。这时连续撰写了《小说新潮宣言》、《新旧文学平议之平议》和《现在文学家的责任是什么》等论述,表露了茅盾早期的文学见解。同年11月,茅盾接编并全部革新了《小说月报》;12月底,与郑振铎、王统照、叶绍钧、周作人等联系,于1921年1月发起成立了"文学研究会"。当时,茅盾主要从事文学理论的探讨、文学批评和外国文学的翻译工作。据不完全统计,1921年,茅盾发表的译著有130余篇。他以充沛的精力,致力于文学革命活动。两年后,由于商务印书馆守旧派对《小说月报》的革新不满,茅盾辞去了该刊的主编职务,转到国文部工作。

与此同时,茅盾积极参加社会革命活动。1921年初,茅盾参加了上海共产主义小组。同年7月,中国共产党成立,他成为中国共产党最早的党员之一。

1922年后,曾以《小说月报》编务为掩护,从事党中央联络员工作。这一时期,也曾先后在党所办的平民女校、上海大学任教,为革命事业培养干部。1925年5月10日,茅盾在《文学周报》第127期上发表长篇论文《论无产阶级艺术》。同月17日、31日和10月24日出版的《文学周报》第173、175和196期继续刊载,这是1924年提出"革命文学"的口号之后茅盾为了对无产阶级艺术的各个方面试作探讨,同时也清理自己过去的文学艺术观点而写的。

1925年"五卅运动"爆发,茅盾直接投身于群众革命运动。6月,茅盾和郑振铎等创办了《公理日报》,不久被迫停刊。8月,茅盾作为职工代表,参加了商务印书馆的罢工斗争。国民党召开"西山会议"后,茅盾和恽代英奉中共中央之命在上海组织了国民党左派的上海市党部。1925年底,茅盾和恽代英等被选为左派国民党上海市党部代表,赴广州出席国民党第二次全国代表大会。会后,留广州工作,在毛泽东任代理部长的国民党中央宣传部做秘书。

1926年3月,"中山舰事件"后,茅盾返沪。10月,北伐军占领武汉,成立国民政府。茅盾赴武汉,先任中央军事政治学校武汉分校教官;1927年春,出任汉口《民国日报》主编。从4月至7月间,为该报撰写社论、述评30余篇。7月,汪精卫召开"分共会议",公开叛变革命,茅盾撤离武汉,准备参加南昌起义,抵九江后因路途阻塞,经牯岭回上海。这时,又遭国民党反动派通缉。从此,他以茅盾为笔名,开始从事创作和其他文学活动。

1928年6月,又先后完成《幻灭》、《动摇》、《追求》——三部曲《蚀》的创作。同年7月,离上海去日本,先住东京,后迁京都。客居日本期间写有长篇小说《虹》(未完)和一些短篇小说、散文,以及《神话杂论》、《西洋文学通论》和《北欧神话ABC》、《中国神话研究ABC》等著作,《从牯岭到东京》、《读〈倪焕之〉》等论文。

1930年4月,茅盾从日本回到上海。不久,加入中国左翼作家联盟,并一度担任"左联"执行书记。从此,茅盾和鲁迅在一起,从事革命文艺活动和社会斗争。1931年,为抗议国民党反动派的血腥屠杀政策,鲁迅和茅盾等发表了《为国民党屠杀大批革命作家宣言》;1932年2月,发表《上海文艺界告世界书》和《为日军进攻上海屠杀民众宣言》;5月,日本革命作家小林多喜二被害的消息传来,鲁迅、茅盾等8名作家发起《为横死之小林遗族募捐启》;7月,致电南京政府营救被监禁的国际工联的牛兰夫妇;1934年9月,茅盾协助鲁迅创办《译文》杂志,为进步文学的翻译事业开拓了新路。

1936年2月,当获悉红军长征胜利到达陕北的消息后,鲁迅与茅盾发出致中共中央贺电:"在你们身上,寄托着人类和中国的将来。"同年10月,茅盾和许多文艺工作者发表了《文艺界同人为团结御侮与言论自由宣言》,号召建立文艺界的抗日民族统一战线。

自1937年以来的10年,是茅盾文学创作的成熟和丰收的阶段。这期间,完成有中篇小说《路》、《三人行》和长篇小说《子夜》。《子夜》是大规模地描写中国社会状貌的小说。它的出版,显示了左翼文学的实绩,是"五四"以来新文学发展过程中的里程碑。瞿秋白评价说:"这是中国第一部写实主义的成功的长篇小说。"与此同时,还完成优秀的短篇小说《林家铺子》、《春蚕》、《秋收》、《残冬》等,翻译了丹钦科的《文凭》和吉洪诺夫的《战争》等,此外还在《申报·自由谈》、《太白》、《文学》等刊物上写下了大量的杂文、文艺短评和作家研究专论。

1937年抗战初期,他参加了《救亡日报》的工作,主编《呐喊》(后改名《烽火》)。上海沦陷后,茅盾辗转长沙、武汉、香港、广州等地。1938年3月,中华全国文艺界抗敌协会在汉口成立,茅盾被选为理事。4月,他主编的《文艺阵地》在广州创刊,同时又为在香港复刊的《立报》编辑副刊《言林》。长篇小说《第一阶段的故事》(原名《你往那里跑》),便是这时完成的。12月,应杜重远的邀请,经海防、昆明去新疆迪化(今乌鲁木齐)。

1939年3月抵新疆,在新疆学院任教。4月新疆文化协会成立,茅盾被推举为委员长。1940年,新疆的统治者盛世才反动面目日益显露,茅盾被迫于4月底离开新疆,经兰州、西安于5月末抵达延安。在延安期间,曾在鲁迅文学艺术院、陕甘宁边区文化协会讲学,在《中国文化》、《大众文艺》等刊物撰文多篇。10月,从延安到达重庆,任郭沫若主持的文化工作委员会常委。这时,陆续完成了优秀散文《风景谈》、《白杨礼赞》等的创作。

1941年"皖南事变"后,国民党统治区政治逆流日趋严重,茅盾和大批进步文化人士离开重庆到香港。5月,邹韬奋主持的《大众生活》周刊创刊,茅盾为编委;并在该刊连载了长篇小说《腐蚀》,这是茅盾的又一力作。9月,主编《笔谈》半月刊,计7期。12月,太平洋战争爆发,不久日军攻占香港,茅盾等在中国共产党领导的东江游击队的帮助下,离开香港辗转到达桂林。在桂林的9个月期间,写下了长篇小说《霜叶红似二月花》和《劫后拾遗》等作品。

1945年,完成了第一个剧本《清明前后》的创作,并于9月在重庆上演。这一年的6月,文艺界进步人士为纪念茅盾文学创作活动25周年,举行了庆祝会,并发起茅盾文艺奖金征文活动。1946年3月,抗战胜利后,茅盾离开重庆,经广州、香港,5月到达上海。主编《文联》杂志,并参加呼吁和平、争取民主的活动。在香港期间,曾连续发表《应走和平民主路线》、《认清国情》等讲演。6月,和上海文化界进步人士一起呼吁和平,发表《上书蒋主席、马歇尔及各党派》;7月,李公朴、闻一多惨遭国民党特务杀害后,茅盾等致电国际人权保障会,揭露国民党罪行;10月,沈钧儒、茅盾等发表《我们要求政府切实保障言论自由》等文章。同年,翻译的苏联小说集《人民是不朽的》、《团的儿子》、《苏联爱国战争短篇小说译丛》出版。同年末,茅盾夫妇应苏联对外文化协会邀请,离上海赴苏联访问。

1948年5月,茅盾等发表《致国内文化界同人书》。在同年6月,茅盾和香港各界爱国人士联名响应中共中央"五一"号召,吁

第二篇 读你，在诗画江南

请海内外同胞团结起来，促成新政治协商会议早日召开。7月，参与了《小说》月刊的编委工作。9月，主编在香港复刊的《文汇报·文艺周刊》，长篇小说《锻炼》便是在该刊连载的。此外还写作了一些短篇小说，并完成了《脱险杂记》。同年底，应中国共产党的邀请，茅盾夫妇离香港，经大连、沈阳，于1949年2月到达和平解放后的北平，参加中国人民政治协商会议的筹备工作。7月，茅盾出席了中国文学艺术工作者代表大会，并在会上作了《在反动派压迫下斗争和发展的国统区文艺》的报告。会上，当选为中国文学艺术界联合会副主席和中国文学工作者协会（后改为中国作家协会）主席。

中华人民共和国成立后，茅盾担任中央人民政府文化部长职务，主编《人民文学》杂志，当选为历届全国人民代表大会代表、历届政协全国委员会常务委员和第四届、五届全国委员会副主席。在"文化大革命"的严峻考验中，茅盾始终与党和人民站在一起。粉碎江青反革命集团后，在中国文学艺术工作者第四次代表大会上，被选为全国文联名誉主席、中国作家协会主席。晚年，忍受着病痛的折磨，仍致力于回忆录的撰写工作。

茅盾的著作，经人民文学出版社及其他出版社印行的有：《茅盾文集》10卷，《脱险杂记》、《茅盾论创作》、《茅盾文艺杂论集》、《茅盾文艺评论集》、《茅盾译文选集》、《世界文学名著杂谈》、《神话研究》，回忆录《我走过的道路》以及长篇小说《锻炼》等。人民文学出版社自1983年起陆续出版的40卷本的《茅盾全集》收录了他的全部文学作品。

1981年3月14日，茅盾在生命的最后时刻吐露心声，他是李汉俊介绍入党的，应当是中国共产党最早的党员之一，因战争原因与党失去了联系，盼望死后仍承认他是中共党员。这年的8月31日，中共中央作出关于恢复他的党籍的决定，明确指出："1921年沈雁冰在上海先后参加了共产主义小组和中国共产党，是中国共产党的最早的一批党员。"1981年3月27日，茅盾病逝于北京。

【灵水居】

游客们,灵水居到了。灵水居占地两万平方米,是西栅最大的一个园林建筑景点。古人云"山不在高,有仙则名;水不在深,有龙则灵",在这一块充满灵气的地方,长眠着中国文坛上的一条蛟龙,他就是茅盾,先生

灵水居

的纪念堂和陵园就在灵水居东侧。其实乌镇哺育的不仅仅有茅盾,还有王会悟、孔令境、沈泽民等,他们的纪念馆也坐落在灵水居内,四大名人纪念馆位于灵水居,使这里充满了先辈为国为民奋斗的豪气,是接受革命传统教育的红色旅游景点。进入园内,首先映入眼帘的是一堵蜿蜒的围墙,雕刻有中国传统风格的图案,中间为《双龙戏珠》,两旁是《梅竹仙鹤》,透过透窗可领略到园中石山、秀水、绿树,尽得透景之妙。

【乌将军庙】

乌将军庙

游客们,关于"乌镇"镇名的由来,有很多种说法,但乌镇的老百姓更多地认同"乌镇"是为了纪念唐代的乌赞将军而得名。

为纪念乌将军,当地百姓集资建造了乌将军庙,乌将军成了乌镇的地方保护神。将军庙占地3 600平方米,分

前后殿。两侧有耳房、偏殿、园林、假山。正中供奉的就是家喻户晓的乌将军,身后是将军的书童,而两边则分别是火神和水神。

【关帝庙】

游客们,乌镇在明清时期商业非常繁荣,在镇上聚集了很多有钱的商户,再加上乌镇又是两省三府的交界之地,贸易往来非常频繁,很多商人经商都会路过乌镇。乌镇西栅又紧临京杭大运河,家门口就是接通杭州、苏州的京杭大运河的苏杭段。古时都是以船作为主要的交通工具,关帝庙所处水陆要冲,故乌镇虽与关公没有太多直接的联系,但西栅的关帝庙却是香火旺盛,膜拜的信徒络绎不绝。关帝庙内供奉着关武大帝的青铜塑像,威风凛凛,在关公两侧供奉着的是关公的大将周仓、关平。周仓是关帝爷的侍卫,日常为他护青龙偃月刀,上马为将,下马为侍,忠心耿耿;关平是关羽在征战途中收的义子,随着关帝爷南征北战,战功显赫。

关帝庙

【白莲寺塔】

游客们,乌镇素有"一观二塔九寺十三庵"之说,一观是指东栅的修真观,二塔的其中之一就是白莲寺塔。乌镇的佛教传入较早,在南梁时期就已经出现一定规模的寺庙建筑,在乌镇历史上寺、庵、庙、祠最多的时候有 53 处之多。白莲寺原称金莲塔院,后称白莲塔寺,建于北宋崇宁年间(1102—1106),原位于乌镇十景塘的北面、天井巷西面,当地老百姓都喜欢称呼它为西宝塔,这是由于它与东栅的寿圣寺塔遥相呼应,故乌镇有东西宝塔之说。

原来的白莲寺是9开间,有3进深,它的正殿建在高有两米多的平台上,显得非常雄伟。据镇志记载,原先的白莲塔,高有7级,高16丈,元朝末年毁于朱元璋与张士诚在乌镇的战争。明代嘉靖,清康熙、乾隆均对其进行过修缮。

2005年,白莲塔在西栅大运河畔环河岛得以原样易地复建。现在的白莲塔高有7级,塔高51.75米,为乌镇最高建筑。塔下有八角形的升莲广场,广场中有放生池,东侧河岸边有一条石舫。从运河坐船来乌镇,远远地望见白莲塔雄伟的身姿,就知道乌镇到了。

白莲寺塔

白莲塔属于宋元时期江浙一带通行的砖木混合结构的阁式塔,纵观其塔,外观呈梭状,实际上塔的平面是呈正方形的,塔基也是一个24米×24米的正方形,内部地面用清水方砖铺就而成。整个塔体由第一层起向内逐渐收拢,登高远眺,运河和乌镇风光尽收眼底。入夜时,塔身被灯光照耀得通体剔透,美不胜收。

【桥里桥】

游客们,这是通济桥。通济桥俗称西高桥,跨西栅港,为单孔石拱桥,桥长28.4米,宽3.5米,高约12米。仁济桥俗称栅桥,跨栅河,为单孔石拱桥,长、宽、高稍逊通济桥。明正德十年(1515),里人重建通济桥,3年后又改建仁济桥。清同治年间先后重修。

桥里桥

这两座桥相距 10 余米,呈直角相连,两桥水映桥孔,双影重叠,景观甚妙,被称作"桥里桥"。通济桥南侧桥联为"寒树烟中尽乌戍六朝旧地;夕阳帆外是吴兴几点远山",北侧桥联为"通宵门开数万家西环浙水;题桥主人三千里北望燕京"。

【恒益堂药店】

游客们,恒益堂药店原来是乌镇的费家厅,费家原来是开酱园和蜡烛店的,曾与青镇的旭东号齐名,可以说是当时乌镇数一数二的大户人家了。民国十八年(1929),西栅的一场火烧毁了酱园和蜡烛店的店面,大火过后,店主重建店面,并改换行业,开起了"恒益堂"中药店。店铺建有一堵临街的风火墙,称为萧墙,这是费家在重建时特别将原来的靠街店面改建的,用于防范大火再次殃及店面,同时因为店内存放有许多非常名贵的中药材,所以它起到了防盗的作用。这也是乌镇保存最完好、历史最悠久的萧墙。

恒益堂药店

药店左边柜台里摆放的是一些保健药酒,全都是用祖传秘方制作而成的。右边柜台里摆放的是一些补药膏药,大部分是给老年人保健养生用的。中堂的桌子是老中医坐堂问诊的地方,老中医通过望、闻、问、切的方法诊断病人,开出药方,病人拿着药方就可以到后面的柜台里抓药。

中堂中央墙上悬挂着一幅鹿鹤同春图,寓意着健康长寿。左右两边有两块青龙匾,分别写有"金壶细叶"、"银瓶甘霖",与第二进的"台枝缀玉"、"草木通神"相呼应。楼上是存放中药的仓库。

【乌镇大戏院】

乌镇大戏院

游客们，乌镇大戏院位于西栅老街的北侧。这个戏台的特别之处在于它是建筑在水上的，所以人们把它叫作"水上戏台"，其规模与精美程度在国内也属罕见。

乌镇是水乡，过去都是把船作为重要的交通工具，戏班走村串乡巡演，一二条船就装载了全部演员和行头，一到这儿，就将船停靠在戏台下，直接从台下的河埠上台，既方便又省事，所以过去这个戏台一向都少有空闲。一些船工在摇船经过这儿看到有唱戏的，就会被吸引住，往往都会把船靠岸一边看戏，一边稍作休息。

水上戏台的表演台是两边相通的，便于走台换场；观众席分上下两层，中间是宽敞的散席，这是给普通的戏迷看戏的地方；两边则是阁楼，相当于现在的包厢，大多是有钱人包下的。戏台正中的表演台可谓富丽堂皇，特别是台中屋顶藻井更是金碧辉煌。戏台屋顶的四周雕刻着明、暗八仙，形象栩栩如生。台中间的大梁上雕刻的是唐朝皇帝李隆基看戏的场景，上面刻有18罗汉形象。站在戏台上可以看到对面的齐门雕花大梁上雕刻着唐玄宗李隆基统治前期的年号——开元（从唐太宗贞观初年到开元末年，经过100多年的积累，唐朝出现了全面繁荣的景象，所以历史上叫作"开元盛世"）。乌镇大戏院其实已成为当地人们聚集娱乐的中心，在这里可以尽情享受水乡乐趣。

2013年由文化乌镇股份有限公司总裁陈向宏、华语戏剧界极具影响力的黄磊、赖声川、孟京辉共同发起首届乌镇戏剧节，不仅

促进乌镇旅游时尚和艺术元素的丰富,而且促进戏剧剧场硬件的建设。乌镇戏剧节一大特色在于各个演出场所的多元性,以及专业性。在走路可到的范围内,有七个大小不一,功能不同,却同样美丽精彩的室内剧场,一个大型户外剧场,以及许多可供演出之户外广场,琳琅满目,形成全国乃至世界戏剧节中罕见的表演空间群体,为乌镇戏剧节演出增添魅力。由著名建筑师姚仁喜先生主持设计的乌镇大剧院已成为乌镇最具特色的文化地标,也已被广泛称为全国最美之大剧院。由大会主席陈向宏及艺术总监赖声川主持改建的5座古典小剧场,各具特色,每一个都有着个性和历史语言,全方位的展现古镇魅力,与艺术结合的无限想像力。

【老邮局】

游客们,乌镇西栅河是京杭大运河的一条支流,乌镇老邮局就位于西栅河畔。清光绪二十二年(1896),清政府决定"裁驿归邮",开办"大清邮局"。乌镇邮局创办于清光绪二十九年(1903)四月九日,当时只经营信函业务,后逐步兼营包裹、汇兑等业务。那时候开办邮局,仅配备一些简单的工具,邮运业务是靠邮差凭借双脚、艰苦跋涉出来的,步行的邮差肩挑邮件,打着绑腿,风尘仆仆地行走在邮路上。不过由于乌镇水路交通发达,所以乌镇的邮运方式更多的是以船只代运的。

老邮局

抗战期间乌镇邮局停办,有私人设立的寄信处两处,进出信函都需要加收手续费,抗战胜利后邮局恢复。老邮局的建筑风格和西栅大街木结构的老房子完全不一样,它是砖瓦结构的,大门是一扇西式的铁门,整个房屋的建筑特色有点中西合璧的感觉。

几经历史风雨,它至今还在对外营业,你在这儿还可以看到许多珍贵的文物级邮政展品。买几张明信片,盖上乌镇老邮局的邮戳,寄给远方的亲朋好友,已成为游客的一大乐趣了。

【朱家厅】

朱家厅

游客们,朱家厅不仅汇集了乌镇大宅院的特色,而且也是乌镇独一无二的一个厅,它的特点就是"厅上有厅"。乌镇的房屋大都是砖木结构,虽有"墙倒屋不垮"的优点,但火灾始终是一大隐患。有鉴于此,朱家厅在二楼楼板上铺设了一层青砖,避免烛火掉落引发火灾的危险;同时,铺了青砖后在楼上行走时的声响较直接在木板上行走更轻,可以不影响楼下生意。这种"厅上有厅"的建筑形式是十分罕见的,据说它是主人聘请当时建筑宫廷的高手所建,建成后为检验楼板的牢固程度,曾在楼上放了石臼捶打年糕,而楼板丝毫未损,充分反映了当时建筑工匠的智慧和主人的用心。朱家厅的正堂名肇庆堂,屋主弃官从商后做起了珠宝生意,并把珠宝行取名为"肇庆堂"。由于朱家的珠宝做工精细,质量可靠,在当时江南一带,是一块响当当的招牌,当时百姓筹备婚事,必购"肇庆堂"珠宝饰品。如今的朱家厅里,还展出有许多珍藏至今的金银饰品,其精美工艺用品与现代机械加工的饰物相比毫不逊色。

【三寸金莲馆】

游客们,三寸金莲馆用大量珍贵的实物和图片讲述乌镇历史,也是中国历史上妇女畸形地追求美的历程,如此全面、系统地

展示缠足文化,在世界上也是第一家。展馆共展示缠足鞋825双,还有众多的图片及缠足用具,并配有详细的文字说明。

中国封建社会里的缠足现象存在了上千年,对于这段缠足历史,历来都是褒贬不一。

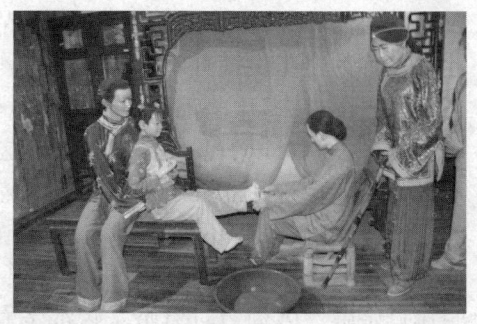

三寸金莲馆

我们现在进的是当初西栅大街大户人家的房子,这里很多景点包括客栈都是把几个大户人家的房子打通建成的。我们现在第一进的地方是做商店用的,主要卖一些工艺品。第二进是蜡像区,让游客了解一下当时裹小脚的场景。这边是我们的女孩到了一定年纪,长辈给她裹小脚的场景。裹脚一般都是在女孩5~8岁的时候,如果年龄太小,脚还很软,可能会裹得不到位,落下终身残疾,没办法走路;如果年龄太大,脚掌就定型了,裹起来更痛苦,而且也裹不漂亮。这缠脚看来还是一个技术活。现在我们到里面的展览馆去看一下。

请看,那个时候就已经有高跟鞋、坡跟鞋了,这些鞋为的是让脚显得更小些。大家再仔细看鞋子都是尖头鞋,我们现在穿尖头鞋是为了漂亮,为了时髦,但当时她们的脚已被绑成了尖形,所以鞋子都是尖头的。当时她们只有大脚趾是不动的,其他4个脚趾都被折断压在脚底板下面,同时还要把脚面骨折断,从而把脚裹成一个弯弓的形状,很残忍吧!

大家过来看一下这边的两双鞋子。这是一双富贵高筒靴,是富家小姐或有钱人家的小姐穿的。平常的鞋子都是自己做,做靴子的话就要请专门的鞋匠来定做。这靴子上的花卉是牡丹花,表示大富大贵的意思。这双是专门给古时的歌舞伎跳舞时穿的,脚后跟这个抽屉是放花粉用的,下面还有个镂空的莲花形状图案。

跳舞的时候,随着脚步的移动,会有一朵朵的莲花印在地板上,因此这被称为步步生莲鞋。

往里面进去,这些都是小孩子的童鞋,有虎头鞋、十二生肖鞋等。再进去就可以看见更多的鞋子,这里的鞋子有按种类分、按地区分的。像这几双鞋子普遍要偏大点,因为是民国初年的时候的鞋子,那时候缠脚不是很讲究,所以脚还是比较大的。现在我们看看这些小的,这几双单个的鞋子很有特色,它们都是单个的,叫作订婚鞋。因为当时男婚女嫁都是靠媒婆做媒的,媒婆会把女孩子的绣花鞋其中一只拿到男方家给女孩做媒,而男方的父母就看着这鞋子来选媳妇。他们主要看两方面:一方面看大小,因为当时以小脚为美;另一方面是看鞋的做工,也就是鞋面上的绣花。因为女孩子裹了小脚之后,干不了重活了,只能在家里做些家务活,女工方面当然也是非常看重的,因此挑媳妇主要就是看鞋子的大小和做工这两个方面。

这里还有一双睡鞋,顾名思义是睡觉时穿的鞋子。这鞋的底是软的,睡觉前套在脚上,出门的时候在这双鞋子外面再套一双硬底的鞋子就可以了。

这边有4个地区的鞋:南方的,北方的,中原地区的,江南地区的。其中中原地区的脚型是最漂亮的,像湖南、湖北这一带,而且那里做的鞋大多是坡跟鞋。大家都知道,相同长度的鞋子,做成坡跟和做成平跟效果会有很大的差别,做成坡跟后看上去明显更小些。中原地区的女孩有纤骨的称号,她们骨骼长得比北方女孩要小,因此脚也相对小些。而缠脚是要按比例的,缠得过小了会影响女孩子的正常行走,所以北方的鞋子要相对大一些。

这边是72双精品鞋,这些大一点的是民国时期的,这些有点少数民族味道的是青海地区的,都是从山区农户家收集回来的。这里还有两双镇馆之宝——两双出土文物的鞋。这双是北宋年间的,到现在已经有1 000多年的历史。这里故意放着一大一

小两双,做一个对比。宋代还没有广泛流行缠脚,当时没有缠过的脚是跟我们现在一样,自然生长的。这双鞋也是蛮大的,按现在的标准来说有39码的样子。那旁边这双就明显小很多,这是明朝的鞋子,也是从乌镇近郊出土的一双三寸金莲鞋。因为明朝是缠脚最鼎盛的时期,那个时候如果女孩子不缠脚是嫁不出去的。

刚开始流行缠脚是在南朝的时候,李后祖有个宫女叫媚娘,她本身脚比较小,经常在跳舞的时候不穿鞋子,用布把脚绑一下,在棉花上面跳舞,李后祖就赞誉她是"凌云之态"。那时候开始就以小脚为美,到了宋代的时候开始有了三寸金莲的说法。它从宫廷传到一些富贵家庭,再传到妓院,慢慢地开始广泛流行。那时候民间老百姓还不怎么会缠,特别是在农村,农村里的女孩子是家里劳动力的一部分,缠脚后就意味着不能下地干活了。到了明朝的时候,如果女孩子不缠脚,肯定是嫁不出去的。皇帝朱元璋娶了马皇后,因为上轿时一阵风吹来,把轿帘吹开,露出了马皇后的一双大脚,因而被人耻笑,于是就有了露马脚之说。

清朝的宫廷里面是不缠脚的,因为满人认为江山是从马背上打下来的,缠了脚还怎么骑马呢?康熙皇帝在康熙三年(1664)的时候下了一个禁缠令,就是说凡是我康熙元年出生的女孩一律不准裹小脚。可是汉族的老百姓太多了,而且缠足的思想也根深蒂固了,他们还是在偷偷给自己家里的女孩子裹小脚。于是在康熙七年(1668)的时候,朝廷就索性不管了,也把这个禁缠令罢免了。真正没有裹小脚是在民国的时候。

请看这个脚是我们乌镇90多岁的老人家的脚,她这个脚已经不是三寸金莲的小脚了,而是有点畸形。因为这位老人家10岁的时候父母给她裹了一段时间的小脚,后来又不裹了,但是脚始终长不好,就变成这样畸形的了。

【昭明书院】

昭明书院

游客们,昭明书院得名于曾在乌镇筑馆读书的南朝梁昭明太子萧统,萧统就是南朝梁武帝的儿子,他编辑整理的《文选》是我国第一部诗歌散文选集。

书院坐北朝南,半回廊二层硬山式古建筑群。主楼为图书馆,有文化、社会科学、艺术、休闲旅游等方面的图书和杂志可供阅览,并设有电子阅览室、讲堂、书画室、教室等。中为校文台,为著述编校之处。前方庭园中有4眼水池,四周古木参天,浓荫匝地。书院西为佛风阁,是喝茶、读书、交流的场所。水池中央有明代经幢。书院后侧是茅盾文学奖获奖作家及作品展馆。乌镇是文学巨匠茅盾的故乡,自第五届开始乌镇已经成为茅盾文学奖的永久颁奖地。这个展馆陈列着历届茅盾文学奖获奖作家的照片、介绍和获奖作品。

让我们先来了解一下萧统的生平。萧统刚生下时,右手紧捏拳头,不能伸直,东宫娘娘以及宫女都没法掰开,梁武帝为此十分担忧。有位大臣说:"皇上何不张榜招名医诊治呢?"梁武帝觉得有理,就张榜招贤:谁能掰开太子的手,太子就拜他为师。

沈约见了榜文,就揭榜前去一试。他捧起太子的手,轻轻一掰就分开了。梁武帝十分高兴,就赐封沈约为太子的老师,专门教太子读书。沈约是乌镇人,他的先人墓就在乌镇河西十景塘附近。沈约每年清明总要返乡扫墓,并要守墓几月,梁武帝怕儿子荒废学业,就命昭明太子跟随沈约到乌镇来读书。为此,就在乌镇造起一座书馆。

第二篇 读你,在诗画江南

萧统来到乌镇,见桃红柳绿、鸟语花香、景色诱人,便终日游玩嬉戏。沈约治学严谨,见太子不认真读书,便对他讲了一个故事:"有一年冬天,我回乌镇过年,轿子经过青镇一座庙,被庙前一群百姓挡住了去路,我吩咐停轿询问,原来庙里冻死一个10多岁的小叫花子。围观的百姓说,这小叫花子父母早亡,无依无靠,白天沿街乞讨,夜晚宿在庙堂。但他人穷志不穷,讨来的钱,除了买吃的,余下的都用来买书,在佛殿琉璃灯下夜读。可是一夜西北风,竟夺去了他年幼的生命。我当时进庙一看,只是这小乞丐虽然面孔瘦削,但却眉清目秀,他仰面躺在稻草堆里,身体已经冻僵,左手还拿着一本书。他是有志于学,至死还不忘读书呀……"

沈约说完此话,昭明太子感动得流下了眼泪。从此,昭明太子刻苦读书,终于成了有名的文学家。后来,沈约把祖坟迁至京城,把他在乌镇的府第捐为白莲寺。萧统捐馆为寺,这就是后来的密印寺。明朝万历年间,驻乌镇同知全廷训在白莲寺门前建了一个石坊。游客们,现在我们所看到的就是明朝万历年间(1573—1620)建立的那座石牌坊,高5米,面宽3.8米,上题"六朝遗盛",龙凤板上为刑科给事中、里人沈士茂题写的"梁昭明太子同沈尚书读书处"字样。"文革"时被有心人士涂上石灰,故得以幸存,1981年经桐乡市人民政府加以修整,列为县级文物保护单位。当地和临近百姓常携子女前来拜谒,教育孩子立志读书,成就栋梁之材。

【结束语】

各位游客,我们的游程就要结束了。在这中国保护面积最大的古镇,不仅仍然保留着人们追忆中的小桥流水、桨声舟影、粉墙黛瓦,展现出乌镇深厚的人文积淀和东方古老文明的无穷魅力,而且在浙江这块充满神奇创新的土地上,千年古镇蜕变飞跃为世界互联网大会的举办地,在这里向世界发出了中国声音;乌镇的戏剧节,致力于地方和民俗文化,接轨和融入国际文化殿堂行业,用个性和历史语言,全方位的展现古镇魅力,形成国际共赏的文化品牌。乌镇成为多元素的集合体,不仅是历史名镇、旅游小镇,更是智慧小镇、创业小镇,乌镇在全国特色小镇建设中塑造了不朽的风骨,这将在中国和世界古镇创新中留下永不磨灭的浓彩重墨。

海派文化的摇篮——南浔

各位游客:

大家好!欢迎大家来到国家AAAA级旅游景区——南浔古镇游览观光。在来江南以前,你一定听说过这句俗语:"游遍江南九十九,不如南浔走一走。"是的,在江南10大水乡古镇中,南浔不仅历史最为悠久,有着独特的水乡文化和丰富的人文资源,而且它又以富裕著称。金庸先生的名著《鹿鼎记》中,记载了一段民谣"头发梳得光,吃蛋吃个黄,鱼虾喝点汤",从中可见南浔的富裕程度。清末,南浔的豪门、财主非常之多,当今南浔产值超千万元的企业有万顺、生力、江南、船牌四大企业集团,还有全国最大的三合板集散中心。

南浔历来是江南闻名遐迩的"鱼米之乡"、"丝绸之府"、"文化之邦",1991年被列为浙江省15个历史文化名镇之首,2005年在中央电视台当选为"中国十大魅力名镇"之一。下面就让我们走进南浔,去感受它独特的魅力吧。

【概况】

游客们,南浔,是浙江省15个历史文化名镇之一,位于浙江省湖州市东北角,与江苏省吴江市接壤,东距上海123公里,北距苏州51公里,距杭州125公里。总面积716平方公里,常住人口53.6万人。

南浔建镇已有700多年的历史,且人才辈出,风景优美,名胜古迹甚多。明万历至清代中期,蚕丝业和手工业、缫丝业兴起及商业发展,为南浔经济繁荣鼎盛时期。镇上的巨富豪绅,几乎都靠经营蚕丝业发迹。民间有"湖州一个城,不及南浔半个镇"之说。南浔历史上园林众多,自南宋至清代镇上大小园林达27处。如今以一镇之地,而拥有5园,实江南所仅见。

南浔是中国近代史上罕见的一个巨富之镇,孙中山就职临时大总统的第二天,就曾正式宣布南浔镇升级为市。在这个熙熙攘攘的古镇上,有着号称"四象"的江南四大首富,又有例如《红楼梦》中宁国府、荣国府那样八家公爵似的号称"八牯牛"的大富之户,以及充满了民间嘲讽意味的号称"七十二只金黄狗"的豪门、财主。一方水土养育一方人,南浔人才辈出,素有"诗书之乡"之誉,明代就有"九里三阁老十里两尚书"之谚。宋、元、明、清时期,南浔籍京官有56人,明、清两代全国各地南浔籍州县官有56人。在南浔历史上出现了很多著名的人物:民国奇人张静江;"西泠印社"发起人之一张石铭;近代著名藏书家、嘉业堂藏书楼的主人刘承干;以经营生丝发家的南浔"四象":刘镛、张颂贤、庞云曾、顾福昌;我国著名诗人、散文家徐迟……南浔至今还留下了他们的踪迹。

南浔古镇住宿场所丰富,不但有大酒店享受现代、快捷的住宿服务,还能入住家庭旅馆,切身体会古镇生活。主要分现代宾馆、百间楼古宅、枕河之家三种。南浔盛产河鲜,经当地人巧手烹饪,色、香、味俱全,只怕你品尝过之后,会欲罢不能。南浔还盛产竹笋,当地人好食之,且做法十分讲究,花样繁多,到了南浔可不要错过,一饱口福之余,还可长一分见识。

【象门街】

游客们,这条街叫"象门街",是2007年的时候新建的。这里卖大头菜、野簌箕、湖笔、定胜糕、芡实糕等当地名优特产,我们出

象门街

来的时候还是从这里经过的,要买特产的游客出来的时候再买,因为我们要先去参观景点。

　　游客们,请大家跟随着我,我边走边介绍一下南浔的建镇史。南浔建于南宋淳祐年间,距今已有750多年的历史。在清代的时候,已经是商旅云集、水陆要冲之地了。湖州盛产丝绸,其中又以辑里丝最为出名,而且,辑里丝还跟我们的世博会有段渊源呢。1851年伦敦举办第一届世博会的时候,我们湖州有个叫徐荣村的商人,他带了我们的辑里丝和其他的一些物品去参展,当时我们的辑里丝是获得了金奖的,而且,英国女皇还亲自接见了徐荣村,这是相当荣耀的事情。从此,辑里丝就名震天下。乾隆皇帝的9件龙袍,就是由指定的辑里丝织造的。

　　辑里丝的发展也带动了我们南浔经济的发展,所以,在清朝的时候,这里有很多富绅居住。当地百姓呢,很风趣地用3种动物来衡量他们资产的多少,这3种动物分别是象、牛、狗。资产拥有百万银两以上的就是"象",资产在50万到100万银两的就是"牛"了,资产在20万以上不到50万银两的就是"狗"了,当地有句俗话形容富户的多少:"四象,八牛,七十二只黄金狗。"据统计,当时南浔一个镇的年财产相当于清政府一年的财政收入,所以,南浔在那个时候就已富可敌国了。四象,就是指刘家(刘镛)、张家(张颂贤)、顾家(顾福昌)、庞家(庞云增)。今天我们要去参观的就是我们四象之首刘镛的私家园林和藏书楼。当地还有句俗话说"刘家的银子,张家的儿子,顾家的房子,庞家的面子",刘家的银子,说的是他家的钱很多,据说资产达到2 000万两白银,是四象之首;张家的儿子,不是说他的儿

子很多,而是个个都很有才华,如国民党元老张静江;顾家的房子,顾家虽然靠丝绸起家,但是他做得最大的还是房地产,像上海百乐门就是由顾家开的;庞家的面子呢,在当时溥仪皇帝叫庞来成为干爹,连皇帝都叫他干爹了,可以想象,他的面子有多大了吧。

那现在大家看到的这条河呢,称为鹧鸪溪,也称为南适河,是通往太湖和长湖申航道的。当时南浔生产的丝绸,就是从这条河运送出去的,也算是这里的财神河了。那这条河的两侧呢,现在还是有人居住着。前面我们要检票了,大家请拿出门票,我们检票入景点。请大家注意了啊,这里检完票后,里面的景点还要检票,所以,票一定不能丢了,一定要保管好。

现在,大家所走的这座木桥呢,它见证了许许多多位新人的幸福时刻。请大家小心台阶,这里是拍婚纱照主要的取景地之一。现在我们先去参观四象之首刘镛的私家园林小莲庄,此刘镛不是我们所说的宰相刘罗锅刘墉。宰相刘罗锅刘墉是乾隆年间的,而我们园林的主人是光绪年间的,他们相差100多年,而且他们俩的字也是不一样的,只是音同而已。

那这边的这几只鸟呢,叫鸬鹚,是当地渔夫用来捕鱼的工具,渔夫会在它们的颈部绑一根红绳,当它们抓到鱼的时候,渔夫只要轻轻拉下绳,鸬鹚就会把鱼吐出来了。这里就是著名的小莲庄了,各位游客,请大家拿出票,我们检票进景点参观。

【概况】

各位游客,现在走进的就是国家级重点文物保护单位、南浔"四象"之首富刘镛的私家园林"小莲庄"。它始建于1885年,完工于1924年,历经刘家祖孙三代人40年的时间建成。主要由刘氏庄园、园林、家庙3部分组成,共占地27亩,以园林中近10亩的荷花池为中心。园林的主人在世的时候非常仰慕湖州元代著名大书法家赵孟頫的别墅莲花庄,所以将自己的私家园林取名为小莲庄。庄里共有三宝:碑刻长廊、御赐牌坊与九龙金匾。

【碑廊】

碑廊

游客们,我们先来看第一宝——碑刻长廊,墙上共有45方碑刻,由《紫藤花馆藏帖》与《梅花仙馆藏真》两部分组成。其中《紫藤花馆藏帖》是江苏黎里人翰林院待诏徐达源和他的老师袁枚以及其他清代二十几位文人之间往来投赠的诗文,非常巧合的是这里还有一方是宰相刘罗锅的书法真迹,题为《颜平送刘太冲序》,碑前面还有乾隆皇帝御赐仙仿印章。肯定有人会问园林主人和这个刘罗锅是什么关系,其实他们一点关系也没有,仔细看你就会发现后面这个"墉",可是土字旁的"墉"。而《梅花仙馆藏真》是清代湖州书法家严可均临摹琅琊台峄山碑的铁线篆书全文,大小字行悉依真迹。有许多游客都不解地问,这些墨宝在"文革"时期是如何保存下来的?那是因为曾经这里有一位老人,在动乱的年代,在它们的上面埋上了厚厚的泥土,才使这些碑刻幸免于难。

【净香诗窟】

净香诗窟

游客们,请大家往左边看有一个四面厅的建筑,取名"净香诗窟",是当年的主人接待文人雅士专门吟诗作对的地方。因房顶两个藻井一个为升状，一个为斗状，在建筑学上堪称海内孤本，所以又俗称"升斗厅"。又因为中国历史上有"才高八斗"之说，所以这里也是衡量人的才华的地方。房屋除了内部精巧的结构以外，外部结构也是很有特色的，在歇山顶的建筑上面塑有八仙，主人希望客人在自己的家中能够八仙过海，各显神通；在外墙壁上还有蝙蝠倒挂的图案，用意就是"福到"的意思。

【小姐楼及扇亭】

游客们，请大家继续往前走，有没有发现这里正式的建筑比较少，主要是大户人家平时游览、度假所用的地方，并不是住宅。请看左手边的这幢小楼，因为可以看到旭日东升，所以叫"东升阁"，

小姐楼及扇亭

是一幢中西合璧的建筑。在这边只能看到中式立面，待会儿我们还可以看到警戒的立面。大家都知道，封建社会的时候，一般大户人家的女子们是不能随便抛头露面的，所以这楼也就是她们当时观赏小莲庄景色的地方，就是名副其实的"小姐楼"。在小姐楼对面，有一个90度的亭子，因形状如展开的折扇，所以称为"扇亭"。亭里有四方碑刻，称为《刘氏义庄记略》，由刘镛的第二个儿子刘锦藻在小莲庄建成时所写，记录了刘家庄建此庄园的艰辛，希望子孙后代能够牢记。如果你留意，其实小莲庄的每一个亭子的形状都是不同的。

【牌坊】

牌坊

各位游客,我们现在往里面参观刘家精华部分——家庙,家庙前还有两座保存完好的"圣旨牌坊"。第一座是积善牌坊,是由光绪皇帝赐的,是一座五层楼阁式牌坊。第一层上面有"圣旨"二字,第二层为"乐善好施"四个大字。光绪三年(1877)江西等地发生水灾,刘镛出资30万两白银用来赈灾,于是皇帝赐建了牌坊。第三层是一出戏,取材于民间的状元及第;第四层记载刘家做好事的史实。刘镛希望后代也能行善积德,所以在右边留下一块没有字的无字碑。私家园林中的牌坊不能随便雕龙刻凤,所以主要用右边的孔雀、左边的麒麟代替,取意为龙凤呈祥。牌坊后面刻的是刘家官位与官职。刘镛是二品官,祖父与父亲为三品官,刘家人官职最大的是小碑上刻着的刘镛的长子刘安澜,官居一品工部郎中。刘安澜英年早逝,他的夫人刘邱氏及二位小妾立志为夫守节,终身不改嫁,于是有了后面的这座贞节牌坊即"钦旌节孝"坊。两座牌坊都集浮雕、镂雕、透雕、圆雕四大雕刻手法于一身。

【刘氏家庙】

游客们,在两座牌坊之间的就是刘家人祭祖的家庙了,门口还可以看到人们平常所说的门当户对。刘家门槛也很高,因为祭祖的时候,只有刘家10岁以上的男子才能进去,进去的时候上面这一块是可以拿下来的,女子只能望着高门槛而却步了。高墙的前面有两块石条组成的就是插旗杆的旗杆石,祭祖的时候,一边

刘氏家庙

旗上面写着国泰民安,一边旗上面写着风调雨顺。家庙门口有一对石狮子,其中的一头面目慈祥,怀抱小狮,另一头面目严峻,这两头狮子所表达的是刘家的家训——严父慈母。电影《夜半歌声》部分镜头就曾在刘氏家庙拍摄。

【叔蘋奖学金纪念馆】

游客们,走过贞节牌坊,里面是刘家义庄,现为"叔蘋奖学金纪念馆"。顾家是南浔"四象"之一,顾叔蘋是顾乾麟的父亲,父亲临终的时候留下一句遗训"得诸社会,还诸社会",所以顾乾麟先生1939年在上海创办了以他父亲名字命名的奖学金。在1949年,他资助贫困学生有1 100多个,其中最著名的一位就是为馆题字的国家领导人钱其琛,是第六期的奖学金得主。顾家在新中国成立后曾经停办过该奖学金,20世纪80年代在上海市长汪道涵先生的提议下顾乾麟重开奖学金;在1988年叔蘋奖学金成立50周年时,时任上海市委书记的江泽民为奖学金题字"热心教育事业,培养建设人才"。为什么顾家的奖学金要放在刘氏义庄呢,原来顾乾麟的夫人是刘家的女儿刘世明,所以奖学金纪念馆放在刘家。前后两进都是奖学金各方面的资料,请大家随意参观。

叔蘋奖学金纪念馆

【退修小榭】

各位游客,我们接着往园林参观。现在您见到的就是小姐楼的正面了,它是用红砖建成的,充分显示了小姐楼西洋式的氛围。请大家往前走,我们来到的是退修小榭。退修是退而思之、修身养性的意思。

退修小榭

这个亭子是主人夏天的时候休闲纳凉的地方。面对河塘,两边是耳房,由于主人登的是大雅之堂,所以当年中间厅堂才是主人住的,两边耳房是给仆人待的地方。后面还有一条备弄,设计细致。

【内园】

游客们,出小榭,就是曲折的荷塘,夏天的时候是赏荷花的好地方。中间是360度的圆亭,对面是六角厅,龍面还有一座曲桥,因主人是二品官,所以是五曲的曲桥。曲桥前方是一个听雨亭,走过听雨亭,各位团友接下去参观的是曲径通幽的后花园了。后花园主体是太湖石围成的一座假山,因南浔是平原,所以这是南浔最高峰。假山正对面这个房子叫掩醉轩,是男主人掩盖醉态的地方。整个园林是按照杜牧的《山行》来布景:

内园

"远上寒山石径斜,白云生处有人家。停车坐爱枫林晚,霜叶红于二月花。"诗情画意跃然于景。

【七十二鸳鸯楼】

七十二鸳鸯楼

游客们,出了后花园,各位团友您现在看到的这棵就是小莲庄的宝物百年紫藤,当年刘镛买这块地就是因为这棵紫藤和天然荷塘,因为他总以为这是一块紫气东来的风水宝地。在紫藤边是一片石头地基,原来这里有一座七十二鸳鸯楼,可惜日军侵略南浔时不仅抢了楼里的字画和文物,还一把火烧了鸳鸯楼,这是我们国家和南浔人民的重大损失。

【小莲庄门楼】

小莲庄门楼

各位游客,现在大家看到的西式门楼才是小莲庄的正门,因为江南水乡主要靠水上交通,园内这条河道跟运河相通。当年船只可以直接在这边上河埠头靠岸,从正门进入小莲庄。"小莲庄"三个字是由郑孝胥题的。出了正门,我们沿着荷花池已经走了一圈,参观也到此结束了。谢谢大家的光临!

【概况】

各位游客,现在我们来到了刘家的私家藏书楼——嘉业堂藏书楼,它是小莲庄的主人刘镛的孙子——刘承干所建,也是浙江五大著名藏书楼之一。刘承干继承祖上的大笔遗产却不善于经营,只喜欢藏书、读书、印书,在上海收购大量藏书以后,于1920年动工,1924年终于在刘氏共同产业小莲庄旁边建成了嘉业堂藏书楼。当时花费银子12万两,共拓地20亩,分为书楼和园林两部分。首先请各位参观书楼。穿过园中小道,各位团友现在看见的是藏书楼的门楼,门楼上的"嘉业藏书楼"5个大字是由书法家刘廷琛所题。走进门楼,在左手边的橱窗里陈列的是刘承干的资料。他于1881年出生于南浔,1963年在上海过世,享年82岁。刘承干是一个成功的藏书家和刻书家,共花费20年的时间,耗费30万两白银,收藏了16万册60万卷书,为我国的古籍保护作出了重大贡献。可惜的是主人不善经商,刘家于1933年家道中落。为了维持书楼,主人卖掉了5万册珍贵的藏书,就如其自己说的"自我得之,自我失之"。到1951年,主人主动把书楼捐献给了国家,由浙江图书馆来接收,现在此处是浙江图书馆的一个分支机构。

【宋四史斋】

宋四史斋

游客们,我们往右边来参观宋四史斋,因为这里原来陈列了四部宋刊本的书,分别是《史记》、《前汉》、《后汉》、《三国志》。现在里面陈列着刘氏自己刻印书籍所留下来的版片,这些雕刻版片都是用红木中的红花梨木做材料,所以到现在还保存得相当完好。书室的中间是两块像山水画的天然大理石,上圆下方就是天圆地方的意思。南浔富户林立,1919年的时候就通电了,大户人家很早就从国外买进吊灯,这里悬挂的吊灯就是当年主人从法国进口的。从宋四史斋出来,各位团友可以留意一下,整个藏书楼的门窗上面都是由嘉—业—堂—藏—书—楼6个字组成。站在天井中央,可以看到整个藏书楼外貌。藏书楼分上下两层,上面栏杆上是"希古"二字,下面是"嘉业"二字,铁栏杆还保存了原貌,因为当时没有电焊技术,所以连接这些铁栏杆的还是最原始的铆钉。藏书楼的独到之处还在于它的设计,它的下水管道是直接设计在柱子当中的,在当时那是何等的时髦。整个藏书楼是一个回字形建筑,楼上楼下共有52间书库。

【嘉业堂】

各位游客,你们知道嘉业堂藏书楼的名字是如何来的吗?下面我们去正厅找这个答案。这里就是正厅嘉业厅了,之所以取名嘉业藏书楼,就是因为正中悬挂的这块九龙金匾——钦若嘉业。嘉业是指美好的事业,对刘承干来说他的美好事业就是藏书、建书楼了。这块九龙金匾是由宣统皇帝赐给刘承干的,因为刘承干捐了大笔钱为光绪皇陵种植树木。可惜的是上面没有时间的落款,因为赐这道匾的时候已经是民国三年(1914)了,宣统不能用清的年号,又不甘心用民国的年号,所以就没有落款。上面的字是由皇帝的老师陆润庠题的。嘉业厅是当时主人接待贵宾的地方,所以里面摆放的是一套红木家具,也是目前南浔镇上保存最为完好的清式家具。书室为了防潮,地砖离实际地面隔开很高的距离,所以到了梅雨季节也很干燥。

嘉业堂

【诗萃室】

诗萃室

游客们,从正厅沿围廊返回,现在这个厅叫诗萃室,里面主要放了一部书叫《国朝诗萃》。正本是由刘安澜写的,副本是由刘承干写的。刘承干本是刘镛第二个儿子刘锦藻的长子,由于刘镛的长子刘安澜英年早逝,未留下后代,所以刘镛将刘承干过继到长房,刘承干幸运继承了大伯的大笔遗产。

各位游客,诗萃室旁边过道陈列了一副刘承干亲笔所题的对联,上联是"汗青蠹简罨画帘栊怀抱向谁开对婵娟香寻古字",主人刘承干一生好客大方,凡是乐意来刘家看书的,主人都会免费提供吃住。下联是"雾阁云窗争辉金碧俗尘飞不到胜丝竹风响牙签",刘承干爱好读书,觉得风翻书的声音比音乐还要动听。这副对联的木质是银杏木,上面的字是阳文,主人写好刻出后,用铁砂、墨汁、糯米、明矾四样东西填上去,所以看上去很有立体感。回到门楼入口处,上面橱窗里陈列了1949年周总理关于保护好嘉业堂藏书楼的指示,正是周总理的关照才使得书楼得以保存。

【园林】

各位游客,藏书楼的园林部分是以荷花池为中心的,四周转着一圈太湖石,称为十二生肖石,因为这一圈太湖石有十二生肖动物的形象。太湖石的特点是漏、皱、透、瘦,经过80多年风雨的侵蚀,现在象形的不多了。站在园中可以看到外面的景色,因为当时主人的设计是用河道代替了高墙,主要是为了取水救火,同

园林

时站在园林中就可以看到外面的景色,起到了借景的作用。走过园中小桥,这里有一块太湖石为啸石,"啸石"二字是由清代著名的学者阮元题的。这块石头是南浔三块奇石之一。当年主人花巨资购买而来,主要是上面有一个小孔,如果吹得好的话像老虎发出的声音,因此得名为啸石,大家不妨上去试一下。

各位游客,穿过三曲桥,这个景点就参观结束了,接下来我们要参观的景点是张石铭故居。

【张石铭故居】

各位游客,张石铭故居被称为江南最大的具有中西建筑风格的私家古民宅,号称"江南第一宅"。张石铭,名均衡,他与国画大师吴昌硕齐名,是杭州西泠印社的发起人。因为张石铭的祖籍在安徽,后来为了避难举家迁到了南浔,所以这

张石铭故居

里的建筑都是徽派的建筑。在安徽有这么一句话叫"前世不修生在徽州,十二三岁往外一丢",说的是以前在安徽的时候小孩子很小就要出去自己谋生活了,所以就造就了现在的这些徽商。张家也是做丝绸生意的。大家如果走累了的话可以在两边的凳子上休息一下,其实这就是以前的轿厅,轿夫把轿子抬到这里

后,轿夫不能进去,就只能在外面等,所以这两边的凳子以前是给轿夫休息的。厅后两侧有两天井供采光通风。两侧墙面镶嵌石雕4块,分别是福、禄、寿、喜。正大厅腰门的门额上有"世德作求"4个字,是湖州雕刻大师吴昌硕所书,上面雕的是群仙贺寿。现在我们进来参观,这个正面大厅,面阔3间,叫作"懿德堂",张石铭早年丧父,由母亲操持家业,因此他对母亲十分的孝敬,宅子建好以后取名"懿德堂",以颂扬母亲一生的功德。"懿"是古代对女子的一种尊称。堂匾是由甲午状元南通张謇所写的。我们继续往里面参观,这边是内厅,上面的"以适其志"4个字是康有为先生写的。墙角有一口钟,它是法国进口的,西门子品牌的;跟钟相对的是一块屏风,两个合起来就是"时时平安"的意思。

我们往后面参观。这边放的是张石铭的简介,大家可以随便看一下。我们来看一下张家的家谱,张石铭和国民党十大元老之一的张静江是兄弟,一个是从政的,一个是从商的。这边是张石铭旧宅的整个布局图,总占地面积4 792平方米,建筑面积6 137平方米。张家现在开辟出来供游览的只有1/3,还有2/3没有开辟。这边的这个是舞厅,因为现在还在装修中,所以我们不能进去,很遗憾。

张家有三雕,刚刚我们看到的是砖雕,现在的这个门上的是木雕,上面雕的是《西厢记》等。现在我们看到的这个椅子叫太师椅,是张石铭的母亲坐的地方。出来大家请跟我一起顺着左侧的腰门进入第三进院落,大厅后面的堂楼叫作女厅,是女主人接待客人专用之地。虽然这些建筑都是典型的中式风格,但是在室内装潢方面却采用了花格门窗、彩色玻璃和法国地砖这些洋玩意儿。要知道这些东西都是在一个世纪以前从欧洲进口的,工艺非常的精湛,可见当时张氏家族生活的奢华。三进院为内厅,两侧的窗棂上镶嵌有石刻的彩色芭蕉叶,形态逼真,雕工精良,因此称为"芭蕉厅"。进院是后花园,大家可以在这里拍个照留个影,缓和一下心境,把自己从历史记忆中拉出来。各位游客,张石铭故居的参观到此结束了,接下来我们要参观的景点是刘氏梯号。

【刘氏梯号】

各位游客,现在我们来到了刘氏梯号。刘氏梯号是刘镛的第三个儿子刘梯青的私家住宅,他原名刘安生,号梯青,故私宅取名为刘氏梯号。刘氏梯号也称红房子。因为它里面的西式建筑是使用红砖砌成的。我们面前看到的一进、二进已经被日军烧毁,现在看到的是刘家的三进,叫"达礼堂",看供桌上放着糕、粽子、团子、圆子,意为高中团圆、必定高中。还放着全鸡,意为"十全十美"。猪头(猪尾巴放在猪嘴之中)是有头有尾的意思。猪头上插着3根葱意为聪明绝顶。接着我们看到西式的吊顶,一些西式家具,还有两旁的壁炉也是西式的。现在我们就来看看刘家西式建筑最为壮观的一面,地上的地砖是法国进口的,向外面看全是红色的砖、铁栏杆,罗马柱也全是进口的。最近炒得比较热的两部电视剧《新上海滩》、《金粉世家》都曾在这里取过景。这也是为什么叫红房子的原因了。大家再来看一下这红楼的两侧都是高高的马头墙,为何主人要把如此美的景色建在里面呢?因为在封建社会怕被老百姓说三道四,骂其崇洋媚外,财不外露,所以这马头墙起掩饰的作用。各位游客,刘氏梯号的参观到此结束了,接下来我们要参观的景点是求恕里。

刘氏梯号

【求恕里】

求恕里

各位游客,现在我们来到的就是求恕里,这是嘉业堂藏书楼的主人刘承干在1930年所建的别墅。求恕的意思是自己做事要多为人家着想,反映主人追求心态宽恕的境界。其实刘承干一生淡泊名利,不求仕进,即使到了晚年家道没落也坦然自得,故以求恕居士自居。求恕里属于典型的中西合璧的建筑,整个结构是以门房、甬道、西洋门楼、券门、庭院和独立的楼厅相结合。进门便是一条长甬道,具有上海里弄的风格,在中间的这座西洋门楼,上面有"鹧溪小隐"4个字,说明求恕里是在鹧鸪溪的旁边;上面还有几个像金蟾的动物,据说这是刘家做生意的商标。

在西洋门楼两旁的厅里,现在摆放的是刘旭沧作品摄影展。刘旭沧是刘承干的第9个弟弟,是中国近代著名摄影艺术家。他跟刘承干相差32岁,一个长衫马褂,以收藏古董成名;一个西装革履,以专研摄影而成名。兄弟俩各有所成,被人戏称是刘家的"中西合璧"。里面还有20世纪30年代电影明星阮玲玉的照片,大家可以进去随便参观。求恕里的甬道走到尽头,走进这个小券门就是一个花园别墅了。园内有花草树木做点缀,大家可以拍照留念。游客们,求恕里的参观到这里就结束了,接下来我们去位于镇东面的百间楼游览。

【百间楼】

各位游客,南浔百间楼位于镇东北侧,沿老运河东、西两岸建造。相传是明代礼部尚书董份为他家的仆人居家而建,始建时约有楼房百间,故称"百间楼",这一名称一直保存至今。百间楼的特色是依河立楼,河道蜿蜒逶迤,有石桥相连。楼房为传统的乌瓦粉墙,形成由轻巧通透的券洞门组成的骑楼式长街。最集中的一段是河东岸的莲花桥到长桥,房屋较为整齐,密密匝匝地布满了河岸。白墙、青瓦、沿廊、河埠、花墙、券门、廊檐,河水流淌,船只往来,呈现出一派典型的江南水乡特有的风光(河西岸在20世纪40年代,遭日本飞机轰炸,损毁严重,虽经修整,但已失昔日风采)。百间楼河道原是运河,通湖州和乌镇、苏州、南浔的物资均从这条河进出。元末筑城墙,成为城壕的一段,沿河大多为货栈、店铺,沿岸筑成整齐的条石驳岸,岸边码头林立,以便船只停靠,装卸货物。沿河是长街,沿街房屋大多为前店后宅。大户人家住宅三至四进,一般人家为一个天井的两进屋。

百间楼

整条百间楼街房舍连排,侧墙相接。房舍间山墙高耸,有做成云头式,有做成观音兜式,也有做成三叠马夹墙式,高低错落,白墙黑瓦,饶有风情。

百间楼是至今为止保存得最为完整,并留有传统风貌的沿河民居群落,全长400余米,有门面154座,距今已有400多年历史。游览完百间楼,接下来我们要参观的景点是张静江故居。

【张静江故居】

各位游客,欢迎来到位于南浔镇东大街108号的全国重点文物保护单位——张静江故居参观。张静江故居又名尊德堂,系张静江祖父张颂贤于清光绪二十四年(1898)所建。张颂贤,又名竹斋,南浔"四象"之一。

张静江(1877—1950),名增澄,又名人杰,字静江,佛号饮光,别号卧禅,是孙中山密友。出身于南浔四大富豪之一的张家。在国民党第一次全国代表大会上,当选为中央执行委员,曾代理浙江省国民政府主席,被称为国民党四大元老之一。张静江故居保持清代传统三进五间式古建筑风格,一进有一厅五室,每进之间各有天井,每进一堂便递高一级,俗称步步高升。每进连有防火用的直式火巷。故居显露一种既豪华又古朴且幽深的遗风。封火墙高于屋顶,坡面屋顶覆盖龙鳞般的小青瓦,屋檐口加盖既利排水,又能防风的滴水瓦。室内栋如鳞次,宛如宫殿;雕刻十分精湛,以戏文、民俗图案为主,崇尚一种古朴、自然美,可谓南浔一绝。

张静江故居

我们注意看,在前后两道大门背后都有构思奇妙、雕刻精细的砖雕,这一面写着"有容乃大"4字,出自林则徐"海纳百川,有容乃大;壁立千仞,无欲则刚"的格言;另一面写着"世守西铭"4字,源于宋朝张载弃官后授徒有"东铭西铭"的典故。上述8字均为里人周梦坡(又名周庆云,南浔"八牛之一",近代实业家兼收藏家)所书。我们再看,故居大门上方悬挂"张静江故居"的横额,正厅上悬挂南通张謇题写的黑漆金字"尊德堂"堂匾,两侧是孙中山题写的一副楹联:"满堂花醉三千客;一剑霜寒四十州。"

游客们,抱柱上的对联是同治、光绪二皇帝的老师翁同龢所写:"世上几百年旧家无非积德;天下第一件好事还是读书。"游客们,二厅、三厅陈列着张静江手书赠陈立夫的"铁肩担道义;棘手著文章"对联,以及有关张静江生平的家谱、家族发展史和张静江一生的大事记略,各种照片、书札、任命状等文物。其中有南京中

国第二历史档案馆提供的张静江在辛亥革命、北伐战争中以及民国初期的珍贵历史照片和资料,有孙中山、宋庆龄、冯玉祥等名人照片,有孙中山、宋庆龄、何香凝、于右任、陈布雷、蒋介石等名人手札,有"尊德堂"家庭合影和张静江夫人朱逸民与好友陈洁如的许多生活照,还有陈友仁提亲致张静江的手札、张静江子女的照片以及张家账本、寿礼簿、全福贴等。边厅的两边墙上是张静江临摹"八大山人"的一些字画,其间有一张琴桌。

游客们,正厅里的这张桌子是明代家具,是紫檀木所做。那张红木"太子床"主要是供午休、喝茶用的。这里还陈列着著名书法家董其昌手书的晋"竹林七贤"之一的刘伶《酒德颂》板屏6块(原有8块),是用银杏木镌刻,乃国内罕见的珍贵历史文物。

【结束语】

各位游客,南浔古镇之旅就要结束了,最后我借用徐迟先生对故乡南浔的赞美来与大家分享,他说:"水晶晶的小镇,水晶晶的倒影,映出个水晶晶的世界。这是我的水晶晶的家乡。到水晶晶的南浔来。"相信刚才的南浔之行,您也一定会获得同样"水晶晶"的感受。谢谢!

生活着的千年古镇——西塘

各位游客:

大家好!欢迎大家来到中国首批历史文化名镇、国家AAAA级景区——西塘。西塘古镇处处绿波荡漾,家家临水入影,近看小桥流水,渔舟扁扁;远眺白墙灰瓦,湖光波影,而这一切,都在薄雾的晕染下恰如一幅淡彩的水墨画。走进古镇,石桥古朴,廊棚苍老,弄堂幽深,似乎进入了久远的历史。

【五姑娘主题公园】

五姑娘主题公园

各位游客,进入古镇景区大门以后,首先看到的景点是五姑娘主题公园。在西塘流传着一个真实的爱情故事,清末时期,塘东村的杨家地主小姐五姑娘与长工徐阿天相爱,遭到了异母胞兄的反对,被迫害致死。后来她的爱情故事被编成田歌,在这里传唱了100多年。根据这个故事,在古镇西塘西线入口处建造了占地3 000平方米、具有西塘水乡特色和人文历史风貌的五姑娘主题公园,其中包括五姑娘雕像、独瓦亭、水上舞台等。独瓦亭是徐阿天在当窑工时为表达他对五姑娘的独一无二的爱情,而特意烧制的一片瓦盖成的一个亭。在亭里挂有一口钟,上面刻有他们两个人在这里相约的情景的画面和表现他们一见钟情的文字。

田歌是西塘民间流传下来的农村民歌,至今仍传唱于江浙沪毗邻地区,是中国宝贵的地方音乐文化遗产。尤其值得一提的是,由西塘田歌改编的音乐剧《五姑娘》在第七届中国国际艺术节上荣获文华大奖。并且在1954年,由已故的越剧创作家顾锡东改编成越剧《五姑娘》,由浙江省越剧团演出,夏衍看了戏后,非常赞赏,特意在《人民日报》上发表文章,给予了很高的评价。顾锡东,土生土长的西塘人,原浙江省文联主席、浙江越剧院院长,一生致力于越剧的创作,写下了大量剧本。他从小爱好古诗词,新中国成立之初参加西塘镇宣传队,边演戏边写演唱材料,其中以《五女拜寿》和《汉宫怨》最为著名。《五女拜寿》还被拍成电影,影响极为广泛。顾锡东不仅为中国越剧的发展作出了卓越的贡

献,为我国的戏剧文学留下了一大笔宝贵的财富,还十分关心家乡的建设,尤其是关心家乡的文化事业,对嘉善田歌的继承和发展给予了不少的支持。

【船游胥河→西塘概况→迎秀桥】

各位游客,请大家跟随我坐船游古镇,我们的船游时间约为15分钟,请允许我介绍一下西塘的概况。

西塘,古名斜塘、胥塘,属浙江省嘉善县,地处江、浙、沪三省市交界处,自古以来就有"吴根越脚"之称。西塘全镇总面积83.6平方公里,其中

船游胥河→西塘概况→迎秀桥

古镇区面积1.01平方公里,人口近6万。水陆交通十分便捷,东距上海90公里,西距杭州110公里,北距苏州85公里。

西塘是全国首批历史文化名镇之一,早在春秋战国时代,这里是吴越两国的交界地。在唐开元年间就已建有大量村落,人们沿河建屋、依水而居;南宋时村落渐成规模,形成了市集;元代开始依水形成集镇,商业开始繁盛起来;明清时期已经发展成为江南手工业和商业重镇。"春秋的水,唐宋的镇,明清的建筑,现代的人",是对西塘最恰当不过的形容。"西塘"这个地名的由来跟春秋战国时期的军事家伍子胥有关,相传春秋时期吴国伍子胥兴水利,通盐运,开凿伍子塘,引胥山(现嘉善县西南12里)以北之水直抵境内,故西塘亦称胥塘。因西塘地势平坦,一马平川,又别称平川。

现在我们脚下的这条河就是胥河,是当年伍子胥主持开凿

的。穿过迎秀桥来到了胥河的最宽处,宽约80米。站在这里观看胥河,河的那一头停着一两艘小舟,小河在这里波澜不惊地拐了一个弯,其景色别有一番风味。

西塘镇区河港纵横,河桥密布,民居临水而筑,以"桥多、弄多、廊棚多"著称。自宋代以来,西塘已建有安仁桥、安境桥、安善桥、仁桥、五福桥、永宁桥等13座桥,清代又建有卧龙桥、渡禅桥等,至1998年,全镇共建桥104座。这些古桥大多为单孔或三孔石柱木梁桥,桥梁工艺精湛,至今保护完整,具有观赏价值,自古被誉为"卧龙凌波,彩虹飞架"。

由于西塘包含了几乎所有的江南水乡传统文化特色要素,而被誉为"江南水乡民俗文化博物馆",目前已被列入世界历史文化遗产预备名单。游客们,码头到了,请大家携带好随身的物品,跟我走进这座"生活着的千年古镇",去感受水乡的无限风情吧。

【石皮弄】

游客们,弄堂是市镇及宅屋建筑的一部分,据统计,全镇有长短不一的弄堂12条,其中百米以上的宅弄有5条,按用途把它们

石皮弄

分为三类:一类是宅内弄,为整个建筑物的一部分,称为"陪弄"或"备弄";另一类是前通街后通河的,称为"水弄";还有一类是将两条平行线的街联通的弄称为"衖"。

这是西塘最具有特色的一条露天小弄,叫"石皮弄",形成于明代嘉靖年间,是镇上王姓家族子孙宅院之间的一条小弄,长68米,最窄的地方只有0.8米宽,是一条"独行弄"。石皮弄是由216块薄薄的石板铺成平整的弄面,石板下是排

水沟,因为石薄如皮而得名,有西塘"一线天"之称。

【尊闻堂】

游客们,这幢建筑叫"尊闻堂",它位于种福堂的西侧,两堂相隔着著名的石皮弄,始建于元末明初,是古镇最古老的民居建筑。尊闻堂几经沧桑,主体建筑正厅、花厅及厅楼仍保存完好,正厅高爽宽敞,气势恢宏;花厅素雅,质朴庄重;厅楼造型洗练,精巧秀雅。尊闻堂体现了明代民间住宅的艺术特色,面积不大,却宽敞明亮,有粗犷的青石柱础、细密的木雕构件。堂前拱券式的轩梁,两端缀以牡丹、柿子、佛手、石榴等漏雕饰件,中间双步梁两侧刻有"梅、兰、竹、菊"四君子,一排木格落地长窗,裙板上绘有水墨山水画,素净雅致,别具一格。《元史》、《明史》记载,官房、民房绘云雕龙有禁。逾者治罪之……但此柱、梁、廊、窗上的各种龙纹、龙形随处可见,雕刻精细,在民居中实为罕见!更为令人称奇的是,厅堂柱梁之上雕刻的巨幅"包袱巾"——刻着100个寿字的"宝相花"图案,上面还有9只口衔铜钱的蝙蝠翩翩起舞,寓意"福在眼前"。所以此厅又号称"百寿厅",堪称江南古建筑之一绝。

【王宅】

游客们,王宅是目前镇上保存较为完好的古民居之一,位于石皮弄的东侧。据王家家谱记载,王家世祖是宋代御营司都统王渊,相传王渊随宋康王赵构南渡时到江南,元朝末年,王氏为了躲避战乱而定居嘉兴,后又移

王宅

民到了幽静安宁的西塘。

王宅为江南民居的清代大宅式建筑,前后共有7进,总长100余米,门面不是很气派,与边上的房屋没有区别;进入第二单元是轿厅,也很简陋,不过是两层,楼上住下人。

第三进就是"种福堂"正厅,东西各有两条备弄。正厅对面的砖雕门楼是保存最完好的古门楼,门楼上雕刻有"兰、石、竹、菊"和"维、和、集、福"的字雕,既显示出大户人家的气派与主人的信仰,又使整个小院呈现出祥和的气氛。

正厅挂有"种福堂"一匾,传为康熙年间翰林侍读学士陈邦彦所题,种福堂的名称为教诲后人"平日多行善积德,日后定能使子孙得福"。正厅有14扇落地长窗。地上铺有一尺见方的厚方砖。大厅有两根柱子,粗有30公分,柱下面有鼓石,刻有凤凰展翅图案,十分精美。正厅楼板非常结实,上面也铺有方砖,其用意是隔绝楼板上下的声响,以免惊动楼下尊贵的客人。另外,方砖也适应江南气候,在潮湿季节吸收水分,在干燥的时候释放储存的水分。

【环秀桥→西园】

环秀桥→西园

游客们,这是环秀桥,它建于明代万历九年(1581),横跨杨秀泾,将塔湾街和西街连成一体。以前,塔湾街是商家云集之地,而西街是官宦富绅宅地,此桥是沟通两者的要道。环秀桥为三孔石桥,是西塘最早的高桥,1944年农历十二月二十三日下午突然倒塌,压死7人,声响数里。1997年重建,"上下影摇波底月,往来人度水中天","船从碧玉桥中过,人步彩虹带上行",再现了长虹卧波之势。

游客们，西园是明代朱氏私邸，为江南大户人家建筑，园内有亭台楼阁、假山鱼池，是当时镇上风景优美之处。民国初，吴江诗人柳亚子常偕陈巢南等来西塘与镇上南社社友在园内叙话，并摄影留念，效仿黄庭坚等人为留影命名《西园第二雅图集》，一时传为佳话。现在园内有"朱念慈扇面书法艺术馆"、"百花引"、南社陈列室等展厅。

【薛宅→纽扣博物馆】

游客们，接下来我们将去的是薛宅，与清朝官宅"种福堂"所不同的是"薛宅"是一个民国时期的商住民居，整个建筑为砖木结构。薛宅建于民国十五年（1926），原址为一南货店，遭火毁后由薛姓建造而成。由于薛宅

薛宅→纽扣博物馆

处于繁华的商业地段，其格局为前店后宅的结构，前后两进，前临街道后依河，为本镇典型的商住民居。大家请看这座砖雕门楼，上刻有"垂裕后昆"4个字，这就表示薛宅的主人希望自己创下的这片基业可以永远保存下去。

薛宅有以下几个特点：一是浅，虽说前后有两进，但两进之间连接紧凑，从高处看，"回"字形的屋中镶嵌一个天井，连成了一片；二是简，没有陪弄，一律从大门进出，另外整个建筑的装饰非常朴素简单，并没有花哨的雕饰；三是亮，一反传统的以暗为上、暗能藏财的习俗，所有的窗户都配有玻璃。

现在，薛宅正展出着一些由西塘居民私人收藏的民间用品，这些民间收藏品以西塘地方文化为主要内容，以苏州区域文化为背景，展示江南水乡民俗风情。

游客们,现在我们来到了位于西街上的纽扣博物馆,该馆共有6个展示区,分别为古代纽扣展示区、近代纽扣展示区、现代纽扣展示区、贝壳纽扣生产工艺流程展示区、纽扣应用区、中国结展示区,其中汇集了汉代至现代的各式各类的纽扣千余件。

西塘是中国纽扣之乡,有纽扣生产企业近500家,年产值10亿元,产量占全国生产交易量的40%。贝壳纽扣是我国第一代的专业纽扣,地处杭嘉湖平原的水乡西塘贝壳原料极为丰富。记得过去衬衣上的小田扣就是用江南盛产的蚌壳做的,小小的衬衣田扣,要经过冲剪、磨光、打孔、漂白、整形,当时的纽扣生产机器大都用人力脚踏操作,完全是手工方式,是一种纯体力的劳动,在"纽扣博物馆"内专门有师傅现场演绎贝壳纽扣生产工艺流程。可以说,纽扣馆的开馆翻开了中国纽扣史上崭新的一页,也为纽扣之乡西塘增添了一道新的风景线。

【计家弄→张正根雕艺术馆】

计家弄→张正根雕艺术馆

游客们,这条弄堂取名为"计家弄",顾名思义弄堂里的住户大多数都姓计,因为西塘的弄堂绝大部分都是用人的姓氏来命名的。

接下来我们参观的是"张正根雕艺术馆",它位于计家巷内,占地2 000平方米左右,系典型的民国建筑,距今已有百年左右的历史,融合了中国古代建筑和西方欧式建筑的各自特点,为砖木结构,里面陈列的是著名根艺美术大师张正的几百件根雕作品。根雕源于自然,是一种化腐朽为神奇的艺术。

张正先生,杭州人,原籍安徽舒城,生于1958年,1999年因人

才引进,来到西塘继续其根艺创作。他的作品立足于七分天然、三分人工,有不少作品获得全国的各种奖项。500件大件作品(最轻为150公斤,最重为1 000公斤,平均重量为250公斤)进入吉尼斯纪录,本人被载入世界名人录及"东方之子",来到嘉善后,又被评为嘉善的荣誉市民。

首先,大家看到的是一张龙椅,名为《过把瘾》。在中国古代只有皇上可以坐龙椅,而根雕馆的这张龙椅,是专为游客准备的,让各位可以坐坐龙椅,做一做现代的皇上。整张椅子为龙眼根和杜鹃根自然巧妙组合而成,与之配套的踏脚为全天然的杜鹃根。《根魂》是一件天然的作品,它来自福建闽候地区的一棵龙眼树的树根,此根因为长于悬崖之上,岩石阻碍根系往下发展,所以整个根平摊开来,很大也很平整,其根部截面形似中国地图,而根面上的图案则众说纷纭,有说百兽图、罗汉图。天然的作品就是要给你一个想象的空间,你感受它像什么,它就是什么,这也正是根雕的魅力所在。

右边这件作品名为《震撼》,又名《东方雄狮》,一吨多重,它是来自于东北地区的一个杉木根。狮子的头部就是一个巨型的根瘤,艺术家细腻地刻画了狮子的脸部、爪子以及尾巴部分,令整个作品生气勃勃,震天撼地。而狮子的身体及鬃毛部分则是自然的树根,体现了根雕艺术的七分天然。

而这个名为《媲美》的作品,一看就是这么傲气凛然的孔雀,它展开的尾巴部分是一个纯天然的根系,身体与头部是树桩部分经过雕刻而成的。再看这边,好一幅喜上眉梢的泼墨画,枝条上梅花怒放,花间一对鸟儿窃窃私语,仿佛寓意着冬天即将过去,春天就要到来。整个作品春意盎然,是用一个连理根创作而成,两个油茶根天然地交缠在一起,形成一个圆洞门,作者又巧妙地点缀了两只喜鹊,形成了"双喜临门"这么一幅喜气的图案。

看完楼下这些大件作品后,楼上的小件可谓别有一番洞天。

看这边是根抱石的《八仙过海》,那边则是《十八罗汉》,而正中这个《金狮王》是一个巨大的柯木瘤的作品,一只母狮子、三只小狮子营造了一份其乐融融的家庭氛围,母爱,何其温柔,何其感人!

再过去看一件精品之作——《熊猫盼盼》,是一个根瘤抱木的作品,熊猫的身体为整个根瘤,耳朵部分是根瘤上面两个天然的突起,眼睛、嘴巴、爪子是雕刻过的。作者再巧妙地修饰了竹面,形成了熊猫抱竹这一憨态可掬的图案。

我们再来看一个抽象的作品,这是一块天然的卷边根,题为《年轮》,作者把整个根面想象成一片树的横切面,一圈圈的年轮记载着年轻时的梦。

再看这边有个卷边根的蝙蝠,也是整体的一个树根,后面着色,体现出前面的蝙蝠,蝙蝠在古代是福气的象征。

欣赏完所有作品,大家一定有同样的感慨,像这样的大件作品,别说雕刻手艺高超,从山间的悬崖运到这里也是多么不容易。张正大师以他出色的手艺与不怕困难的精神被列入世界名人录,被誉为"东方之子"。相信下次各位朋友再次光临西塘时,张正大师会有更多的惊世之作供大家参观。

【瓦当文化展示馆】

瓦当文化展示馆

各位游客,中国瓦当文化源远流长。与木雕相比,瓦当本来是一种材质简陋的建筑装饰配件,但由于它不易保存,年代久远,本身具有一定的历史价值。"秦砖汉瓦"闻名于世,但由于砖瓦之类极易破碎,所以年代久远的瓦制品大多传世不多,因而更显得瓦当的珍贵。

在西塘南面的干窑一带,确有大批精美瓦当作品传世。追其缘由可知,早在秦汉时期,当地的制窑业就已相当发达,更早有"千窑"之称,连闻名遐迩的"明货金砖"都在那里烧制。相传当年秦始皇为了抵抗匈奴,广招天下兵马,特向江南一官员下了一道口头圣旨,但当地官员年老失聪误把招千军万马听为"造千砖万瓦",遂大兴土木,至此嘉善一带制窑业发达。这个馆内有花边滴水、筷笼、步鸡、砖雕、古砖、陶俑6大类300多个品种,其中有寄托着美好愿望的传统瓦当,有带宗教色彩的寺庙瓦当,有表明一定历史时期的政治图案瓦当。瓦当以深邃而广博的文化蕴含,带给人们无穷无尽的思考与遐想。

【安境桥→永宁桥】

各位游客,西塘地势平坦,河流纵横,所以桥梁也特别多。前面我们看到的两座桥是安境桥和永宁桥,它们呈"丁"字形跨于西塘河及朝南的埭市河上,成为镇上交通中心,也是最佳的观景点。安境桥建于明朝,是西塘建镇以后修造的第一座桥,故有此名。西塘最有名、最繁忙的桥就是这座永宁桥了,它连接着西塘的标志性建筑——烟雨长廊,还连着曾经最繁华的长廊——北栅街和最繁忙的水道——烧香港,以及现在最有名的商业街——西街。这里往来的行人络绎不绝,所以是商家必争之地,光酒楼就有好几家。站在永宁桥上,环顾四周,可将西塘大部分区域尽收眼底。

安境桥→永宁桥

【烧香港→倪宅→陆坟银杏】

烧香港→倪宅→陆坟银杏

各位游客,这条街道称为塘东街,是民国至解放时期西塘最为繁华的街道之一。我们过桥左拐就到了"烧香港","港",其实就是"水巷",这条长700米的小河道两边有许多寺庙,如"圣堂"、"福源宫"、"东岳庙"等,各种船只载着附近村民到西塘来烧香许愿、赶庙会,热闹非凡,因此,小河就取名为"烧香港"。

游客们,西塘不但有优美的人文景观,而且还有浓郁的文化氛围。元代钱塘诗人钱唯善、元末明初著名诗人高启都曾到西塘寻幽探古。在明代到清末的427年间,西塘有名姓记载的进士19名、举人31名。吴江诗人柳亚子曾多次来到西塘与镇上文士吟诗唱和,西塘参加南社的文人就有18人。

下面我们就到当代西塘才子倪天增故居参观。倪宅位于烧香港南街34号,前后共5进,前有廊房,后有花园,占地620平方米。正厅名承庆堂,门厅上有上海雕塑家章永浩教授创作的倪天增铜像。楼下为客厅、餐厅,楼上为卧室、书房等,刻有倪天增生平。

倪天增(1937—1992),祖籍嘉善西塘,曾任上海市副市长,一生简朴清廉,赤诚奉献,前国家领导人江泽民同志曾赞扬倪天增同志是他在上海工作时期的好助手,朱镕基同志称誉倪天增同志是"市民公仆、勤政楷模、汗洒浦西、功在民心"。

游客们,这座桥叫五福桥,建于明代正德(约1506年)前,为单孔石级桥,桥长14米,桥孔跨度7.5米。它连通烧香港东端的南北两岸,在清代光绪年间重修。所谓五福即长寿、富贵、康宁、

有德、善终,这是民间对人生的五大追求和祈愿,也是造桥人对过桥人的祝福,相信此桥不仅能给人们带来便利,还承载了人们对未来所有的期盼。

游客们,烧香港南坟浜弄内有一处遗迹,称为"陆坟银杏",雌雄一对,老干婆娑,枝叶茂盛。雄银杏高13.8米,围抱3.92米;雌银杏高9.35米,围抱3.08米。两棵银杏种植于明洪武年间,原是御史陆邦所置墓地的一部分。陆邦字秀卿,嘉靖年间官至湖广巡抚,在任期间能体恤民间疾苦,被老百姓誉为"陆青天"。

【五福桥→高阶沿】

游客们,这座桥有个非常好听的名字叫"五福桥",它是由当时西塘的5户人家共同集资建造的,这5户人家分别把5种不同福气都安置在桥面上。它建于明正德年间,修于清光绪二十七年(1901)。据西塘的老人

五福桥→高阶沿

说,人要从这桥上走过会带上5种福气,这5种福气有好多种版本的说法,但大致认为分别是:长寿、康宁、富贵、有德、善终。大家走一走,可以把5种福气带回家,希望您也把这5种福气带回去。

从五福桥上下来,这儿我们走的是西塘的高阶沿,所谓高阶沿,就是这排低矮的房子,有没有发现这排房子的台阶特别地高?这里在以前住的是西塘最有钱的人,但我们发现有钱人的房子也不过如此,为什么呢?主要是因为江南人财不外露的秉性。水路发达,随之水盗来了,所以门面造上一排低矮的房子,但里面却是深宅大院,不过居民还是会住在最外面,唯一的区别就是把台阶筑高,以显示自己的地位和财富。

【圣堂→江南明清民居木雕陈列馆】

圣堂→江南明清民居木雕陈列馆

游客们,过了五福桥就看到一座黄色的建筑,这是当地的一座庙宇,叫圣堂,初建于明万历三年(1575),原祀巡按庞尚鹏,称庞公祠。清康熙十三年(1674)、清康熙五十年(1711)两次重修,改供关帝像,俗称"圣堂"。关羽是武圣,与文圣孔子同为万世师表,称之为圣堂顺理成章。旧时,每逢岁首,镇上商贩多云集于此,各式风味小吃、年画玩具等聚集于此,琳琅满目,热闹非凡。

游客们,明清木雕陈列馆陈列着明清时期以西塘为主的江南民居建筑木雕。主要有梁架、梁垫、撑拱、雀替、格窗、雕栏、窗板等。雕刻技法丰富多彩,剔地、线刻、漏雕、透雕各展奇功,各组雕件或精雕细琢,华丽繁复,或刀法简练,清丽朴实,集中展现了江南民居木雕特有的柔美、细腻、清新、绚丽的格调。木雕馆分为两个展厅,第一展厅,主要陈列梁架、花格窗和窗花板;第二展厅,东墙上主要陈列明代木雕,西墙上主要陈列清代木雕。

【狮子桥】

游客们,这座桥叫"里仁桥",因桥栏望柱上雕有形态各异的小石狮8尊,民间又称之为狮子桥。在当地还流传着这么一个有趣的民间故事,相传狮子桥桥堍边有一家酱园店,店老板是一位姓袁的善良老者,每逢街坊邻居无钱买油酱时,他总是无偿施舍。可是,住在镇东头的一位财主却老是到店里只知拿货不知付钱,财主依仗财势,袁老板是敢怒而不敢言。忽然有一夜,袁老板梦

见狮子桥上的狮子流出了眼泪,并且告诉他三天以后这里将发大水。第二天天一亮,袁老板急急忙忙通知街坊邻居快点搬家,而且他还把昨天晚上的怪梦说给了大家听,大家纷纷行动起来。谁知财主一听,哈哈大笑,石头的狮子会哭出眼泪,真是天大的笑话!财主暗想会不会是袁老板暗中使坏妄想谋取他的家产。果然,3天以后洪水滚滚而来,财主终因贪恋自己的万贯家财,不肯相信神灵的预言,淹死在滔滔洪水里。

【黄酒陈列馆】

游客们,黄酒陈列馆坐落在西塘万安桥与卧龙桥之间椿竹街中段,由一组民房改建而成,是全国最大的黄酒生产地西塘酿酒历史的缩影。

黄酒是我国最古老的饮料之一,具有数千年的历史。它的酿制方法

黄酒陈列馆

与实际上喝的酿造酒有明显的不同,它是以大米或粟米为原料,经过蒸煮、糖化、发酵以及压榨而成的一种低浓度酿造酒。黄酒酒性醇和,酒体丰富,有较高的营养价值,为我国人民所喜爱。嘉善黄酒生产历史悠久,早在明万历四十六年(1618)西塘人陆失煌创办陆家糟坊,以酿制"梅花三白"(黄酒)而闻名。至其孙陆景陶时家业隆盛,"陆酒"名闻乡里。以后糟坊在当地如雨后春笋般地出现。后几经变迁,现以嘉善酒厂为代表的嘉善成为全国最大的年产数万吨的黄酒生产基地。

西塘黄酒陈列馆由黄酒产品陈列室、传统黄酒生产工艺流程、西塘黄酒史展、酒魂园以及小酒馆组成。陈列室展示了嘉善酒厂数十种黄酒系列产品。陈列室后为传统工艺陈列室,以地

灶、盘肠、木榨、酒缸、风车、量具、石臼、米撬、竹箩、水桶、漏斗、弯子、扁担、酒坛等实物,再现了嘉善传统黄酒的生产过程。西塘黄酒史展分前言、酒史渊源、糟坊繁荣、公私合营、地方国营、改革春风、继往开来、三次飞跃、五大成果、结束语 10 个部分展示了西塘黄酒的发展历程。最后还可在陈列馆内的小酒馆内品尝一下正宗的嘉善黄酒,为你的旅途解除疲劳。

【卧龙桥】

卧龙桥

游客们,眼前这座石拱桥叫卧龙桥,位于北栅市河口,系单孔石拱桥。桥身长 31.46 米,宽 4.95 米,桥东坡 32 级,西坡 30 级,西堍朝南转角处还有 9 级。巡杖呈长方形,高 44 厘米;望柱高 71 厘米,柱头呈方形。拱圈为纵联并列砌置。为镇上最高之桥梁,工艺精湛,建成于清康熙五十八年(1719)。

卧龙桥是西塘最有名的石桥之一。卧龙桥原来是一座木桥,年久失修,破烂不堪。有一天,桥边住的一位姓朱的竹匠看到一孕妇失足落水而死,就很想重新修造,可没有资金。他就削发为僧名广缘,奔走化缘历时 10 年,积得白银 3 000 两,开工建造。到白银用完,尚缺石料,和尚却因 10 年劳苦积病而死。工程缺桥面将停,这时,有两位神仙来到西塘,听说西塘豆腐干非常有名,品之,赞不绝口,正陶醉之时,一块豆腐干掉了下来落在未完工的卧龙桥上,形成了桥面。所以卧龙桥的桥面是很大的一整块。整座桥上刻着一条龙,首东尾西,今日仍然清晰可见。

【烟雨长廊】

游客们,这是西塘最有名的廊棚。西塘有三多:桥多、弄多、廊棚多。廊棚是沿街商店房屋的延伸部分,其实就是带屋顶的街,是西塘的一大特色。当地有句话叫"雨天不湿鞋,照样走人家",生动地说明了廊棚给人们带来的好处。西塘镇的小街小路大多是廊棚覆盖,使赶集买卖、行人过往没有往日的日晒雨淋之苦。廊棚的顶有"一落水",有"二落水",也有过街楼。廊棚多为砖木结构,一般宽2~2.5米,集中在北栅街、南栅街等商业区,总长有2 000多米。

烟雨长廊

现在我们所看到的廊棚东起北栅栏,西至来凤桥,总长度168米,街宽22.5米。廊棚从街头面延伸至河边,圆木柱支撑着一层斜斜的屋面(即"一落水")。廊棚为砖木结构,中间有一段最为出色,有翻转轩两层雕刻花纹。

建筑学家称廊棚为灰空间,因为它既不是室内,也不是室外,是介于室内与室外之间的一种过渡空间。它可以为房主用,也可以为外人用。可以说,这是一种十分伟大的公益设施,是商家"善举"的儒家思想的物化。有客人会问,为什么会有廊棚?是什么原因形成这么长的廊棚呢?西塘以前主要的交通工具就是船,沿河的地方必然地形成了一条繁荣的商业街,各个店家的老板为了使自家的贸易不受天气的影响,刮风下雨照常可以做生意,于是就在造房子的时候特意地造出这么一个廊棚。其他居民也觉得这种做法既方便了自己又方便了他人,于是纷纷效仿,久而久之西塘的长廊就形成了。

关于廊棚的由来,民间有很多的传说呢。

在西塘塔湾街里有一胡姓商户,店主胡氏年轻守寡,艰难地支撑着一个上有老、下有小的家和一个三开间的铺子。胡家铺子前的河滩边,有一个水豆腐摊,摊主姓王,家中排行老二。王二年轻力壮,老实厚道,只是家境贫寒。他见胡氏艰难,便生同情之心,帮着她做一些体力活,日子一久,胡氏便觉离不开他,但又难以启齿表示这份情意。于是她煞费苦心想出一个办法,一日她请来木匠,借修缮店铺之机,沿河建起了一排廊屋,将店铺前的街路遮盖起来。这么一来,王二既可免受日晒风吹之苦,又能在雨天照常摆摊,两个人同在一个屋檐下,感觉就像一家人。不想廊棚建好后,胡家铺子生意一下红火起来,于是镇上商家纷纷效仿,几年下来,竟连成一线,以致后来成为一种西塘独特的建筑式样。后来老百姓知道这层意思后,便给廊屋取名为廊棚,意思是为郎君而建造的棚屋。

在当地还流传着另外一种传说呢。有一位好心的老板在沿朝南埭一带开设了一家店,生意清淡,一直犯愁。一天来了个叫花子在他们屋檐底下避雨,老板看后于心不忍,给了他吃的,还请他进门。叫花子执意不肯,晚上老板打烊,叫花子还不离开,老板看屋檐太窄遮不了风雨,就拿了一卷竹帘连在屋檐上,临时搭了个小棚让叫花子躲在下面。第二天叫花子不见了,门板上留下了"廊棚一夜遮风雨,知善人家好运来"的对联。据说这位叫花子就是八仙中的铁拐李!他来试探店主的心,后来那店主果然生意兴隆,发了大财。

后来店主觉得用竹帘连在屋檐上方法很好,索性就将屋檐加长,街上的商家也想沾点仙气让自家的生意也好起来,于是纷纷效仿,慢慢形成了现在的长廊。您再看一下在河的西北边,挂着灯笼的这一长排就称作"廊棚",这是我们西塘的标志性建筑,是江南水乡中独一无二的建筑,是古镇中一道独特的风景线。

【送子来凤桥→醉园】

游客们,这座桥顶有棚、红檐黛瓦、古朴新颖的桥,叫"送子来凤桥"。据《西塘镇志》记载,它始建于崇祯十年(1637),清代两度重修,1998年改建为单孔钢筋混凝土拱桥,采用古典园林中"复廊"的形式。中有隔墙花窗,

送子来凤桥→醉园

两边通道,桥两边有护栏,且有方砖铺就长条座,供游人休憩,可观河中景色。

为什么叫"送子来凤桥"呢?传说建桥时,适有一鸟飞来,造桥人认为这么美的鸟应该是凤凰,天降祥瑞,恰逢桥边有一户人家生了一个大胖小子,故取名"送子来凤桥"。此桥又名"情侣桥",寓意情侣步过此桥,婚后必生贵子,所以现在西塘的男女青年结婚,都喜欢到桥上走一走。男子走左边,女子走右边,寓意男左女右。左边为阶梯级,比喻为步步高升;右边没有阶梯,是斜坡的,主要是因为古代女子裹小脚,三寸金莲,慢慢往上挪,步伐比较小,故走小步,寓意结婚后能稳稳当当勤俭持家。当然现在社会已经是男女平等了,让我们再来走一回,感受一下这座古老的廊桥独特的历史底蕴。

游客们,醉园因王宅醉经堂得名,初建于明代,原有5进,现存3进,有古砖砌花坛和江南罕见的微砖拱桥,池石玲珑,回廊通幽,翠竹生妍,秀色醉人。园内正厅"艺香斋"辟"水乡风韵版画"陈列,展示了西塘一个普通家庭的文化底蕴,供游客参观。

【七老爷庙】

七老爷庙

游客们,现在我们所看到的是护国随粮王庙,也俗称"七老爷庙",始建于明代末年。400年前,农耕技术的发展使太湖流域的粮食产量提高很快,但朝廷对这块富庶之地的赋税却越来越重。有一位金姓运粮官经过本镇,时值镇郊旱灾严重,百姓颗粒无收,苦不堪言,金姓运粮官动了恻隐之心,遂将皇粮全部施予饥民,自知难逃国法,就在雁塔湾河里自尽。金姓运粮官死后,朝廷查清此事,追封"利济侯",后又加封为"护国随粮王"。镇上百姓感其恩德,特建此庙以表纪念。金姓运粮官排行第七,故百姓称之为"七老爷"。每年农历四月初三为七老爷生辰之日,届时全镇各业百姓设祭祀,万商云集,其间还有跑马戏、踏白船、荡湖船等民间文艺活动。

【西塘的名人】

杨茂、张成:西塘两位元代工艺美术大师,雕漆巨匠。他们的作品出神入化,尤其是雕漆中的剔红技法达到了顶峰,代表了元代漆技的最高水平,且对后世漆器的制作产生了深远的影响。杨茂、张成的雕漆作品与当时景德镇的瓷器并驾齐驱,不仅丰富和美化了人们的生活,而且促进了江南市镇经济的发展。杨茂的作品《观瀑团圆盒》至今被北京故宫博物院保存着,该作品的形象还被印制成邮票;张成的《剔红紫萼圆盘》被日本大津市圣众来营寺珍藏。

周鼎:与陈舜俞、吴镇并称"嘉善三高士"。周鼎自幼聪明,攻

读经史,博览群书,学识渊博,官居沭阳典史。后来有一年庄稼歉收,他为百姓请求赈灾,触犯了统治者的利益,引起了他们的不满,于是罢官回家,从此不再涉足官场。他曾旅居苏州,以卖文为生,吴中墓志、谱牒多出其手。周鼎为文严整警敏,援笔立就,尤工诗,浙西文士多有慕名前来切磋者,与吴越知名人士吴宽、沈周等都有结交。西塘养育了周鼎,周鼎又以其赤子之心回馈给生他养他的这一方水土,他在《萍川十景诗》中描写了西塘许多的景致,如西塘晓市、北翠春耕、南泓夜泛、环秀断虹、雁塔湾头等,表现了古镇西塘旧时的生活场景,展示了西塘一幅幅美丽的画卷。

赵宪初:我国当代著名教育家。1924年毕业于上海交通大学,后一直在南洋模范中学任教,直至退休。曾任上海市徐汇区副区长,上海市政协常委、副主席。在教学中,他主张全面提高学生素质,不以分数为唯一标准。在数学教学中,他有自己的一整套教学方法,被誉为"赵三角"。他是上海市第一批特级教师,为教育界公认的"一代名师"。

除了以上介绍的西塘名人外,小小的西塘镇还出了不少杰出人物,如已故的上海市副市长倪天增,外交家韩古农、韩诗农,女作家汤雪华,清华大学教授范崇武,南社社员余十眉、郁佐梅、沈禹钟等。西塘的水土养育了代代英才,造就了代代英才。

西塘开发旅游之后,吴邦国、彭珮云、谢铁骊、苏叔阳、汪恕诚等许多名人来西塘参观考察。奥斯卡巨星梅丽尔·斯特里普、汤姆·克鲁斯和大侠金庸以及国内著名演员孙道临、斯琴高娃,港台影星齐秦、李嘉欣、袁咏仪等也来西塘旅游或拍片。

【结束语】

各位游客,在游览完西塘后,我们与其他水乡作一个简单的比较总结:周庄是商人文化,乌镇是文人文化,而西塘则是最为朴实的平民文化;西塘与其他古镇最大的区别就在于它保持了水乡的原生态,它首先是个社区,其次才是景区,从而当之无愧地成为

"生活着的千年古镇"。西塘古镇的游览到此就结束了,但愿您能喜欢这个淳朴、古老的小镇,欢迎您能再次光临。谢谢大家!

上海的威尼斯——朱家角

各位游客:

大家好!欢迎大家来到千年水乡古镇——朱家角。上海是一个国际化的大都市,然而它的郊外却是水网密布,河流纵横,粉墙黛瓦,曲巷幽弄。依水而立的千栋明清建筑因为水的分离与桥的连接而有了距离与思念。至今依然能想象出明末清初江南重镇朱家角百业兴旺、鱼米丰盛、人头攒动的盛景,因此朱家角被许多影视导演慧眼相中,把水乡古镇的婀娜风姿一次次地搬上荧幕,因此朱家角也一度被游客誉为"沪郊的好莱坞"。

【概况】

游客们,江南水乡古镇朱家角的地理位置十分优越,它地处江、浙、沪二省一市交通要枢,东靠虹桥国际机场,北连昆山,南接嘉兴,西通平望,位于淀山湖下游,黄金水道漕港河穿镇而过。全境总面积138平方公里(含水域),其中耕地面积2 182.9公顷,户籍总人口60 000人,古镇面积达1.5平方公里,为周庄面积的3倍多。

朱家角镇历史悠久,在宋元期间形成小集镇,名朱家村。明朝万历四十年(1612)因水运交通便利,商业日盛,朱家角逐渐成为大镇。朱家村

朱家角

第二篇 读你,在诗画江南

改名为珠街阁,又名珠里、珠溪,俗称角里。朱家镇以得天独厚的自然环境及便捷的水路交通,商贸云集,曾以漂布业著称江南,号称"衣被天下",成为江南重镇。

明末清初,朱家角米业突起,带动了百业兴旺,"长街三里,店铺千家",各业齐全,影响遍及江浙两省百里之外,遂又有"三泾(朱泾、枫泾、泗泾)不如一角(朱家角)"之说。

清康熙五十二年(1713),珠里分属于五十七个三区之二图、十一图和一区二十五图。清末实行地方自治,本地域称珠蔚自治区,为江苏省青浦县管辖的16个自治区之一。

民国时期,仍称珠葑市,设市公所;民国十六年(1927),改为珠葑市行政局。

1949年5月14日,朱家角全境解放。1951年4月撤销市建制,建立朱家角区。2000年,青浦区行政区划调整中与沈巷镇合并为新建制镇——朱家角中心镇,是上海目前最大的集镇,并被列为上海"十五"期间重点建设的"一城九镇"之一。

古镇朱家角有着迷人的自然风光,真山真水显现出江南水乡之特色。真山名叫淀山,山虽不高,但名气却大,为浙西天目山余脉,如登山,有"淀峰晚照"一景可赏。真湖就是天然淡水湖淀山湖,面积达62平方公里,湖东区大部分在朱家角境区,有11个杭州西湖面积大。乘艇游湖,茫茫水天一色,湖区芦苇轻摇,惊起野鸭水鸟,顿觉远离尘嚣,心旷神怡。

古镇朱家角还有着底蕴深厚的人文景观,有一桥、一街、一寺、一庙、一厅、一馆、二园、三湾、二十六弄。如果说有900年建镇史的古镇周庄小巧精致,似小家碧玉,那么千年古镇朱家角则气势磅礴,具有大家闺秀的风采。

一桥,指沪上第一石拱放生桥,也是江南地区最大的五孔大石桥,气势磅礴。站在桥顶,看七月二十七摇快船,是再好不过的景致,而其他三十几座古石桥之壮美也并不逊于周庄,论构造和工艺,朱家角中和桥和西栅桥较周庄双桥更坚固。那些特色桥更是周庄无法比拟的,像三步之遥的"高低桥"、"微缩景观"课植桥、"嘎吱"作响的戚家桥,"纪念国耻"的永丰桥……

一街,是沪上第一明清街北大街,久经沧桑,却还保存得原汁原味,那"一线天"的独特构造,令人啧啧称奇。有"长街三里,店铺千家"之称的北大街,老式店招林立,大红灯笼高挂,成为江南古镇最热闹的古老街道,为江南其他古镇所望尘莫及。

一寺,是报国寺,为上海玉佛寺下院,寺内缅甸白玉雕成的释迦牟尼玉佛、新加坡赠送的第一尊白玉观音及千年古银杏,称为报国寺"三宝"。

一庙,是城隍庙。已有200多年历史的城隍庙,青瓦黄墙,飞檐翘角,有吉祥葫芦、花格落地长窗,古意盎然,香烟缭绕,肃穆庄严,其中"斗拱戏台"、"木刻横梁"及"中堂画轴"(现已废)被称为城隍庙"三宝",十分罕见。

一厅,是席氏厅堂,集江南豪门大富人家建筑之大成,特别是"墙门砖雕"堪称一绝,其图案优美,雕花精细,技法高超,让人叹为观止。

一馆,即是"王昶纪念馆",展出清代乾隆十九年(1754)进士、刑部右侍郎、"吴中七子"之一的王昶的蜡像、诗书画、碑刻、织布机、老式床等近百件实物,内容丰富,资料翔实,品位极高。

二园,是课植园和珠溪园,一个古老,一个现代;一个庞大,一个精巧,相映成趣。课植园是一处庄园式园林建筑,占地96亩,由马文卿建于1912年,乃寓"一边课读,一边耕植"之意以应园名。园内建有书城,又辟有稻香村,园中亭台楼阁、廊坊桥树,厅堂房轩,一应俱全,各种建筑及生活用房200余间,布局错落有致,疏密得体,构思精巧,在私人园林建筑中实为罕见。而珠溪园,则建于1956年,占地70余亩,小巧玲珑,景色优美,布置成春、秋、冬三园,各具特色,还辟有儿童乐园、餐厅、茶室、商店,为集休息、进食、购物、游玩于一身的理想场所。

三湾,即三阳湾、轿子湾、弥陀湾。人行街上,前后左右都是房,以为到了路尽头,直角拐弯,一街市面却在眼前,令人产生别有洞天的奇妙感觉,这种在老街上出现奇特拐弯的景观,是其他古镇难得一见的,非朱家角不能见到。

二十六弄,实际上朱家角的古弄何止26条,每街每路都有弄,路通街,街通弄,弄通弄,形成网络式棋盘格局。朱家角的古弄幽巷又以多、古、奇、深名闻遐迩,这在一般江南其他古镇上是不能相比的。穿弄走巷,如入迷魂阵,趣味无穷,与寻古探幽、领略北方胡同的情趣,又有着异曲同工之妙。近年,"古弄旅游"越来越受到外地人和老外们的青睐,是一块颇有价值、有待进一步开发的处女地。古镇朱家角还有着世人皆知的"三多",那就是名人多,明清建筑多,河埠、缆石、茶馆多。

首先,名人多,主要是朱家角环境幽静,气候宜人,是读书做学问的风水宝地,历来人文荟萃,人才辈出,明清两代共出进士16人,举人40多人,其中知名度较高的有清代学者王昶、御医陈莲舫、小说家陆士谔、报业巨头席子佩、画僧语石等。

其次,深宅大院明清建筑多。历史上许多富贵人家和文人雅士在此建园造宅,全镇古宅建筑有四五百处之多,风火墙、石库门、墙门人家随处可见。"三泖渔庄"、"王昶故居"、"福履绥祉",还有席氏厅堂、陆氏世家、陈莲舫故居、仲家厅堂等数十处,还有无数沿街明清建筑,飞檐翘角,黛瓦粉墙,组成一幅明清水墨画卷。

三是河埠、缆石、茶馆多。朱家角是水的故乡,水多、桥多、河埠多,紧挨在一起的缆船石,也不计其数,那造型各异的水桥,那千姿百态的缆船石,布满全镇的大河小巷,这些江南古镇特有的景观,细细欣赏观察,不禁让人兴味盎然,简直是历史、文物、建筑、风情、艺术等内容构成的综合体。有凸出石驳岸的"两面河滩",有凹进石驳岸的"单面河滩",更有"人从前门进,河滩从屋后出"的"隐身河埠"。

那些镶嵌在水巷石驳上的花岗石浮雕缆船石更是琳琅满目,

令人感到趣味无穷,有的雕成牛角,有的凿成宝剑,有的刻成怪兽,面目狰狞,有的琢成如意,呈现吉祥、古朴的美,这些已有几百年历史的雕刻艺术将古镇点缀得更具风韵。古镇茶馆,大多集中在放生桥、北大街一带,不下十几爿之多,有新辟的豪华型"放生桥茶楼",有年代久远古老的"俱乐部茶楼",更有古色古香的"淼趣楼",也有排门板门面、几张桌子几条长凳、简易廉价的农家茶馆,最有趣和令人欣喜的是"茶馆开到游船"上的"游船茶馆",分为两层,舱内顶上,均可入坐茶客,茶船上还备有电视、扑克、象棋、干湿点心,在茶船上品香茗、望廊桥、看水景、听流水声,煞是悠哉,不亦乐乎。

无怪乎上海同济大学一位教授在考察朱家角后,发出感慨:"朱家角有这么丰富的文化遗产,不仅是上海一宝,也是国家的瑰宝。"台湾已故著名作家三毛,到此曾为"小桥、流水、人家"的格局而迷恋,为清纯幽静、处处可画、时时有诗的风情而陶醉。前国家领导人吴邦国在视察了古镇朱家角后,不禁欣然命笔,写下了"全国历史名镇朱家角"9个大字。

【涌泉桥】

涌泉桥

各位游客,"小桥、流水、人家"是千年古镇朱家角的精髓。如果把流水比作朱家角秀美的长发,那么小桥便是长发上看似不经意的玉簪。粉墙黛瓦、曲巷幽弄、河港纵横,36座古风犹存的石桥将朱家角沿河延伸的9条长街点缀得蜿蜒清丽,依水而立的千栋明清建筑因为水的分离与桥的连接而有了距离与思念。36座桥中,至今保存完好的

明清石拱桥有 20 多座,首推当是眼前这座"涌泉桥",建于清代,一色花岗岩,重力式桥台,桥面架石梁,板式桥栏,四角有抱鼓,两块铺石级,桥梁简单实用,便捷两岸交通,是通往课植园必经之路。

【全华水彩艺术馆】

游客们,今天我们游览的第一个景点是"全华水彩艺术馆",这是一幢白墙黑瓦的清代民居,占地面积 1 300 余平方米,有 200 多年的历史了,2006 年 6 月被改作水彩画艺术馆。门口挂着两块牌子:"全华艺术馆"和"陈希旦水彩工作室"。走进青砖铺地的小小庭院,西侧便是水彩画展示厅,其中的画都是国内著名水彩画家的真迹精品,有中国水彩画的前辈开拓者如李咏森、潘思同、吕蒙等,也有当代名家黄铁山、陈希旦、张英洪、陶世虎、王维新、关维兴、刘毅等,几乎成为一个中国水彩画的小型博物馆了。

全华水彩艺术馆

100 年前,水彩画自欧洲传入中国,上海土山湾成了中国水彩画的发源地。由于水彩画以水为媒介、以毛笔为工具、在纸上作画等特点,与中国传统的绘画有着许多的共同点,所以很快就被中国人接受。20 世纪初,上海就已聚集了大批的水彩画家,在他们的努力推广下,水彩画得到了迅速的发展。特别是近 50 年,无论是水彩画家的队伍还是水彩画作品的水平,更是有了大幅度的提升,可谓突飞猛进。

中国水彩画领军人物陈希旦,出于对水彩画艺术的热爱以及对中国水彩画国际化的考虑,于 2008 年初向青浦区人民政府建言,希望在朱家角举办国际性的水彩画双年展。同年 10 月,中国美术家协会和青浦区人民政府正式签订战略性合作协议,双方同意合作举办上海朱家角国际水彩画双年展,协议暂定水彩画双年展举办5届,第一届展出时间为2010年上海世博会期间,为期6个月。至此,这个中国目前唯一的国家级水彩画专业展览,也是一个高端的国际性展览正式落户朱家角,并由73岁高龄的陈希旦担任馆长。如今陈希旦已经移居深圳,但每年有1/3的时间会到上海,住到朱家角,安心创作。陈希旦的画室在二楼,非常安静,接待厅也在二楼。如果临窗而坐,窗外就是碧波荡漾的小河,一排排古宅煞是入画。

上海全华水彩艺术馆的办馆宗旨是"集水彩名家,推水彩名画",是一个专业收藏、展示当代水彩画经典作品的场馆。艺术馆全年365天对外开放,每年接待观众人数达数十万人次。前国务院副总理吴仪曾到此参观,她称赞道:"水彩画作为高雅艺术能在江南小镇落户,你们有眼光;作为一门艺术,水彩画需要发展,特别需要有生活前沿的生动素材,这样的作品才会有生命力。"

【课植园概况】

课植园

各位游客,接下来我们要游览的景点是古镇最大的庄园式园林——课植园。园名"课植",寓意"课读之余,不忘耕植"。园内既建有书城,又辟有稻香村,以应园名。此园俗称"马家花园"。园主马维骐是当地巨富。该园自民国元年(1912)开始兴建,前后历时15年,费银30余万两。全园占地96.7亩,园内各类建筑达200多间,部分有西洋风格,局部使用进口地砖,还铺设了一段水泥路面,中西合璧,别具一格。

整个园林分为课园和植园两部分,由一座小石桥"课植桥"联结,开放面积1.1公顷,由厅堂区、花园区和书城区3部分组成。课植园坐西朝东,四进厅堂沿中轴线渐次递进,总体布局前紧后松,至花园区豁然开朗,不失古典园林欲扬先抑、欲露先藏的传统造园手法。第一进是往来宾客停放轿子的门厅,也称轿厅。楼上为主人卧室。二进是会客厅,主人接待普通来客的地方。厅内柱顶有官帽翅形雕件装饰,属"纱帽厅"风格。第三进后花厅,为马氏3位女儿的闺房,雕梁画栋。后花厅二楼有露天阳台与南侧"望月楼"相通。望月楼高5层,正方形,属西洋式楼房风格,楼顶饰以四角亭,是课植园的标志性建筑,为登高览胜、赏月佳处。第四进迎贵厅,地面铺德国进口的印花纹水磨地砖,是主人会见贵宾之所在。花园部分有山有水,太湖石堆砌的假山上有座五角亭,花篮上雕五只倒挂狮子,五狮喜庆,寓意五谷丰登、五子登科。

【课植园入口→轿厅→会客厅】

游客们,课植园到了,它的外表平淡无奇,其实里面别有洞天!江南园林以"外师造化,中得心源"的造园艺术享誉世界,课植园更因特殊的社会环境和主人显赫的身份而在江南园林中独树一帜。不信,大家就随我一起进去参观。

课植园入口→轿厅→会客厅

第一进是主人家的轿厅,轿厅好比今天私家车的停车场。轿厅正中央摆放着一块屏风挡住了我们的视线,其目的首先在于有效阻隔了园林内外的空间,从而保护主人的生活隐私。其次,它避免了视觉上一览无余的空旷感觉,达到一种"犹抱琵琶半遮面"的效果,留给人们想象的余地。这就是江南园林最常用的"障景"造园手法。

第二进是会客厅,会客厅当然是主人会客品茗、洽谈事务的场所。会客厅的装饰是否精致往往关系到主人家的颜面,所以通常会比较讲究。课植园的会客厅,从厅外的斗拱附檐和落地长窗,到厅内的家具摆设无不昭示着主人显赫的身世。厅堂内,正上方高悬着"蓬荜生辉"的匾额和精美的山水画,其中最值得我们关注的是画两侧的一副楹联:"课经书学千悟万,植稻麦耕九余三。"楹联意思是:读熟四书五经,触类旁通可以学到万条道理;种植稻麦,只有辛勤耕作九个月,才能在年底获得丰收后得到三个月的休息时间。上下联开头两个字组成了园林的名字,而内容则向我们道出了主人取名"课植园"的真实用意。"课植"就是"课读之余不忘耕作",里面既包含了古代读书人复杂的思想情感,又有园主人对后代寄予的厚望。

说到这里,您也许对园主人的身世已经非常好奇!大家别急着往下参观,我们先来了解一下园主人的传奇人生:课植园的主人名叫马维骐,字文卿,生于1853年,祖辈世代是盐商。马文卿长大以后,一面经营祖业,一面经营铜锡行业,同时还兼做海外贸易,成为了当时朱家角首富。清朝末年,马文卿捐了个道台的虚职官位,晚年他受到"置田造园"大气候的影响,开始广泛置办田园,课植园便创建于那一年代。

课植园课园是生活学习区,植园是娱乐耕作区。马文卿是商业巨贾,因而较早接受西洋文化,课植园的设计结构和所用建筑装饰材料,很多都采用中西合璧的形式,这也是课植园最大的特色之一。

【后花厅→迎贵厅】

下面我们来到了第三进后花厅,后花厅内的摆设十分高雅,"抚琴听风"匾额下面是一块绘制有梅花鹿和仙鹤图案的屏风,屏风下摆放着古琴和围棋桌。马文卿当年共有3个女儿,后花厅便是3个女儿专门学习琴棋书画的场所。马文卿虽然是商人出身,但从他给园林的取名和对子女的教育中我们可以推断,他是一名儒商。

房屋前面还栽种有两棵桂花树,当年马文卿取桂花的谐音,表示这里是迎接贵客、商议大事的场所。既然是接待贵客的场所,屋内的装饰自然要比会客厅还要雍容华贵,但可惜几经变故,已经变得面目全非了。不过,室内地面上铺设的地砖还是当年的原物,当时这些地砖全部从德国进口而来,100多年过去了,色泽依然鲜艳,连地面都变得有些凹凸不平了,地砖还依然保存完好,那个时代能在家中铺设地砖,马文卿的富有就可想而知了。现在这里被改造成为了上海人民进行文化交流的德和艺苑。2002年3月19日,江泽民同志在游览古镇以后,还曾在这里欣然题下了"江南古镇朱家角"几个大字。

【阴阳复廊→四大才子真迹→马到成功石】

游客们,穿过身边花瓶形状的门洞,我们将前往课植园的"植园"部分参观,请大家在此稍微停留片刻,这里有许多景点值得我们细细游览。

我们眼前的"阴阳复廊"就是其中一处。所谓"阴阳复廊"就是指两面

阴阳复廊→四大才子真迹→马到成功石

都能行走的长廊,其中太阳照得到的一面称阳廊,太阳照不到的一面称阴廊,封建社会男尊女卑,男子走阳廊,女子走阴廊。

大家能辨别出哪一边是阴廊、哪一边是阳廊吗?阴廊部分是朱家角的名人画像,阳廊部分则是马文卿当年不惜重金收集而来的江南四大才子的书法真迹,他请金石专家将收集到的书法真迹雕凿成15方石碑贴在长廊之中,这些字都是极其珍贵的历史文物,也是课植园的镇园之宝。课植园后来几易其主,历经磨难,尤其是在"文革"期间,碑刻差一点被毁坏,幸好朱家角中学的老师将碑刻用石灰淹没,再书写上革命标语,才使得这些珍贵的文物得以完整地保存到今天。

看完阴阳复廊后,我们再来看眼前这尊马头形的太湖石,马文卿将它立在花园入口,既蕴含了马到成功的吉祥含义,又和轿厅里的屏风一样,遮挡住了花园里的景物。

【观月楼→倒挂狮子亭→打唱楼】

观月楼→倒挂狮子亭→打唱楼

大家请看,离"马到成功石"不远的地方又是一座菱形的五层水泥建筑。建筑很高,而且每一层都开有一扇窗户,屋顶上还建有一座小小的四角亭,许多人都觉得它和周围的环境不协调。您恐怕还不知道,这座建筑在课植园里已经矗立有100多年了,它的名字叫"观月楼",那时候朱家角镇上几乎没有高楼,站在此楼上登高远眺,不但可以赏月,还可饱览淀山湖、大淀湖和漕港河三水胜景,俯首近观,课植园全景也尽收眼底。当年"观月楼"建好后,马文卿发现洋人在镇上建的天主教堂比"观月楼"要高出一截,于是特地在楼顶造了一

座小四角亭,定要高出教堂一截才罢休。马文卿当年经常到观月楼散步,话说有一天晚上,他正在园中散步时,看见天上一层薄云飘浮,繁星点点相映,一勾弯月正挂在观月楼翘角上,他顿时灵感涌来,立刻为观月楼题写上"冠云挚月"4个字,赞扬此楼高度能以云为冠,与月亮牵手。

课植园之所以与一般江南园林大不相同,除了融入了西洋风格的建筑外,更多的是园主人奇思异想的杰作。我们不远处就有这么一座亭子,您要是认为它和其他亭子一样普通,那您可就错了,园林中最常见的亭子通常为四角、六角或八角,而这座亭子却偏偏翘着五个角。您要是走进亭内仔细观察,还会发现每个亭角上都雕刻了一只倒挂着的狮子,因此该亭得名"倒挂狮子亭"。据说当年马文卿建亭时十分讲究阴阳五行平衡,五角代表金、木、水、火、土,"五"寓意着五谷丰登的喜气。抬头看亭顶,斗拱拼搭起来正好形成一个"米"字,再看那五狮倒挂,寓意着五谷丰登和祥瑞喜气全都到了。

大家看左边园林的角落处有一栋建筑,有些像古代官员戴的官帽,其实它是一座用于唱戏的"打唱楼"。这座"打唱楼"是按照《红楼梦》中大观园里的戏楼仿造的,每当喜庆佳节来临之时,马文卿就会请戏班来此唱戏,而且还派人在大门上张贴告示,邀请乡民进园和马家老少在戏楼对面的水月榭内一起看戏。

【课植桥→五字情结】

游客们,我们现在走过的桥叫课植桥,在朱家角30多座古桥中,课植桥可说算是最短的,只有5米。当年课植桥是连接课园和植园的枢纽,走过课植桥,就算正式进入植园了。

此时此刻,不知道大家有没有注意到一个细节,园主人似乎刻意要营造一种氛围,突出"五"这个数字:课植桥长五米,观月台有五层,倒挂狮子亭有五个角、五只狮子,园北面还有一幅朱溪五老图,连当年马文卿娶的大小老婆也不多不少刚好五房。马文卿为何钟情于数字"五"？我们不得而知，但"五"在中国的数字中，蕴含有"五子登科"、"五谷丰登"的美好意愿，这也许就是马文卿喜欢数字"五"的原因吧。

【假山→百蝠亭→中国的福文化】

假山→百蝠亭→中国的福文化

游客们，中国园林分为北方园林和南方园林，北方园林是真山真水，南方园林是假山假水。眼前的这座假山全部用太湖石堆砌而成。太湖石是一种多孔玲珑剔透的石头，因盛产于太湖地区而古今闻名，与雨花石、昆石并称为江南三大名石。李斗《扬州画舫录》载："太湖石乃太湖石骨，浪击波涤，年久孔穴自生。"

太湖石的形成，首先要有石灰岩。苏州太湖地区广泛分布2亿~3亿年前的石炭、二叠、三叠纪时代形成的石灰岩，成为太湖石的丰富的物质基础，尤以3亿年前石炭纪时，深海中沉积形成的层厚、质纯的石灰岩最佳，往往能形成质量上乘的太湖石。然后丰富的地表水和地下水沿着纵横交错的石灰岩节理裂隙无孔不入地溶蚀、精雕细凿，或经太湖水的浪击波涤，天长日久使石灰岩表面及内部形成许多漏洞、皱纹、隆鼻、凹槽。不同形状和大小的洞纹鼻槽有机巧妙地组合，就形成了奇巧玲珑的太湖石。北宋著名书法家米芾认为当一块太湖石具有了"透、瘦、漏、皱"等特点，它就非常名贵。苏州留园的冠云峰、苏州十中的瑞云峰、上海豫园的玉玲珑、杭州西湖的皱云峰，被称为太湖石中的四大珍品。

假山上有一座造型古典、精巧雅致的"百蝠亭"，百蝠亭因亭内画有100只蝙蝠而得名，不过原亭已经在20世纪70年代被拆除，我们现在看到的新百蝠亭为了凸现"百蝠"主题，特地邀请东洋木雕厂制作了 100 个木雕蝙蝠镶嵌于亭内四周。百蝠亭充分表现了我国人民为追求美好生活而形成的"福"文化，蝙蝠因和幸福的"福"字同音，而成为了幸福、福寿的象征。普通老百姓的家中通常会倒挂"福"贴，表示福气到来。大户人家还会将蝙蝠图案设计在窗子或门帘上。当年和珅就在北京恭王府花园里特地打造了 9 999 只蝙蝠形状的雕刻来祈福。

今天大家有幸来课植园百蝠亭沾福气，在此我也衷心祝愿大家"福星高照"、"五福临门"。

【观鱼台→九曲桥】

大家请看，我们身边有一座坐落在水中的建筑，这可是当年马文卿的得意之作，名叫观鱼台。每到夏季，这里清凉舒爽、荷花飘香、鱼儿畅游，实在是一处集垂钓、观鱼和纳凉于一身的理想场所。不过，原建筑已经在课植园的历代变迁中被拆除了，我们现在看到的是 2008 年根据原貌仿建的。

观鱼台→九曲桥

我们现在来到的九曲桥建造于 1912 年，是完全仿照上海城隍庙里著名的九曲桥建的，由于受到西洋建筑风格的影响，马文卿也采用了当时流行的洋灰钢筋建筑。九曲桥，顾名思义，是指桥共分成九曲，曲折迂回。因此，所谓九曲桥，也就是蕴含着弯曲最多、最富吉祥的意思。"九"是数字中最大的单数，古有"九九归一"和"九五之尊"之说，均是对"九"这个充满吉祥、尊贵的吉数集中的概括。

【紫藤→五老图石碑】

游客们,我们的身边有一棵百年紫藤,中国古代有"紫气东来"的典故,寓意好运即将来临,紫藤象征着吉祥、好运的"紫气",主人将紫藤栽在园林的东面,也寄托了主人希望好运到来的意思。

请看,我们身边的墙壁上有两幅珍贵的"五老图"石碑,石碑上刻画着五位年过古稀的老人,画里最左边拿着拐杖的老人就是园主人马文卿;最右边的老人是当年朱家角的首富之一、"菜油大王"蔡一隅,他是马文卿的姻亲,又是当年创办私立一隅学校的校长;其余三位老人都是当年朱家角德高望重的名人。这幅石碑刻于1926年,这一年马文卿已经73岁高龄,也许是预感到自己的有生之年不多了,他特地请来了华亭文人张汝骊为自己和镇上其他四位有名望的老人一同作序,传给后人。序文介绍了五老的生平业绩,对他们进行了赞颂,而且记载了五老相聚课植园游览的场景,堪称园中一绝。

【藏书楼→双帛井】

藏书楼→双帛井

游客们,我们现在来到了一座具有西洋风格的小楼前,这里是马家花园的藏书楼,是课植园的点睛之作,至今仍保存完好。藏书楼外三面筑有城垛形的城墙,所以又称书城。藏书楼的楼梯最特别,整体外观呈西洋式,但扶手栏杆却做成中式的竹节状,寓意着"节节高"。过去藏书楼一楼分左右两室,左室用于藏图,右室用于藏书。现在一楼被开辟成为古玩陶瓷展览室,二楼上是马文卿和朱家角另外四位名人同游课植园的蜡像雕塑。大家要是感兴趣,可以去楼上瞧一瞧,室内正中间的人就是马文卿。

附近的墙角处有一口双帛井,在中国传统观念中,水是财源,所以大户人家都会在家中打井,希望招财进宝,财源广进。帛本是丝织品中的一种,将井水用帛命名,也寓意着吉祥富贵的含义。

好了,课植园的游览到这里就结束了,接下来请大家跟随我前去参观古镇的下一个景点。

【永安桥→放生桥】

游客们,当地人常把漕港河上的涌泉桥比作古镇的龙尾、中龙桥比作龙腹、永安桥比作龙头,现在我们走过的桥便是龙头"永安桥"了。跨过永安桥,漫步东井街,我们来到了放生桥。

永安桥→放生桥

放生桥横跨于漕港河上,全长 72 米,宽 5.8 米,高 7.4 米,明代由镇上慈门寺僧募建,为当时僧众放生之地,每逢初一、十五为放生日期,桥名因此而得。清嘉庆十七年(1812),圆津禅院僧觉铭劝募善款重建。该桥设置了超薄的柔性墩,不但节省了材料,更使主拱受力大大减轻。桥拱主拱券采用纵联分节并列砌法,加强了拱石之间的联系,使薄墩更加坚固。中孔 9 节拱石,边孔依次为 7 节、5 节,每节均由 9 道拱石并列组成,上下拱石之间又有独块横系石联结,桥台座石也为整块石板,因而显得十分稳固。

由于墩薄,且桥拱自然递增,形成一个缓和顺势的纵坡,自然衔接两岸街面,整座桥梁气势雄伟而不笨重,线条流畅而不滞涩。作为上海最大的五孔石拱古桥,又是我国保存至今最完整的薄墩薄拱桥的代表,其形象被印在了 2001 年 9 月 8 日首发的新中国首枚椭圆形邮资图普通明信片上。桥下淀浦河穿镇而过。淀浦河全长29公里,是黄浦江支流,为沟通太湖流域与上海的主要航道之一。因曾是明代漕运要道,当地习惯称它漕港河。

【慈门寺】

游客们,慈门寺为朱家角著名古刹,位于放生桥畔、漕港河边,初建于元代至正年间,原名"明远庵"。明嘉靖中毁于兵祸,隆庆五年(1571),行脚僧湛印募款重修大雄宝殿,民间称为新殿。据传正殿如来佛的一对眼睛看上去像活的一样,夜里还会发光,是用"猫儿眼"宝石镶嵌。如来佛坐垫下有一暗室,直通淀山通灵泉。大殿朱檐石柱,内塑十八罗汉、二十诸天于壁,凡所应有,无不毕具,寺遂成为大刹。

明万历三十九年(1611),敕赐寺名为"护国明远慈门寺",并赐乌斯藏大士1尊,经20部,为此,寺内特地建造观音阁和藏经阁,以珍藏这两件御赐的镇寺之宝,由此慈门寺名声大振,香火旺盛。明崇祯元年(1628)殿左建一座钟楼,楼高六丈二尺(20米),钟重二千五百斤,撞之声闻二十余里。每当风晨月夕,钟声隆隆,震于太空,鸣鸣遥闻,闻者肃然而醒,惶然以思,止恶而兴善,于警世之教,深有裨益。

几经战乱,慈门寺逐渐衰落,民国期间,寺被改为医院,20世纪40年代末仅存大殿、钟楼等建筑。50年代初在原寺址建成县人民医院,现为朱家角人民医院住院部。旧址上仅存雌雄古银杏各一株,依然挺拔苍翠。

【北大街】

游客们,现在我们漫步的地方就是古镇的北大街了。北大街全长约1 000米,宽仅三四米,最窄处只有2米。两边建砖木结构小楼,滴水檐几乎相接,构成"一线街"的奇特景观。踏着完整的石板路缓步前行,旧式民宅鳞次栉比,粉墙灰瓦错落有致,飞檐翘

角,马头山墙,落地长窗,朱漆门板,一派典型的明清商街风格。北大街向有"长街三里,店铺千家"之美誉,至今老式店铺林立。百年老店"涵大隆酱园"自制的双套晒油,早在1915年就曾获巴拿马万国博览会金奖。百年饭店"茂荪馆"老店新开,其大闸蟹、塘鳢鱼、红烧扎肉、糖水藕,堪称水乡佳肴,原汁原味。老字号的"渭水园"茶楼是北大街上唯一的老式三层楼,登楼临窗品茗,可饱览水乡美景。"葛恒昇粽子店"里80多岁葛老太包的粽子,人气、口碑直追嘉兴五芳

北大街

斋,带动镇上粽业兴旺。几家传统手工作坊当场制作竹篮、栲栳、藤椅、木桶等竹木器具,匠人们手指灵动的制作过程,都市里难得一见。

【上海手工艺朱家角展示馆→泰安桥】

上海手工艺朱家角展示馆→泰安桥

各位游客,上海手工艺朱家角展示馆于2006年6月开馆,由上海工艺美术行业协会主办,上海朱家角投资开发有限公司、上海朱家角古镇旅游发展有限公司承办,聘请了国际手工艺智库团队运作,旨在朱家角北大街建立最具文化特色、最具民族风格、最具手工艺特色的展示馆,定期展示来自中国以及世界各地具有文化价值的手工艺展品。

该馆一楼展示由李游宇大师领衔的"汉光陶瓷"100件(套);

二楼作为丁伟鸣、黄跟宝、李铁民、刘硕识、陶昌鹏5位上海市工艺美术大师的工作室及展品展示场地。展品不定期更换,是朱家角的一个亮点。接下来我给大家20分钟时间自由参观,以饱眼福。

游客们,沿着北大街往回走约50米,就看到了泰安桥。泰安桥是全镇最陡的桥,青石单孔,高4.2米,始建于明万历十二年(1584)。两旁扶手上的"飞云石"浮雕古意淳厚,有元代风格,2003年落架重修。泰安桥俗称何家桥,位于漕港河口的名刹圆津禅院门前。桥堍竖立旗杆石两块,系悬路灯所用,是往来船只的航标。

【圆津禅院】

圆津禅院

游客们,这座古色古香的建筑就是圆津禅院了。禅院是历史上重要的文物储藏所,明清以来,许多文人雅士纷纷慕名前来,禅院成了文人酬唱往还之所,文化底蕴深厚。清初住持语石大师擅长丹青金石,广交翰墨。此后禅院凡7传200余年,悉以书画名世。王时敏、王原祁以及王昶、刘墉、郑板桥、钱大昕、董其昌、徐乾学等诸多名人均来过禅院泼墨挥毫,留下诗画墨迹。其中王昶亦曾为禅院撰写碑文等,并寄存了他著作的部分书板及其他许多故物。

清顺治十五年(1658),寺院进行了大规模修葺,修建了"亦峰居"、"漕溪草堂"、"墨花禅"、"息躬室"、"清华阁"、"航斋"诸建筑,其中以"清华阁"最负盛名,它不仅是文人名士珍藏书画之处,而且环境优美,登阁远眺近望,珠溪胜景尽收眼底。西自淀山湖,南及余山,东至三汾荡,北眺西漾淀,"皆微茫见于云树之外,而村落之疏密,渔舟商舶之往来,得一览而尽之",故有"清华阁十二景"之称。

圆津禅院内许多珍贵文物,部分毁于战乱,部分为寺内不肖僧徒偷出变卖。至20世纪40年代末期,珍品已经不多,后大部分为江苏省文管会接收,收藏于江苏省及苏州市博物馆,少数保存在青浦县博物馆。50年代初,禅院被拆,现还保留有王昶所撰《重修清华阁记》、《振华长老塔铭记》,及沈光莹撰《重修大殿记》石碑,成为禅院遗留下来的仅有文物。为了再现禅院昔日景观,在圆津禅院修复委员会的主持下,由上海云湖集团、青浦广宏房地产公司鼎助,于2000年5月动工修"三圣殿",重建"圆通宝殿"等,同年9月竣工。

【廊桥(惠民桥)】

游客们,这座桥叫惠民桥,是镇上唯一的廊桥,1996年由镇里人陈署昌捐资重建。桥面、桥栏木构,桥顶覆瓦,廊、桥合于一身,方便通行又避雨遮阳,实是惠民之桥。惠民桥坐落在名街——北大街桥梓弯处,横跨栅河

廊桥(惠民桥)

之上,东堍是商业中心北大街,西堍是漕河街(亦称庙前街)。这是古镇唯一的木结构小桥,也是最独特的木桥,因桥面建有木板栅,上盖砖瓦,翘角,故也称廊桥。桥造型飘逸潇洒,登桥可欣赏栅河两岸一长溜整齐的石驳和粉墙黛瓦的明清建筑,可看到人家凭水开窗、临水购物的动人江南水乡风情,更可观赏那漕河街面向栅河的一排长廊所构成的一幅特有的水乡风情画。

惠民桥虽小,但曾发生过一件古镇大新闻,全镇为此轰动。

那是古镇沦陷时期,在1942年,汉奸支友坤认贼作父,担任汪伪特工青西站站长,为虎作伥,专门收集抗日情报,残害革命志士和镇上百姓。镇民愤恨,为振奋抗日民心,打击日本侵略者的嚣张气焰,为民除害,一日抗日志士将其正法,并割下其首级悬挂在廊桥上。第二天,镇民们发现汉奸被镇压,将首级挂在廊桥上示众,个个拍手称快,互相奔走相告,而敌人闻之则胆战心惊,特别是那些大小汉奸个个吓破了胆。所以,惠民桥在镇上为此而名声大振。

惠民桥在新中国成立前因损坏修建过,故后称新桥。新中国成立初,因城隍庙前造了桥,惠民桥结构也破烂不堪,故被拆。后重建。

古人修建这么多古桥,每座古桥都有一段娓娓动听的神奇故事或民间传说,讲述了古桥和古镇同荣辱、共沧桑的历程,同时也为古镇增添了秀丽的风采。而今每座古桥古风犹存,在新的历史时期又成为开发古镇旅游业的先锋,为古镇经济的发展而默默奉献。

【城隍庙】

城隍庙

各位游客,接下来我们要参观的是朱家角城隍庙。众所周知,在古代的城市里,都有两个衙门,一个是管阳间百姓的政府部门,一个是掌管阴间的城隍庙。但是我们朱家角城隍庙的城隍神,却与众不同,因为这位城隍神有一只焦黑的手臂,这里面到底隐藏着什么样的神奇故事呢?

话说1937年,日军开始全面侵华,日本鬼子的飞机天天往朱家角扔炸弹,11月3日,朱家角天主教堂的大钟又响起了空袭警报,告诫村民,日本人的飞机又来轰炸了。大街小巷的人们纷纷就近躲避起来,整条街上一时间变得空空荡荡。人群里偏偏有一个人胆子大得不得了,他好奇东洋人的飞机是怎么往下扔炸弹的,便故意仰面朝天,想看个明白。这时,只见一架飞机飞到城隍庙的上空,兜了个圈,接着一个黑乎乎的东西直直地朝着城隍庙扔了下来。

城隍庙里恰巧有一大群人俯卧在地上,如果炸弹爆炸,人们必死无疑。就在这时,怪事发生了!炸弹本来是垂直降落的,快落到地面的时候,竟然做起了曲线运动,炸弹在城隍庙上空兜了好几个圈子,晃晃悠悠地落到离城隍庙30米左右的空地上爆炸了,大难不死的人们纷纷涌进城隍庙磕头烧香,请求菩萨多多保佑。先前那个胆大好事者烧完香,跑到了城隍神的背后,竟意外地发现城隍神一条胳膊上有一大块焦痕。联想到刚才惊心动魄的一幕,才得知是城隍神显灵,奋不顾身救了朱家角人的性命。为此,据说那年他志愿到城隍庙看护,一直活到99岁。

这位神勇的城隍神到底是谁呢?据考证,青浦的城隍爷是明朝崇祯年间的四川布政使沈恩。现在我们看到的朱家角城隍庙建于清乾隆年间,已经有200多年的历史了。

游客们,现在我们来到了城隍庙的正门前,门额上"城隍庙"3个字是上海市道教学会会长陈连生题写的。正门左右有一对石狮守护着,这对石狮是清朝咸丰年间本镇的商人王雪之等5人出资购赠的,体态矫健灵活,表情威武又不乏柔和,体现江南石狮可爱的特点,它们正喜迎各位的到来。

请看,城隍庙屋脊上的暗八仙与对面照壁上的《八仙过海》砖雕遥相对应,显示了这里浓浓的道教氛围。因为这里是城隍显灵伯的行宫,所以布局有一定规则,沿着中轴线,有戏台、大殿、寝宫、后花园,大殿面对广场,左右有廊庑对称。

城隍庙内有3件宝贝,现在各位就跟着我开始寻宝之旅了。

请先看这第一件宝——古戏台,古戏台重建于清光绪八年(1882),至今仍是原建筑。戏台四周飞檐翘角,檐下栏杆、挂落都呈带钩式样,玲珑雅致。楼台的顶部,是由160只斗拱组成的螺旋式穹形圆顶。整个戏台找不到一个钉子。

第二件宝贝是大殿正门上悬挂着的大算盘,这在庙宇中是很少见的。算盘上拨着"666,123456789,888",意思是"六六顺,九九归一,八方平安"(按道教的说法,每个人一生都要过关,逢3、6、9为一关,一个人活到一个甲子60年,就要过3 618个关,这是算盘上的3个6;希望人人都能顺利过关,这是算盘上的123456789;后面有3个8,意思是每年有3×8=24个节气,希望每年都风调雨顺,平安度过24个节气。这1~9的数字,按道教的说法,每个人一生都有一本"功过录",人间做的善事、坏事;城隍爷的文武判官都为你记上一笔,人去世后,主宰神会根据"功过录"决定你下一世的命运。所以城隍爷劝人为善,不要斤斤计较,可谓"任由千算,不如老天一算"。

大殿后院有一棵银杏树,此树魁伟苍劲,已经有400多年的树龄,奇怪的是此树雌雄同体,至今每年秋天都果实累累。这是城隍庙的第三件宝贝,可是城隍庙在此始建才230多年,它怎么会有400多年树龄呢?传说是明代戚家军围剿倭寇时,行军至此种下的,可见这棵银杏树见证了朱家角的历史变迁。有古戏台、大算盘、银杏树这城隍庙的3件宝,还有那尽职尽责、奋不顾身的城隍老爷,也许这就是城隍庙几百年香火鼎盛的缘故。

【大清邮局→王昶纪念馆】

游客们,清道光末年,就有信局在珠里开设分号。这座二层红砖灰瓦小楼,是目前上海地区唯一保存较完整的大清邮局旧址,见证了中国邮政从信局到邮政局的发展历史。门前仿制一个老式盘龙邮筒。入门,有邮柜、邮橱、张贴价目表,都按旧时邮局的布局。沿素朴的原木搭建的楼梯拾级而上,可见墙上张贴的仿

古家书、老照片及文字介绍,从殷周的烽火传信,秦皇的竹筒、封印,唐宋的驿卷、金牌,到清末的明信片,展示不同朝代的邮驿文化,仿佛一条由古走到今的中国邮政栈道。出门后,临栅河,为当年的邮政码头,停一艘小木船,邮路从此开始。

游客们,前面我们所看到的这幢房子是纪念清代才子王昶的,它距离大清邮局有百步之遥。这是当地人按照王昶的身世和活动的情况,建造的王昶纪念馆。王昶是乾隆十九年(1754)进士,官至刑部右侍郎,为人正直,刚正不阿,为

大清邮局→王昶纪念馆

官清廉,是镇里人的骄傲。其一生的主要成就不在仕途,而在学术,是"乾嘉学派"的代表人物,与刘埔、钱大昕等人齐名。

【平安桥(戚家桥)→童天和国药号】

平安桥(戚家桥)→童天和国药号

游客们,现在所看到的这座桥叫"平安桥",它又名戚家桥,传说是戚继光行军路过时所建。桥身、桥基为花岗岩条石,两旁扶手以青砖砌成,扶手栏杆用柏树原木做成,迄今不腐。平安桥位于大新街口,建于明代,系砖、石、木混合结构,旧时这里称平安里,故名平安桥。

平安桥桥石不平,行人过桥时,桥上石板会发出"嘎吱嘎吱"声,但桥现仍坚固耐用,保存完好无损。

这里是百年老店童天和国药号,它位于大新街60号,素以精

工炮制各种饮片而著名,系宁波童氏所创。现石库门脸仍为原物,门额上"童天和药号"砖雕镏金大字,为清末状元陆润庠所题。药号的主体建筑是雕花楼,3层带露台,吉祥图案精雕细刻。底层是营业大厅,厅内260只"格斗"依墙而立,每只分成两格,可以备500多味药材。曲尺形的大柜台,古意盎然。大厅后面布置中药手工作坊,展出粗料房、磨药房、焙料房的各种特有的工具,系典型的前店后作坊的传统形制。二楼和三楼是药材库房。

【古银杏→人文艺术馆】

古银杏→人文艺术馆

游客们,银杏树有着"中国植物活化石"之称,被称为中国植物活化石的树有3种:银杏、银杉、水杉。这里盘根错节着雌雄两株银杏树,枝交叶吻,守护着这方土地470余年了,可谓是当地的活化石。

在古银杏的西侧,一幢新近修葺而成的江南院落又为镇上增添一处当代文化坐标,那便是朱家角人文艺术馆。人文艺术馆位于老镇区美周弄30号,占地面积约1 488平方米,总建筑面积约2 300平方米,其中地上约1 500平方米,地下约800平方米,建成于2009年9月29日,并于2010年上海世博会期间开馆。这是一座以美术作品展览为主,辅以人文艺术展示和文化交流活动的艺术馆,通过油画、雕塑等艺术形式展示朱家角地区悠久的历史文化。可以这样说,人文艺术馆规模不大,却以精致、优雅、灵动见长;白墙搭配玻璃窗,天井搭配钛锌板,传统与现代元素巧妙嫁接;10个室内空间搭配5个室外空间,错落有致,明暗相交,使参观者游走于艺术作品和古镇的真实风景之间,体会物心相应的情境。

朱家角人文艺术馆的总负责人是俞晓夫,他还是上海应用技术学院艺术与设计院的院长,俞晓夫还有一个重要角色是上海油画雕塑院的执行副院长。朱家角人文艺术馆开馆之后,上级主管方面委托俞晓夫召集沪上知名油画家近百人,每人创作一幅作品,在开馆之后作为最大亮点公开展出,这些作品目前已经是人文艺术馆的镇馆之宝了,提升了朱家角人文艺术馆的水准。据说,这个油画项目的总投入是1 800万元,博物馆方面在这些画作上的投入不菲,平均每幅画达到了几十万。经费中除了给画家们一部分润笔费外,还要承担项目的公共开支,如购置画布、颜料和画笔以及制作画框、运输、布展等。为感谢这么多沪上一流画家的鼎力相助和友情献艺,俞晓夫先生还特别组团请画家们进行了一次欧洲游,不少画家因此留下了在欧洲的写生作品。这从一个侧面可见俞晓夫在当今上海画坛的影响力和号召力。当然,在沪上的大家中,也有没有参与这个项目的,如以"画画很下功夫"出名的徐芒耀先生,就不在这批画家之中,他的画作市场行情已经在百万元上下,因此有人估计说他是因为润笔费太少而没有参加,但只能是一种猜测。

美术博物馆收集馆藏作品,通过一个领军人物,召集画家集体创作,被认为是一个很好的模式,相对投入较少,风格大致相近,便于操作管理,因此朱家角人文艺术馆的操作模式已经成为中国其他地区博物馆效仿的榜样。

接下来我们先欣赏一下馆中展示的作品,大家有没有发现这些油画的画风相近,题材一致,基本上是以清末民初江南一带小镇民情风俗为主,画中到处可见仍然留着长辫子的江南老爷的形象,春节、元宵节热闹的市井场面,下层工匠拼命劳作的典型动作,茶馆里水壶口冒出的蒸汽弥散在一群正在谈论国事的士绅之中。

这幅画,表现的是一位青年才俊站在一个楚楚动人的年轻女子身后,是徐志摩和陆小曼。他们两人与朱家角有什么关系呢?陆小曼,1903年农历9月19日出生在上海南市孔家弄,是一个肌肤白皙、眉清目秀、机灵聪明的女孩,后成为画家,在与徐志摩结婚后,曾经来朱家角游玩过。

请看这些画,一看就是俞氏油画语言,但并非他所画,只是有不少俞晓夫修改过的痕迹。这是什么原因呢?原来这几幅画已经完工,馆方领导去请了些青浦的老镇民来点评,他们觉得画中用品不是当地的东西,人物也不够传神,需要大改,但一时又不知道从何下手。为此,俞晓夫对这些作品进行了润色加工。

游客们,在一个艺术馆里集中这么多当代上海油画家的作品,不仅是青浦朱家角人文艺术馆的镇馆之宝,也是上海文化遗产中重要的宝物。

【延艺堂】

延艺堂

各位游客,接下来我们要参观的景点是延艺堂,延艺堂以传承文化精髓、弘扬我国非物质文化遗产为宗旨,以保护、传承并推动传统民间工艺美术发展为己任。延艺堂建筑群经过精心设计、筹划,建筑风格和内部装潢将现代审美理念融入江南古镇风貌之中。

延艺堂分设北楼、南楼两个展馆,在北楼——延艺堂的精品馆内陈列着国家级大师的扛鼎之作——有"达摩善"之称的林学善大师的木雕代表作《蒲团达摩》,表现达摩参禅悟道的体验;我国黄杨木雕领军人物高公博大师的"劈雕"代表作《我行我路》,高公博以济公自比,在艺术创作中追求个性;中国竹根雕杰出代

表张德和大师的代表作《出没风涛》，体现了走艺术道路的艰辛与执着的追求。青田石雕制作大师林福照先生代表作《牡丹》，象征永不磨灭的中华民族的精神；青花瓷艺术的代表郭琳山、稽锡贵夫妇的代表作《唐女舞》、《梨花小鸟》，表现了对生活的热爱；缂丝工艺的代表王金山大师的代表作《牡丹》，以突破传统为特点；微雕大师常世琪的代表作《西游记人物图》，在发丝上刻出《西游记》诸人物，阐述了"宁静致远"的道理。

这是延艺堂的镇馆之宝——目前国内最长的一条"龙档"（近30米）。龙档俗称"凳板龙"，由厚（俗称"档身"）、薄（俗称"档板"）相间的狭长樟木连接而成，档身装有各色灯笼和旗杆，杆顶系有三角小旗和铜铃，档身下装有木柄，表演舞龙档的人就是握在这里进行操作。龙档采用透雕、浮雕、镂雕等工艺技法，展示了中华民族的传统民间工艺。

南楼的民间手工艺展馆集中展示了这些民间工艺品的制作流程，通过一件件造型精美、意味隽永的艺术品使得观众领略大师的精神境界，从中得到一番人生感悟。嵊州泥塑代表之一的张立人先生长期驻馆献艺，是延艺堂的亮点，很能吸引眼球。

【乡土文化展示馆：渔人之家→远古文化→稻米乡情】

各位游客，一个越是迈向现代化的城市，就越应该保留住历史的痕迹。古镇朱家角建造开放了一批各具特色的反映往昔乡土文化的展示馆，吸引了众多游客专程前往参观。特别是在旅游黄金周，这些展示馆天天爆满，成为中外游客怀古念旧的好去处。

这批乡土文化展示馆，主要由上海远古文化展示馆、稻米乡情馆、渔人之家馆3个馆组成。3个馆从不同侧面展示了上海祖辈的劳作、生活方式和文化成果。

朱家角曾经是上海先民的生活之地，马家浜文化、崧泽文化、良渚文化为上海带来了丰富的历史遗存。上海远古文化展示馆在远古遗存、遗迹和出土文物与现代生活之间寻找一种对比，以

现代展示形式追寻上海的远古文明。

3个乡土展示馆展示的内容是历史性的,但是展示的方式却完全是现代的,在展览的手段上有不少新突破,可谓新瓶装陈酒,颇合当代参观者的口味。如稻米乡情馆为了让参观者直观地了解当年朱家角米市的盛况,设计者特意运用戏剧道具的制作手法,完全原样复制了朱家角著名的合丰米行的外貌和内部陈设:老式的米行排门板、柜台、米斗、米箩、盛满谷物的米仓……这一切使参观者仿佛又回到了20世纪30年代的江南古镇。

游客们,现在我们所看到的就是坐落在古镇风景区入口处的渔人之家馆,它是上海地区第一批现代化乡土文化展示馆。这里陈列有船头罾、墙缆网等各类拖网和挑网类渔具,还有渔枕、鱼形盆等各类渔民生活用具,后院架一条十五六米长的渔船。通过实物展示和场景模型模拟,从渔文化、渔家习俗、渔业生产3个侧面,反映了江南水乡以船为家的渔民生活。

参观完渔人之家馆,我们来到了上海远古文化展示馆,它和渔人之家馆对门相望,主要展示崧泽文化遗址和福泉山遗址出土文物的复制品。第一部分展出了四五千年前先民使用的陶釜、陶鼎等陶制生活器具,石斧、石镰等石制生产工具。第二部分是玉器陈列,一枚枚玉璜、玉玦、玉琀等玉器,挂在玻璃盒内,玻璃盒又被细钢丝上下固定在天花板和地板之间,通过灯光投射,显现了古代玉石文化的辉煌。

这里是稻米乡情馆,为百年老店"合丰米行"旧址。临街恢复老式柜台,出售各种特色豆米。脚踏车、牛转翻车、风力水车作为水乡特有农具,在底楼陈列。二楼展出许多青浦一带农家用具,如磨子、石臼、竹篮、竹匾等。展馆通过对稻谷耕作的历史追忆,新石器时代以来农具发展演变过程的陈列,以及稻种改良的过程和昔日米行销售盛景的演示,系统而真实地诠释了始于明末清初的朱家角米业兴隆的史实和传承千载的春耕、夏耘、秋收、冬储等稻谷耕作收获的步骤。

【朱家角的文化特色：京剧角→歌唱角→文学角】

游客们，朱家角的文化活动丰富多彩，成立于20世纪30年代的京剧票友组织"韵声社"，其活动一直延续至今。镇上有一个老年业余京剧团，演员的平均年龄70岁，还常常"京韵袅袅绕古镇"。除传统剧目外，他们还演现代京剧《智取威虎山》、《沙家浜》等的选段。由于他们的精彩表演，时时被嘉定、松江、金山等区县邀请进行巡回演出。

朱家角有喜爱唱歌者10余人，自发汇聚在一起，几年来，他们每天坚持去公园、桥头练嗓，歌唱技艺日渐长进。他们经过专家的辅导训练，有的已经走上了舞台。陈耀祖先生一曲高亢流水般的《我爱五指山》，1996年获得全国农民演唱比赛一等奖；他和另一位女业余歌手的二重唱，曾被上海人民广播电台选为"星期广播音乐会"指定节目，多次代表青浦县参加比赛。其他几位歌手也表现不俗，分别在县、市级歌唱比赛中屡屡获奖。

朱家角中学春晖文学社创立13年来，已有200余人次的566篇作品在全国中学生报刊上发表，仅1998年上半年就有20余篇作品分别在《作品精粹》、《优秀日记》上发表。13年中，文学社社员以诗歌、散文、小说、通讯等各种体裁共创作了8 200余篇习作，创刊至今已发行106期《春晖文学》流传全国各地。该文学社在多次评比中获奖，1995年被授予"优秀校园文学社团"称号。864名春晖人从最初哺育他们的朱家角，走向祖国的大江南北工作或生活。

另一支"文学艺术创作组"，系由朱家角镇文化馆牵头，成立至今已逾20余个春秋。这支队伍中有作者20余人，以作家、文学院创作员、微型小说会员、故事会会员居多，坚持业余笔耕，人称古镇笔杆子。"文学艺术创作组"累计在全国各大报刊上发表作品700余篇，其中报告文学、散文、诗歌、电影剧本几乎每年见于诸报。"文学艺术创作组"还出版了《午夜星空》诗歌集、《晚霞满地》报告文学集。一批作品已通过出版社审稿,也将陆续出版。"文学艺术创作组"的作品还分别被《解放日报》、《小说界》、《青年一代》、《故事大王》等市级刊物选编结集。"文学艺术创作组"的第二个特点,是坚持创作群众喜闻乐见的艺术作品,20余年来,创作的小品、曲艺、故事、小戏,发表的比例相当高。"文化艺术创作组"的成员曾经被上海市群众艺术馆称为"乡村艺术家",他们创作的评话《情深似海》获得上海市艺术文化节优秀创作奖;他们创作的故事《浴室风波》、《双母夺女》、《遗恨终天》等,曾获得上海市第九届故事会创作一等奖、中篇通俗文学二等奖;他们创作的歌舞小品《蝶花飘飘》,1996年参加上海市交流演出,获得该年度的群众文化创作、演出双连冠奖。朱家角"文学艺术创作组"现象已经引起有识之士的重视,《新民晚报》曾作过专门研究报道。

【朱家角的文化特色:书画角→健身角→早茶角】

游客们,镇民爱好书画是朱家角镇又一文化特色。如今书画爱好者从老到84岁的老叟,小到十几岁的娃娃,自觉组成兴趣小组,以书会友,以画传情,"腹有诗书气自华",陶冶情操,有益有趣。临街傍水老屋的赵福良,进其家门书香扑鼻而来,两年来他参加全国书法大赛30次,获奖就有20余次,其中在首届"华夏杯"和"笔悟杯"书法比赛中两次获得全国一等奖,一时古镇商店都留有他的潇洒笔迹。还有两位书画角成员,也在全国硬笔书法比赛中取得好成绩。

确切地说,朱家角健身角有好几处,而街心花园旁的一处最为引人注目,每天清晨,一些老人早早来到这里,拍拍手,扭扭脖,踢腿打拳做早操,个个精神抖擞。特别是一批白发老太手持木兰剑,和着典雅的民族音乐起舞,动作优美飘逸,显示了朱家角人极深厚的文化素养。上海市"老体协"举办的比赛中,朱家角多次获奖,使得古镇朱家角成为上海市体育明星乡镇。

朱家角人有喝早茶习俗,而且喝茶还能喝出许多花样,信不

信由你。每天晨雾未消,朱家角放生桥下、漕港河畔的新开茶馆里,早已欢声笑语,茶客满座。来此处喝茶者都有一席固定位子,任凭风吹雨打,位子的主人始终如一,既有进镇卖菜的老农,也有本镇的常人百姓。一副大饼、油条,一碗油汪汪的浇头面,和着一壶滚烫的红茶,虽比不上广东早茶丰盛,但也悠哉乐哉。茶客们边吃边谈社会新闻,边喝边侃镇上的生意和发展,多是探讨如今政策及生活的变化,更多的是相互交流各种各样的信息。偶尔也有些城里来的"头道客",来茶馆小坐解乏,独酌独饮,远眺隔河的秀水绿山,领略乡下浓浓的乡情乡音。这就是朱家角早茶角的"茶文化"。不过,如今水乡茶馆发生了令人耳目一新的变化,它不再是老茶客一统天下,很多年轻人也喜欢来茶馆"轧闹猛",他们说,朱家角的茶馆是"吃气氛"的理想场所。当然,你若有兴趣,不妨前往体验体验。

【朱家角的文化特色:民间藏书】

游客们,江南水乡朱家角历史悠久,是典型的文化古镇。朱家角的"文儒"是个个惜书如命,平民百姓也以读书、藏书为乐。1991年年初,首届民间藏书开发利用研讨会在朱家角古镇召开,引起社会各界的关注和肯定。中央电视台、上海电视台、《人民日报》、《解放日报》、《文汇报》、《新民晚报》、《上海文化艺术报》、《农民日报》、《劳动报》,曾作了不同篇幅的专题报道。民间藏书的开发利用列入了上海市文化年鉴,并收入联合国教科文组织文化项目汇编之列。

朱家角家庭藏书普及率达50%以上,民间藏书的总数逾10万册,是镇文化馆藏书总数的10倍,超过了全县21个镇图书馆藏书的总和。其中,藏书1 000册以上18户,500册以上27户,300册以上64户。藏书种类齐全,有政治、哲学、社会科学、自然科学等22大类。藏书者有80高龄老者,也有普通的家庭主妇和青少年,甚至有10龄童藏书者。

朱家角人善于动脑筋,读好书,用好书,藏好书,在"用"字上下功夫,曾先后举办全镇性的"特色家庭文化展览"、"深化利用民间藏书资源探讨会"、"新老藏书家联谊会"、"知识就是力量演讲会"等,编写了《地区民间藏书联合录》,并把读、用、藏书作为"五好家庭"评比条件。"衣带渐宽终不悔,为伊消得人憔悴。"上海市图书馆专家参观了朱家角民间藏书特色家庭后,给予朱家角藏书者三顶桂冠:书痴、书翁、书迷。

【朱家角的民风民俗:珠里兴市→清明放风筝】

游客们,在每年农历七月初七,是旧时镇上独有的民间节日,称"泥河滩香汛",也称"珠里兴市"。为何将民间节日取名为"珠里兴市"呢?原来朱家角几百年来一直叫"珠里",朱家角不过是后来改名沿袭至今,"珠里兴市"讨个口彩,祝愿古镇生意兴隆,人气旺盛,岁岁平安。那么,珠里兴市有何热闹场景呢?用今天的通俗话来说,是旧镇上一年一度的摇快船比赛,或曰赛龙舟。只不过古镇上的赛龙舟非同寻常,系由松江、浦东一带进香船只自泥河滩三官堂进香归来,途经朱家角镇歇夜而形成。据老一辈讲,几百条船汇聚淀山湖口,恰似三国曹军舟连舟、人挤人,煞是壮观。每到节日,在一星期前,各地商贾都赶来镇上,设立临时店铺,还有拉洋片、卖膏药、玩猴戏等,各种杂耍也都来此赶集,生意兴隆,盛况空前。到农历七月六日晚上,达到高潮,是夜,松江等地进香船只船民留宿本镇大小客栈,四乡农民都集于镇上,外地乡民也都纷纷前来投亲赶集,街上行人如潮涌,摩肩接踵;各商铺店面灯火通明,通宵达旦,顾客盈门。沿街小吃,吆三喝四,香气四溢,令人垂涎三尺。镇上庙宇大门敞开,香烟缭绕,不少善男信女,手持香篮,或肩背香袋,双手合十,进香礼拜。整个朱家角一片歌舞升平景象。

放风筝在朱家角镇上少说也有上百年的历史,也是镇上的民间娱乐活动。先由镇上一些孩子,自己扎起简易风筝,有六角形、

八角形、圆形,然后再请大人们在风筝上画些《西游记》、《梁山伯与祝英台》、《八仙过海》等人物造型图案,待到清明节前,田埂郊外春暖花开,全家出动一起到空旷地放风筝嬉戏。大人们也会在此时此刻,向孩子们讲些风筝面上的民间故事,让下一代从小熏陶中华民族传统文化。自然,镇上几户头面人家放风筝又有另一种情趣。他们专门请了竹匠,劈竹扎鹞,制成硕大的百脚鹞、蜈蚣鹞、蝴蝶鹞。放飞那天,主人选择在日落西下的傍晚,先用好酒好菜请客,而后烧香点烛三叩九跪,祈求上天保佑平安,十分虔诚;最后,主人点亮密密的鹞灯,打开自家的后园大门,慢慢将风筝放上天,让左邻右舍共同赏玩。一头飞天蜈蚣张牙舞爪、翘首摇尾凌空而起,百脚鹞、蝴蝶鹞争相在空中争艳,几百只纸鹞灯齐放光彩,地上笑语连天,掌声四起,确有一番不凡气势。

【朱家角的民风民俗:摇快船→灯游船→音乐船→扎肉提香】

游客们,早在清初顺治年间,定七月七日为神诞节,泖南乡民均焚香,先两天经朱家角,停泊舟楫相衔迤逦里许,待香市散,回朱里有彩船数十,金鼓齐鸣,摇桨如飞,名"摇快船"。后成习俗,每年举行一次。快船都搭起花棚,披红挂彩:前棚悬挂彩灯、插彩旗,中棚坐锣鼓手,后棚为摇橹手遮阳。前棚与中棚竖一方塔伞,顶安葫芦;每艘船有彩衣七八套,都上绣花、下流苏,有鹤立鸡群、八仙过海等场景,有绣狮、猴、娃等图案,装饰华丽。备大橹、矮艚置于船体左右,大橹旁搁跳板于舷外,伸出水面上;掌橹扯绷共10人,均为身强力壮之青年,穿紧身衫衣,脚蹬绣花鞋,在碧波荡漾的水面上,煞是好看。

从三汾荡至无主堂单程1 000米左右,快船往来如梭,相互竞赛。篙橹对峙,一有机会,抢着争前。橹手犹如龙腾虎跃,把橹气宇轩昂。拉绷人臂碰水面,体如飞燕掠水,有"力拔山兮气盖世"之势,时而跺脚比唱,时而猫腰挺胸。二三四合,橹手接力,把橹推艄扳艄,撑篙屹立船头,使尽绝招,点篙掉向指挥自如。此时参赛之船在铿锵锣鼓声中,似飞箭出弦,奋勇争先。船上锣鼓声响彻云霄,岸上人山人海,呐喊助威,精彩纷呈,场面壮观,赞声不绝。快船云集漕港大显身手,镇上各路商贾涌向大街、茶馆、饭店,顾客盈门。新中国成立时、1958年成立人民公社时、1984年闹元宵和同年9月农民运动会上均有摇快船表演。摇快船乃江南水乡特有的传统体育水上文化。

　　灯游船适宜夜晚进行,观赏夜色天空,耳听幽婉乐曲,眼看融融灯火。也可于湖中散放油灯,随波漂荡,成为水中星星,波光流翠,彩灯摇曳,橹声咿呀,显得清丽雅致。若在大湖中排成一字蛇行,或双卷穿绕,由指挥船只发号,船形变幻莫测,于晚风徐来、云高气爽之夜,月色澄明之时,使人恍觉进入瑶池,飘飘欲仙,观灯者也为之陶醉。若在井市港河中荡漾,岸上观众亦步亦趋,赢得一片欢呼声,真是清者水也、游者船也、幽者影也、丽者人也。

　　音乐船是古镇古色古香之典雅文化艺术的又一形式。丝竹班早在清代中叶就盛行于古镇。所谓丝竹,系指二胡、琵琶、三弦、秦琴、曲笛、箫、笙等丝弦管竹乐器,具有音色清丽柔美、音响细腻典雅之特点,其代表曲目有《中花六板》、《三六》、《竹街》、《慢三六》、《慢六板》、《云庆》、《欢乐歌》、《四合如意》,俗称八大名曲。每种乐器上均饰有龙凤彩头,银珠闪烁,五彩缤纷。丝竹古有洋台打唱,每班4~6人,有一套装潢台摆,每逢喜庆节日、迎神赛会、举办婚事均应邀演奏,吹吹唱唱,气氛热烈非凡,且具民族特色。在赛船上演奏营造气氛,更是锦上添花。

　　朱家角有一种别具一格的"扎肉提香"表演。表演者先在自己的前臂上,用铁钩钩住,铁钩下面挂上香炉、铜锣,甚至挂上沉重的铁锚,显得十分坚强和英武。当然,表演"扎肉提香"者非一般等闲之辈,乃是练了十几载气功者居多,铁钩钩住皮肉,居然未见滴血,实属怪也。"扎肉提香"队伍中也有女性,但她们主要挂上分量较轻的香炉之类。现在这种表演已绝迹,也不可能再有这般残酷的表演了。

【结束语】

　　游客们,介绍完古镇的民风民俗,我们的朱家角之旅就要结束了,但古镇的"水之美、桥之古、街之奇、园之精",无不给我们留下了深刻的印象。可以说,不临其境,难言其妙;不踏石板老街,不探深巷幽弄,不走拱形石桥,不乘咿呀小舟,又如何体验"船在水上行,人在画中游"的感觉呢？游客们,若你烦躁、迷茫、疲惫了,就在我们的朱家角水乡古镇整理一下自己的心情吧！走一段青石板路、学一曲江南小调、遇一场雨打芭蕉、听一泓小桥流水、看一缕炊烟袅袅,让我们的心灵在水乡得以休憩！

第三篇　品你,在物产江南

西湖龙井茶

各位游客:

大家好!目前世界上有三大饮料,即茶、咖啡、可可,而茶被世界公认为保健饮料。茶的种植、培育以及饮茶习惯的形成均起源于中国。早在唐代,被誉为茶圣的陆羽就撰写了世界上第一部有关茶的论著——《茶经》。

中国是最早发现茶的国家,使用茶、制茶、饮茶形成了特有的茶文化。然而中国的特产很多,为什么只有茶形成这样独特的文化呢?这其中有个重要的奥秘,就是茶的自然功能与中国传统文化的"天人合一"、"师法自然"、"五行协调"以及儒家的"情景合一"、"中庸内省"的大道相吻合。茶生于名山之间,性平味苦,不仅能醒脑、益智养神,还能疏通经络,于是,文人用以激发写作诗文,道家用以修身养性,佛家用以解睡助禅,人们从饮茶中与山水自然结为一体,接受天地雨露的恩惠,调和人间的纷争,享受回归自然的情趣,这样一来,茶的自然属性便与中国古老文化的精华相结合了。

中国是茶的故乡,至今在云南勐海县的大黑山密林中,还保存着一棵树围2.9米、胸径1米多、高达32米的野生大茶树,树龄有1 700年以上。云贵高原和川西高原都还有许多上千年的野生

大茶树。公元 1666 年英国人从福建引进茶叶,闽南话念"茶"为 Ti,根据"名从主人"的原则,所以欧美人均称茶为 tea;而南亚、东南亚因从云南、四川引进茶叶,故从川、滇音,念 cha。

茶树在汉代以前大抵都是野生的。在成于汉代的药书《神农本草经》中有"神农尝百草日遇七十二毒,得茶而解之……"的记载,神农是农业之神,他在发现五谷的同时,也发现了种种能治疗人类疾病的草药。相传神农为了掌握草药的特性,曾尝遍百草,一日之内竟中七十二毒,最后偶然尝到了茶树的叶子,毒才解去。可以说神农是我国农业和医学的先祖,也是茶叶的最早发现和利用者。

对茶来说,唐代陆羽的出现,是具有划时代意义的。陆羽曾是湖北天门县一个被抛弃的孤儿,从小在寺院艰苦成长,在寺中主要工作是为师父煮茶,所以对茶叶有着浓厚的兴趣。唐代"安史之乱"后,陆羽南下走遍长江中下游和淮河流域各地,写成了我国第一部关于茶的专门著作《茶经》。《茶经》一共 7 000 多字,对茶叶的起源、生产、加工、烹煮、品饮及一般饮茶习俗作了研究,使茶学发展成一种专门的学问,陆羽被后世茶人恭称为"陆子",他的理论体系被称为"陆学",而茶商们则把陆羽奉为"茶神"。"三分解渴七分品",以陆羽为代表的唐代茶人完成了从解渴粗放型的饮法向细煎慢品的艺术型饮法的转变,使饮茶成为一种艺术,一种文化。

【茶叶的分类】

各位游客,我国的茶叶按其加工方法不同,主要分为 6 大类,分别是:绿茶、红茶、花茶、乌龙茶、白茶和砖茶。

绿茶是最古老的茶叶品种。绿茶是不发酵的茶叶,初制时采用高温杀青,以保持鲜叶原有的嫩绿。多酚类全部不氧化或少氧化,叶绿素未受破坏,香气清爽,味浓,收敛性强。绿叶绿汤,色泽光润,汤澄碧绿,清香芬芳,味爽鲜醇。绿茶产量大,品种多,被称为中国绿茶十大名茶的是:西湖龙井、太湖碧螺春、黄山毛峰、六安瓜片、君山银针、信阳毛尖、太平猴魁、庐山云雾、四川蒙顶、顾渚笋茶。

红茶是经过发酵制成的茶,因干茶的色泽和冲泡的茶汤以红色为主色,故名红茶。红茶多以产地命名,以安徽祁门红茶、云南滇红尤为出众。

乌龙茶是一种半发酵茶。特征为"绿叶镶红边",有独特的茶香味,既有红茶的醇香,又有绿茶的清爽,却无两者共有的涩味,以福建武夷山岩茶为代表,其中铁观音、大红袍最有名气。

白茶是既不发酵又不经揉捻而制成的茶,因其成品多为芽头,披满白毫,如银似雪,故名白茶。茶汤清亮鲜醇,主产于福建的福鼎和政和等县,台湾也有少量生产。

花茶是将香花放在茶胚中溶制而成的绿茶之一,常用的花有茉莉、珠兰、代代、玫瑰等,以苏州茉莉花茶为其名品。

砖茶属于紧压茶,是用绿茶、花茶、老青茶等原料经蒸制后放入砖形模具内压制而成,主产于云、川、湘、鄂等省。

【绿茶的保健功能】

各位游客,茶源于中国,后来逐渐形成了传统的中国茶文化。日本人将中国的茶文化引进,就发展出了日本的茶道。韩国人学习后也发展出了韩国茶道。为什么茶文化会传播普及到各国呢?很重要的原因在于绿茶能给人们带来健康。

第一,绿茶里含有茶多酚。最近联合国在表扬我们的邻国日本,主要是因为日本国民的寿命是世界上最长的,他们的平均寿命达到87.6岁,而我们国家20世纪50年代是35岁,60年代是57岁,现在是67.88岁,比日本整整差20岁。世界上的人口平均寿命是70多岁,而我们是67.88岁,还没有达到平均寿命。在日本健康普查40岁以上的人,发现人体内有癌细胞的很少,主要原因就是他们爱喝绿茶,因为绿茶里含有茶多酚,它是抗癌的,在所

有的饮料里绿茶里茶多酚的含量是第一。如果你每天喝4杯绿茶,癌细胞就不会分裂,而且即使分裂也要推迟9年以上。

第二,绿茶里含有氟。这个氟有什么作用呢?古代很早就知道,曹雪芹写《红楼梦》时说贾府的人吃完饭都拿茶水漱口,而苏东坡也有记载,他每次吃完饭都拿茶水漱口,目的是坚固牙齿。但古时的人并不知道这是氟的作用,日本人现在终于研究清楚了,原来绿茶里的氟和牙齿上的磷灰石发生反应,形成增强牙冠硬度的钙质。因此,茶不仅能坚固牙齿,还能消灭虫牙,消灭菌斑。用茶水漱口能反复冲击口腔各个部位,清除食物残渣和部分牙垢,还能降低口腔细菌的密度,抑制牙菌斑的形成。

第三,绿茶本身含茶苷宁。茶苷宁是提高血管韧性的,使血管不容易破裂。正是因为绿茶具有抗癌、坚固牙齿、防止血管老化等多种作用,所以绿茶成了最好的保健饮料。

【西湖龙井茶概述】

各位游客,龙井茶是我国著名绿茶,名列十大绿茶之首,有着"绿茶皇后"之称。来到杭州,龙井茶不可不品。因为对于杭州来说,茶和茶文化,是休闲生活的代表,是宁静淡泊心灵的寄托,也是回归自然的表征,因而"龙井茶和虎跑水"被誉为西湖双绝。

中国是最早发现茶的国家,杭州又是我国茶的发祥地之一。据历史记载,西湖群山自东晋以来就植有茶树,唐宋时期西湖出产的茶叶开始闻名,早在唐天宝元年(742),余杭径山寺开山祖师法钦在海拔800米的高山上开山建庵,就亲手种植茶树,以供佛待客,这是杭州种茶、饮茶的起始,至今已有1 200多年的历史。

茶圣陆羽在《茶经》中提到了杭州天竺、灵隐二寺产茶。北宋时期,西湖栽培茶树已初步形成规模,当时下天竺香林洞产的"香林茶"、上天竺白云峰产的"白云茶"和葛岭宝云山产的"宝云茶"已被列为贡品。高僧辩才法师告老退隐于龙井村,常常与苏东坡等人在龙井狮峰山下品茶吟诗。

南宋建都杭州,杭州的茶进入辉煌时期,不仅在种茶、制茶、茶宴上推陈出新,而且通过日本、韩国来宋学禅高僧,将中国的茶文化传播到国外。元朝,龙井附近所产之茶已成为商品上市。僧人、文人对龙井一带的幽静的山林风光情有独钟,更青睐于名泉、好茶,纷纷结伴前来饮茶赏景。明朝,西湖出产的茶叶发展形成以撮泡品饮为特点的散茶,由于集中栽培在龙井寺、龙井泉一带而被称为龙井茶。

清朝初年,西湖龙井茶基本定型,以色、香、味、形俱臻上乘而备受赏识,成了向清宫进奉的贡茶。杭州自古就是产茶、制茶、销茶之地,有"茶叶之乡"的美誉。历来爱茶的杭州人,从达官贵人到平民百姓都有饮茶的生活习惯。

清代乾隆皇帝更以嗜茶闻名,他6次下江南,曾4次到龙井品茶,写了5首品茶诗,还在龙井狮子峰胡公庙前留下了18棵御茶树的遗迹。据说他还把顺手采摘的鲜叶夹在书本里,回宫后取出,已压成扁形,但芳香四溢,后降旨为贡茶。如此说来,现今扁平光滑的龙井茶外形的形成还要归功于乾隆皇帝。

清末至民国时期,杭州茶业更是兴旺,为中国最著名的茶叶产地和集散地,翁隆盛等茶庄名噪海内、声扬海外。新中国成立60多年来,杭州茶业得到了长足的发展。西湖龙井茶,以它所独具的天人合一的禀赋,彰显出杭州幽雅清丽的地域文化风情与内涵,为杭州的风景旅游增添了中国茶文化特有的情趣。

【龙井茶的传说】

各位游客,关于龙井茶的来历,有这么一个美丽的传说,那要追溯到很远很远的时候。据传,古时龙井村旁住着一位没儿没女的老妇人,周围有18棵野山茶树。家门口的路是南山农民去西湖的必经之路,行人走到这里总想稍事休息,老太太为人厚道,就在门口放一张桌子,几条板凳,同时用野山茶叶沏上一壶茶,让行人歇脚。日子一久,远近闻名。

有一年除夕,大雪纷飞。采办年货的行人络绎不绝,依旧在老太太家门口歇脚,其中有一白发长者见老太太愁眉不展,就问:"老太太年货采办了没有?"老太太长吁短叹地说:"别说年货无钱采办,就是这些茶树也快冻死了,明年春天采茶都没办法了。"长者指着边上一个破石臼说:"不愁,请用旁边的泉水洗石臼,并将石臼水倒到茶树上就行。"老太太将信将疑,但还是照此做了,没想到当她把石臼水倒入茶树中时,晃眼看到有条白龙就钻入茶树中,老太太慌忙呼唤白发长者,白发长者却不见踪迹。

这年开春,18棵老茶树枯枝换新,长出密密麻麻又嫩又香的茶芽。人们都说这些茶树有真龙庇护,并用18棵茶树籽遍地栽种,从此用这些茶树的叶子制成的茶就叫龙井茶,名扬天下。当地因而称这18棵茶树为龙井茶的"茶祖宗"!

【西湖龙井茶的主要产地】

游客们,西湖龙井茶是杭州的一张"绿色名片",产地分布在西湖西部的秀山峻峰之中,故名"西湖龙井";因主要种植于狮峰、龙井、云栖、虎跑、梅家坞5个自然村,因此历史上就有"狮、龙、云、虎、梅"等字号的区别,其中梅家坞村为西湖龙井茶最主要的产地。

有"梅坞茶乡"之称的梅家坞,位于云栖北面,这里地处西湖群山西部边缘的山谷中,山青泉幽,草木华滋,是得天独厚的茶树生长地,遍布着1 000多亩茶地。这里气候温和,雨量充沛,年平均温度在16.1℃,年均降水量1 500毫米,年平均湿度80%,无霜期约250天,昼夜温差较大,经常云雾缭绕。茶园土壤以千里岗砂岩和部分泥页岩与石灰岩风化而成的红壤为主,土壤深厚肥沃,质地疏松,经过耕作已经转变成为酸性沙壤土或黄泥沙土,氮、磷、钾和有机质等含量十分丰富。这些天然因素,为茶树的生长提供了优越的自然条件,使茶树得以采天地之精华,汲日月之灵气,孕育出非凡的品质。

梅家坞不仅是休闲之地,村子周围的山坡上,分布有大批茶园。茶山的高处,峰峦连绵起伏,山谷中溪涧潺潺,满山除了茶树,更有苍翠欲滴、幽深葳蕤的密林,蓝天白云,春风夏雨,一片自然与人和谐的优美环境。由于产地独有的生态条件和炒制技术,加工出来的龙井茶色泽翠绿,外形扁平光滑,形似"碗钉",汤色碧绿明亮,香馥如兰,滋味甘醇鲜爽,向有"色绿、香郁、形美、味醇"四绝之称。

【采摘和炒制】

游客们,杭州人历来爱茶,从达官贵人到平民百姓都有饮茶的生活习惯。白居易、苏东坡等许多文人墨客,不仅是品茶高手,而且也留下了不少品茗佳作。苏东坡有诗云"从来佳茗似佳人",佳人难寻,佳茗亦来之不易。有人形容春茶清淡如羞涩少女,冬茶醇厚如成熟少妇。林语堂说得更为直白:品饮第一杯乃十二三岁女孩,味道没出;第二杯是十八九岁少女,味道最醇;第三杯已是三十多岁少妇,仍有人爱品之。

龙井茶为茶叶中之珍品,其采摘有三大特点:一是早,二是嫩,三是勤。历来龙井茶采摘以早为贵,茶农常说:"早采三天是个宝,迟采三天变成草。"而明代田艺蘅在《煮泉》中曾有"烹煎黄金芽,不取谷雨后"之说。通常以清明前采制的龙井茶品质最佳,称明前茶;谷雨前采制的品质尚好,称雨前茶。另外采摘十分强调细嫩和完整。只采一个嫩芽的称"莲心";采一芽一叶,叶似旗,芽似枪,称"旗枪";采二叶初展的,叶形卷如雀舌,称"雀舌"。通常制造 1 公斤特级龙井茶叶,需采摘 7~8 万片细嫩芽叶,其采摘标准是完整的一芽一叶,芽长于叶,芽叶全长 1.5 厘米。每到采茶季节,绿色的茶山上几乎天天可以见到三五成群的采茶姑娘身挎茶篓,用熟练的双手采摘细嫩的龙井茶。全年茶叶生产季节中要采摘 30 批左右,采摘次数之多是龙井茶最大的特色。

一款优质上品的西湖龙井,所采摘的青叶,嫩、匀、鲜、净四要

素一个都不能少;炒制的全过程,则包括了摊放、青锅、摊凉、辉锅、筛分、挺长头和分筛整理等一系列程序,炒制手法有抖、搭、拓、捺、甩、抓、推、扣、压、磨等,号称"十大手法"。炒制时根据鲜叶大小、老嫩程度和锅中茶坯的成型程度,不断变换手法,非常巧妙。清代乾隆皇帝曾有诗描写炒茶状况:"慢炒细焙有次第,辛苦工夫殊不少。"只有掌握了熟练技艺的人,才能炒出色、香、味、形俱佳的龙井茶。

【西湖龙井茶成为"绿茶皇后"的十大原因】

游客们,我国的茶叶品种很多,为什么龙井茶会独占鳌头呢?这是因为:

第一,龙井茶产于风景秀丽的西湖地区,这一带有北山、天竺、南山等小山脉作屏障,阻挡寒流的侵袭;南部受钱塘江湿润季风的调节,使茶区内气候温和,年平均温度为 $16.2℃$;雨量又充沛,年平均相对湿度82%,经常细雨蒙蒙,满山云雾,形成了一个独特的小气候,使龙井茶成为独特的优良品种。

第二,龙井茶生长在西部群山中,海拔高度适中,不高也不矮;而别的很多绿茶种植地海拔较高,因而高处不胜寒。种植龙井茶土壤是白沙土或者乌沙土,茶园多系微酸沙质土壤,通气透水,磷含量非常丰富,非常适合茶树生长。

第三,龙井茶培植管理,使用的都是豆饼、菜饼等有机肥料,不施化肥和农药。

第四,与炒制的工艺环节有关,传统的炒制工艺功不可没。龙井茶的炒制要求高超的技术和适度的火力,火力掌握是否恰当关系重大,火力过高,茶叶易出现焦边,产生焦味;火力过低,茶叶易出现红梗、红叶,致使茶汤发红。

第五,龙井茶是用纯手工制成的茶叶,分"清锅、回潮、回锅"3道工序,其间不经揉捻,炒茶温度控制全凭手感,炒制过程有十大手法,龙井茶农的绝活使龙井茶扁平、光滑因而赏心悦目。

第六,龙井茶产量少,物以稀为贵。龙井茶的产地只有4 700亩,年产量800吨,而炒1斤茶需36 000至4 000片嫩叶,炒制时间达6小时之久,所以龙井茶实在来之不易。

第七,龙井茶与众不同的品质特征。龙井茶的栽培、采摘、加工全是手工操作,采摘的时候就像小鸡吃米一样,原先都是一只手采摘,后来西湖地区著名的采茶十姐妹练就了双手采茶的技术并加以普及,才有了现在的双手采摘,尽管如此,一般一个采茶姑娘一天也只能采1~1.5千克。而炒制塑形就更加费工夫,精工细作了半天才做个一两二两的。你再看那些炒茶人的手,尽管长期劳作练就了坚臂厚掌,还是多多少少被热锅烫出了泡,个中辛苦,可想而知。所以制作龙井茶的全手工的生产制作方式,使它看起来更像是在做工艺品。

第八,龙井茶独有的色、香、味。龙井茶生长的地方比较特殊,周围是山,树木繁多,虽然四季分明却终日烟雾缭绕,而且山上的甘泉较多,水质优良,适于泡茶。最关键的是大自然还慷慨地赐给了这里独特的宝贵土地资源,这里的土壤是沙土而不是黄泥,这种沙土中有机质磷的含量比较高,更有利于茶的香味的形成。

第九,龙井茶的文化内涵——这更是其他茶叶所无法具备和比拟的。我国任何一种其他的茶叶从没受到过帝王将相、文人墨客、和尚道士如此程度的宠爱,从而使龙井茶形成了深厚的历史文化积淀。

从龙井茶的历史演变看,龙井茶之所以能成名并发扬光大,一则是龙井茶品质好,二则离不开龙井茶本身的历史文化渊源。所以龙井茶不仅仅具有茶的价值,也具有文化艺术的价值,里面蕴藏着较深的文化内涵和历史渊源。

第十,龙井茶无与伦比的知名度。从古代开始,龙井茶即有一定名声。到了现当代,其名声日渐卓著,被视为绿茶的代表。

西湖龙井茶是我们中华民族的瑰宝,作为我国的国宴礼茶,

西湖龙井经常用来款待和馈赠海内外贵宾。1981年、1985年西湖龙井茶曾两次荣获国家金质奖章,1988年还在雅典举办的第27届世界优质食品博览会上获得最高荣誉奖——金棕榈大奖。

【西湖龙井茶的保健功效】

游客们,西湖龙井茶系采摘细嫩芽叶加工制成,现代医学研究结果表明,芽叶越细嫩,内含营养保健成分越多,加上龙井茶是小锅手工炒制,因而使丰富的保健成分得到最大限度的保留。龙井茶中含有的营养保健成分主要包括多种维生素、茶多酚、咖啡碱、脂肪酸以及钾、锌、镁、铁、锰、氟等多种无机盐和微量元素。品饮西湖龙井茶不仅给人以温馨、宁静、愉悦、舒畅和美的享受,而且具有很高的营养保健价值和防治疾病的功效。龙井茶有以下保健功效:

一是龙井茶中维生素C和维生素E的含量特别丰富,人们每天喝1~2杯龙井茶可满足人体对维生素C的需要量,从而增强机体抵抗力,防癌抗癌,延缓衰老;另外,维生素C还能增强肌肉弹性,保护水分和抑制皮肤黑色素的生成。维生素E则能大大提高人体的免疫功能,使人少生疾病。

二是龙井茶中含有较丰富的茶多酚,它是抗癌的,尤其是儿茶素类多酚物质,具有抑菌、防止动脉硬化、降糖、利尿、降血压、防止血管硬化的药效功能。此外,茶多酚还能改善人体的造血功能,增加白细胞,提高人体抗辐射的能力。

三是龙井茶中含钾量较高,而钾是维持体液平衡、促进新陈代谢不可缺少的营养元素。夏日炎炎,人们汗流浃背,需要通过喝饮料来补充失去的钾,这时饮用龙井茶补钾消暑是最理想不过了。

四是龙井茶中含有丰富的氨基酸,有很强的分解脂肪作用,能去油腻、化脂肪,因而饭后饮用龙井茶可以助消化,同时也有美容瘦身、减肥的功效,是人们减肥的良药。饮酒过量,饮用龙井茶,可通过利尿加速酒精排出,起到护胃醒酒的作用。

五是龙井茶中许多元素如维生素 C、B_1、B_2、A 等对眼睛保健具有重要的作用,这些有益元素能消除人眼中的白内障,为视网膜、晶状体和视神经组织提供重要养分,所以常饮用龙井茶能明目清眼,保肝护肝。

除此以外,茶在日常生活中用途也很大,如用茶水洗头可使头发柔软,乌黑生光;废茶叶晒干后,作枕头填料,既清香舒适,又有一定的保健作用。因此经常饮用龙井茶不仅是物质和精神享受,而且也是健身防病的一种有效途径。

【龙井茶宴】

游客们,龙井茶不仅是最好的保健品,而且杭州人还把它搬上了餐桌,做成了大众喜欢的美味佳肴,而"龙井虾仁"就是龙井茶宴的代表菜肴。

1972 年,美国前总统尼克松来杭州时,周恩来总理陪同他到西湖楼外楼用餐时,服务员奉上一盘虾仁晶莹鲜嫩、茶芽翠绿清香的菜肴,尼克松品尝后,赞不绝口,这便是世上闻名的龙井虾仁。

相传,杭州厨师受苏东坡词《望江南》中"且将新火试新茶,诗酒趁年华"的启发,选用色绿、香郁、味甘、形美的明前龙井新茶和鲜河虾仁烹制而成龙井虾仁,茶叶嫩绿、清香,虾仁玉白、鲜嫩,风味独特。

杭州厨师还采用"北料南烹"、"南料北烹"的方法,创制了不少名菜,比如龙井菠萝虾、龙井炒鱼丁、龙井香茗鲈鱼、龙井炒鸡丝、龙井香酥鸽、美味龙凤片、龙井肉片汤、龙井四味蛋卷、龙井八宝、龙井沙拉、龙井粥、龙井银耳三菇等,形成了独特的龙井茶宴。

【名人与龙井茶】

游客们,中华各民族人民自古以来都有饮茶、敬茶的传统礼

俗。"开门七件事,柴米油盐酱醋茶","文人七件宝,琴棋书画诗酒茶",茶通六艺,茶是我国传统文化艺术的载体。

人们视饮茶为生活的享受,视茶为健身的良药、提神的饮料、友谊的纽带、文明的象征。千百年来,许多文人墨客,一直为之吟咏。吴主孙皓每宴必饮酒,且严格规定赴宴者非饮酒七升不可。但孙皓的宠臣韦曜不胜酒力,为此,孙皓派人暗赐茶,用以代酒。

宋代著名茶人大多数是著名文人,像徐铉、王禹偁、林逋、范仲淹、欧阳修、王安石、苏轼、苏辙、黄庭坚、梅尧臣等文学家都好茶,所以著名诗人有茶诗,书法家有茶帖,画家有茶画。这使茶文化的内涵得以拓展,与文学、艺术等精神文化直接关联。

宋朝人拓宽了茶文化的社会层面和表现形式,茶事十分兴旺,以评比茶叶质量优劣为主要内容的"斗茶"以及展示泡茶技艺的"茗戏"盛极一时。

明三宝太监郑和曾奉使7次远涉重洋,到达南亚诸国、阿拉伯半岛和非洲东海岸,每次都带有茶叶,对中国茶叶的传播具有十分重要的影响。元、明以后,中国茶叶经过郑和到达的国家和地区传向欧美,形成一条海上"茶叶之路"。

清乾隆六下江南,四到龙井。乾隆二十七年(1762)三月甲午朔日,乾隆第三次到杭州,长住龙井,上老龙井品茶,赞不绝口,称色、香、味、形俱佳,自此,龙井茶叶名声远扬。

乾隆到龙井后,在茶地采了一些茶叶嫩芽,夹在书中带回京城供皇太后观赏,由于时间已长,茶芽已夹扁,皇太后见了甚喜,指定此茶为贡茶,茶农照此炒制,龙井茶由此成扁平外形。后人将乾隆皇帝采过的十八棵茶树,称为"十八棵御茶"。乾隆年高退位后,对茶更是钟爱,他在北海镜斋内专设"焙茶坞"。他饮茶养身,享年88岁,是历代帝王中的高寿者。

梁启超爱茶至深,他甚至把是否爱好饮茶看作中国国籍的象征,他曾说:"不喝茶还能成为中国人吗?"鲁迅先生说得好:"有好茶喝,会喝好茶,是一种清福";"饮茶之乐,其乐无穷。"

1949年新中国成立后,国家十分重视龙井茶的发展,毛主席、周总理、朱德委员长、刘少奇、邓小平、陈云、陈毅、叶剑英等老一辈党和国家领导人生前都非常爱喝西湖龙井茶,也曾多次到过西湖龙井茶乡。邓小平、江泽民、李鹏等同志多次到茶区视察,关心龙井茶的生产。

毛主席曾写有"龙井茶、虎跑水,天下一绝"的词句。1955年,毛主席登临茶乡附近的五云山,写出对此地风光赞美的诗篇:"五云山上五云飞,远接群峰近拂堤。若问杭州何处好,此中听得野莺啼。"毛主席一生嗜爱饮茶,他曾多次来到杭州西湖龙井茶区,品尝西湖龙井茶,并爱上了西湖龙井茶。

1963年4月28日,毛主席再次来到这里,面对一片碧绿的茶园,兴致勃勃地亲手采摘西湖龙井茶。采罢的茶叶经现场炒成干茶并用新煮的虎跑水沏上一杯给主席,主席边品尝边称赞:"虎跑水泡龙井茶,天下一绝。"为纪念此事,西湖龙井茶叶有限公司在当年主席采摘过的龙井茶树旁建亭立碑,以供参观瞻仰,并由原浙江省委书记、最高人民法院院长江华同志亲笔题词"毛主席采过茶叶的龙井茶树"。

周总理生前曾5次到龙井茶区的梅家坞村视察指导龙井茶生产,亲自修改由作曲家周大风先生创作的《采茶舞曲》。现梅家坞村建有周总理纪念馆,已成为茶区的一个旅游点。

1961年春天,周总理陪外宾到梅家坞,茶农泡了龙井茶绝品明前茶,请周总理和外宾品尝。周总理品了一口茶,赞道:"龙井茶叶虎跑水,江南一绝。"接着又说,"龙井茶多香啊,日本茶不香。"

周总理一点也不摆架子。他喝茶喝到最后,连茶渣子也不舍得剩下来。他说:"这茶叶剩下来倒掉多可惜,我要把它都吃光。"说着伸出两个指头,把杯中的茶叶渣子都捞入口中吃了下去。看到总理这么吃,梅家坞乡亲们也吃。有些人从此养成了习惯,每次也都把喝过的茶叶吃光。

有一对姐妹回忆过去的往事,其中有一个说,有一次,周总理

在我们村开座谈会,恰巧我就坐在他身边的一张木椅上,说到吃茶,周总理说:"外国的茶叶不好吃,没有我们中国的茶叶好吃。西湖龙井茶最好吃,又香,又甜,特别好吃。"说到"特别"那两个字,他是加重语气说的,一个字一个字咬得特别清楚,我们听起来也特别亲切。

在美国总统尼克松访华期间,周总理在杭州宴请他,席面有一道别致的菜名"龙井虾仁",但见盘中虾仁白里透红,如珍珠般晶莹;龙井茶叶碧绿鲜润,散落其间。这哪是一道菜,简直是巧夺天工的艺术品!尼克松大饱口福,饭后又有一杯龙井入肚,清香沁人心脾,简直妙不可言!他不由跷指称赞:"西湖龙井,名不虚传!"

杭州人民将一包龙井茶送给美国总统尼克松。尼克松回国后将龙井茶分赠亲友。中美之间的大门打开之后,在美国掀起一股中国热,龙井茶亦成为美国人特别是美籍华人的热门话题。

陈毅的《访梅家坞》写道:"会谈及公社,相约访梅家。青山四面合,绿树几坡斜。溪水鸣琴瑟,人民乐岁华。嘉宾咸喜悦,细看摘新茶。"

1983年12月17日上午,邓小平来到虎跑,他仔细看了虎跑泉后深情而又殷切地说:"龙井茶,虎跑泉,天下闻名,要管好、用好这泓清泉。"

江泽民在90年代初期就曾陪同英国女皇伊丽莎白二世品尝过"贡"牌西湖龙井茶,并于2003年10月亲自来西湖龙井茶乡考察。李鹏、乔石、朱镕基、李瑞环等前党和国家领导人多次陪同访华外国元首来杭,龙井茶乡是其必游之地。

【杭州的茶馆】

游客们,自古以来,西湖龙井茶乡的百姓不仅会栽茶、制茶,更熟谙许多鉴茶、品茶的门道和讲究。龙井茶的特点是香郁味醇,饮起来淡而无味,但饮过之后,觉得有一种太和之气,弥漫于齿颊之间,需要下工夫细品慢啜,领略其香味特点。这无味之味,乃是至味。西湖龙井茶最为理想的是用虎跑水来冲泡,直到今天,杭州人仍对沏泡西湖龙井茶的水分外讲究。品尝高级龙井茶时,多用玻璃茶杯,用85℃左右的开水进行冲泡,1分钟后揭开茶杯盖,以免产生闷热味。冲泡后茶叶一旗一枪,簇立杯中,交错相映,芽叶直立,上下沉浮,栩栩如生,品尝饮用,齿颊留香,沁人肺腑。

有了好茶,必要配品茶的环境,因而催生杭州的茶馆业的繁荣。杭州的茶馆或古雅或现代,星罗棋布在古巷老街里,在绿树红花中,在湖光山色间,特色各具,美不胜收,丝竹悦耳,茶香诱人。近年来,发展愈盛,品位愈高,仅杭州市区就有各类大小茶馆上千家。现在,以茶会友、以茶休闲、以茶怡情,已经成为杭州老百姓的日常生活和精神文化享受,外地慕名到杭州赏景、品茶、怡情的人也越来越多了。茶馆之盛、茶事之兴、茶人之多,这是茶文化的精、气、神之所在。接下来就让我们走进杭州负有盛名的茶馆——"钱塘茶府"、"青藤茶馆"、"门洱茶馆"、"心源茶馆"等,去品味一杯清香四溢、口味醇正的龙井茶;同时,还可以饱览茶乡风光,感受茶乡风情,为杭州之旅再添美好回忆。

【品茶】

各位游客,欢迎大家到西湖龙井茶乡做客,客来一杯茶是我们中国传统的待客之道,所以请大家品一杯正宗的龙井茶。现在大家手中拿到的浅浅的半杯茶不是用来喝的,也不是用来洗茶的,而是用来闻它的香味。

您可以和我一样,举起手中的杯子,顺着一个方向轻轻地转动一下,再递到鼻尖来闻一闻,会有一股淡淡的豆花香,非常地醇,这是龙井茶本身散发出来的,原汁原味,没有任何的添加剂。闻好之后,我们把杯子放好,工作人员会过来给您加水,由于加过水比较烫口,所以先不要着急马上喝,在喝茶之前我教大家一个

很好的保护眼睛的方法,用手捂住半个杯口利用其余半个杯口冒上来的热气熏熏眼睛,睁大眼睛来熏,因为茶叶中有大量β胡萝卜素和维生素C,可以很好地给我们眼球的晶体增加营养,清凉明目,坚持每天眼熏一分钟左右,可以很好地预防近视。如果有机会可以到我们村里走走看看,您会发现戴眼镜的学生很少,而且我们当地的老茶农都习惯用喝过的茶水蘸着纱布敷敷眼睛,对白内障、老花眼都是很有好处的。

龙井茶不仅是杭州最有名的特产,也是我国十大名茶排列第一位的,早在20世纪60年代,龙井茶就被指定为中国的国茶,所以在生长中有着严格的要求,不洒农药,不施化肥,茶树每年秋天施肥,所施的肥就是磨豆腐的豆渣压成饼,然后再自然风干,属于最好的有机肥。茶叶采下后不用机器来加工,完全保留了手工制作。更为主要的还是采茶时间,龙井茶一年不多采,就一个月,从三月底开采到四月底结束,所以我们说春雨龙井黄金芽,非常的珍贵。因为春茶比较细嫩,又不洒农药,所以冲泡方法比较简单,首先不要洗茶,其次水温不要太高,控制在80℃到90℃就可以了。特别是用玻璃杯冲泡,建议不要加盖,因为玻璃杯不透气,加了盖就像我们家中炒菜盖了锅盖,会把茶叶中的叶绿素、维生素破坏掉,那么叶子发黄、味道发涩,喝起来口感就不好了。

因为水温不高,很多茶叶浮在上面,如果您一不小心吃到嘴里,也不要吐出来,入乡随俗,我们杭州人通常把喝茶叫吃茶。您不要小看一杯龙井茶,它含我们人体所需要的26种氨基酸和维生素,一点也不夸张,您今天吃完一杯龙井就等于吸收了近两个苹果的维生素含量,所以我们杭州人经常用龙井来做菜吃,像比较有名的龙井虾仁、龙井茶鸡,还有平常老百姓家爱做的龙井炒鸡蛋、龙井包水饺,都是非常不错的。如果有时间,我建议大家最好经常在饭后半小时吃一杯会更好,它可以帮助消化分解油腻,同时饭后用茶水漱口还可以消除口腔中的异味。

我们在座的各位,不管您平时在家里喝白开水还是喝乌龙茶、喝铁观音也好,如果有时间我建议大家一定要多喝喝绿茶,当然更希望多喝我们的龙井茶,因为它是最好的保健饮料之一。大家喝茶时有没有这样的感觉:第一杯有点苦,第二杯有点淡,三杯之后您的嗓喉间会有一种甘甘甜甜的回味,我们说有回味的茶才是好茶。我们还可以利用喝剩下的茶叶渣还有茶叶末、茶叶梗来做枕头,它可以安神健脑,增强小孩的记忆力,同时对颈椎也是很有好处的。

接下来我向大家介绍一种泡茶方法,相信对我们团队当中很多人都有帮助。它是我们当地的老中医用龙井茶加两味中药研制而成的传统中药偏方,可以起到降血脂、降血压、辅助降血糖的功效。具体做法是先到中药房去配两味中药,一味是山楂干,一味是陈皮,放进玻璃杯,放入10克龙井、10克山楂干、5克陈皮,再倒入半斤的凉白开,由于冷水浸泡慢慢浓,3个小时后拿来喝,就跟喝中药一样,只喝水,不吃茶叶,每天一到两次,坚持半个月为一个疗程,可以起到很好的作用。游客们,"十里山道梅家坞,茶景伴君一路行"。接下来请大家慢慢吃茶,同时,我也借助杯中的龙井茶祝大家旅途愉快,身体健康。谢谢大家!

杭州丝绸

各位游客:

大家好!2000年,有一部香港电影在法国的戛纳电影节上大放异彩,获得了"最佳男主角"和"最佳艺术成就"两项大奖。9月,王家卫的这部《花样年华》回到香港首映,香港特别行政区行政长官董建华破例出席了首映式,并在致辞中盛赞了香港电影人取得的成就。

第三篇 品你,在物产江南

在戛纳电影节上,最光彩夺目的就是影星张曼玉演的这部《花样年华》里20多套充满怀旧韵味的旗袍,它们所放射出的中国江南的水影丝光吸引了全世界人们的眼球。在电影中,张曼玉那婀娜漾动的身躯被奢靡而又华丽的丝绸所包裹,款款地走过20世纪30年代上海的雨夜弄堂。她那一次次华丽而忧伤的转身,为观众留下了孤独而放纵的背影;她那灿如夜花般绽放的旗袍,引起了人们无尽的遐想,成了世纪末迷茫心灵中的一处温馨港湾;她那一身变幻莫测的旗袍所摇曳出的千变万化的迷离背影,不仅换回了一段过去生活的回声,同时也为人们创造了一个诗意生活的梦境,成了一个对抗现代文明的象征。

另一个具有象征意义的现象就是陈逸飞的江南水乡系列油画。其代表作《浔阳遗韵》以一种伤感凄迷的情调再现了唐朝诗人白居易《琵琶行》那古典而又婉约的意境。画面中3个分持琵琶、长箫与团扇的青春女子也是用旗袍营造了"浔阳江头夜送客"的独特气氛,将一种远逝了的江南田园牧歌的生活场景和古典艺伎的颓废而又洋溢的诗情重新复原于人们的记忆,以至于在此后的很长一段时间里,一些时尚前卫的当代女性将陈逸飞的诗情画意穿上了上海的街头。

王家卫和陈逸飞这两位艺术大师为什么会不约而同地钟情于旗袍,选择它作为过去时代美的象征物呢?因为旗袍与和服是东方服饰美的代表,是东方女性风情的代名词。尤其是旗袍,几乎可以满足人们对东方女性,尤其是中国女性全部的诗情画意和神秘美的想象。

也许你不会想到,这两种世纪末最打动人心的怀旧情感都与江南,特别是与杭州有着千丝万缕的联系,因为这儿自古以来就是中国的丝绸生产中心,因为由这里的丝绸制成的旗袍,已经不仅仅是服饰,而是江南女子的生活,是东方女性美的化身!

【丝绸是人的一生最亲密的伴侣】

游客们,人的一生从呱呱坠地到进坟墓,几乎都离不开丝绸的亲密相伴。

出生时用三尺白绢裹体;结婚时,在鸳鸯绣枕和锦丝绸被绣上体验着洞房花烛夜的快乐;撩开罗帐,绣着鸳鸯的红兜彩云托月般招展着玉体的香艳,新人香汗涔涔地上演一出人类万古不变的欢喜大戏;魂归桑梓更是中国人的终极理想,当大限之时到来之际,又是三尺白绫把我们送回了永恒故乡的大地深处。

游客们,咱们辛苦劳作是为了锦衣玉食;咱们拼搏奋斗是为了衣锦还乡;人们争名夺利是为了花团锦簇;人们巧取豪夺是为了做纨绔子弟。我们祝愿一个人的未来时,说他(她)前程似锦;一个人取得最高成就时,给他戴上锦标;姑娘看中一个心仪的小伙子时,不用厚着脸皮大呼小叫,只需暗暗地向他抛一个绣球……

人生有多少大事不是由丝绸派生出来的啊,就连形容世界或人生的巨变,要用沧海桑田来比喻。我们的国旗为什么也要用丝绸制成,我们的祖国为什么叫锦绣中华,我们的未来为什么被描绘成锦绣前程,我们的祖先为什么要魂归桑梓……所以说,正是丝绸装饰了人生中的重要仪式,更是人的一生最亲密的伴侣。

【丝绸的历史】

游客们,中国是生产丝绸最早的国家,素有"丝国"之称。远在5 000多年前的新石器时代,中国先民就把欢蹦乱跳的野蚕放在室内饲养,并利用蚕茧,手缫成丝,织成绸、做成衣服来美化生活。黄帝的妻子嫘祖有一次在一片桑林里喝茶,树上的野蚕茧偶然掉到了她的茶碗里。她赶忙用树枝挑捞,却无意中抽出了丝,发现了蚕茧的纤维,想到了可以用它来纺线织衣,于是,嫘祖就开始驯化野蚕。从此蚕才跟穿衣发生了关系,而嫘祖也因此成了饲养家蚕的始祖。

从商代到战国,全国的丝绸生产开始兴起。公元前519年,楚国的女子和吴国的女子在两国边界区域的桑田里采桑叶时发生了争斗。楚国的边界长官听说后非常愤怒,竟率领军队剿灭了边界处的吴国采桑女。吴王得报后愤怒异常,决定立即对楚宣战,并一举攻取了楚国的两座城市。这是中国历史上第一次因为抢占桑田引发的战争。可见桑蚕生产已是当时的吴国和楚国的经济命脉,重要到需要动用战争这一最高形式来捍卫的地步。

到了秦汉时期,中国的丝绸生产明确地形成了官营手工业、城镇独立手工业和农村家庭副业三种成分并存的结构,一家一户的"男耕女织"成了中国蚕桑丝绸生产的主要形式。当时丝绸织品的品种已日渐繁复,其中的绮、锦、刺绣等已经达到了很高的工艺水平。汉武帝时,由张骞开始了丝绸实物征税。到东汉章帝时,已明确规定,吴地谷贵,杭州地区以布帛代替租税。那时,这些丝织品不仅流行于国内,还大量出口西方,一直销售到丝绸之路的终点——罗马。

三国吴时,丝绸生产在江南形成了高潮。丝绸产品成为供应国防、富足臣民的最重要物资,以致孙权专门颁发了"禁止蚕织时以役事扰民"诏令,把丝绸生产当作国家的头等大事。孙权赏赐群臣用丝绸,给周边列强进贡也是用丝绸,光是进贡魏国的丝绸,竟达"盈路"之多。那时,北方仍处在频繁的战乱中,江南的社会环境则相对稳定,用丝绸纳税刺激了农民的积极性,丝绸生产的规模迅速扩大。杭州地区很快出现了"丝绵布帛之饶,覆衣天下"的盛况。

唐代是杭州丝绸发展的又一个高峰,杭州丝绸开始超越四川(蜀锦)、南京(云锦)、苏州(织锦)等。整个社会对丝绸需求量非常大,诗人李商隐的"春蚕到死丝方尽,蜡炬成灰泪始干"这句诗吟咏出了人们对于春蚕的千古绝唱,同时也反映出当时人们对丝绸的需求和喜爱。

北宋时期，苏州、杭州和成都成为闻名全国的三大织锦所在地。"昨日入城市，归来泪满巾。遍身罗绮者，不是养蚕人！"这首《蚕妇》是北宋诗人张俞对人间贫富不均的深刻感叹。南宋时，杭州丝绸发展达到最高峰，成为全国丝绸中心。

元朝，中国丝绸生产重心已完全南移，到了大江南岸，一个五彩云霞般的黄金时代就此降临杭州。"杭州产丝盛饶，以织金锦及其他织物。"这是马可·波罗在他的游记中写的话，准确地描述了元代江南丝绸生产的盛况。

明代以来，除了官府在杭州设置规模宏大的织造工场之外，民间的丝织业也很发达，出现了机杼之声"比户相闻"的盛况。到了17世纪的清代，杭嘉湖平原成了优质蚕丝生产地。清朝，江南三强织造即指江宁（今南京）、苏州、杭州三地的织造局。1922年创立的都锦生丝织厂，曾是我国最大的丝绸工艺品生产出口企业。新中国改革开放后，杭州丝绸业得到迅速发展，2003年，杭州被中国丝绸协会列为"中国六大绸都之一"。

杭嘉湖平原所产的茧子，茧层厚，丝质好，拉力强。缫丝技术也很高超，缫出来的丝匀度好（粗细均匀）、色泽好（雪白无杂色）、净度好（清洁而不起毛）、胶度稳定适中（饱和度好）。凭着丝织工人世代相传的巧手，自然就能织出精美绝伦的丝绸，使杭州丝绸在全国一直保持着"浙地所出，天下为冠"的美名。

凡是世界上各大丝绸产品，杭州样样俱全，绸、缎、绫、罗、纺、绒、绉，无所不有。而且杭州丝绸异形奇纹、瑰丽多姿，看了使人爱不释手，无怪乎国际友人常常把它比作"天上的云霞、地上的鲜花"，说它像"水一样轻柔、诗一般美妙"。因此杭州也就被称为"中国丝绸之都"了。

【丝绸之路】

游客们，世界上所有养蚕国家，最初的蚕种和养蚕方法，都是直接或间接地从我国传去的。根据古书上的记载，我国的蚕种和

养蚕方法,早在公元前11世纪就已经传到了朝鲜。日本的养蚕方法,也是在秦始皇的时候从中国传去的,后来,日本人又多次派人到中国取经或招收中国技术人员到日本去传授经验,以促进养蚕副业的发展。直到现代,日本还不断地从我国引进优良的家蚕品种和先进的栽桑技术。

我国生产的丝绸,很早就源源不断地运往波斯、罗马等地。公元前138年,汉武帝派张骞出使西域,最远曾到达中亚细亚。我国古代的丝绸,大体就是沿着张骞通西域的道路,从昆仑山脉的北麓或天山南麓往西穿过葱岭,经中亚细亚,再运到波斯、罗马等国,这就是闻名世界的"丝绸之路"。后来蚕种和养蚕方法,也是先由内地传到新疆,再由新疆经"丝绸之路"传到阿拉伯、非洲、欧洲去的。

从此以后,东西方的商贸、文化交流被打通。这条东起长安的"丝绸之路"一直向西延伸,直达古罗马帝国。随着时间的推移,线路越来越丰富,交流也越来越繁盛。

张骞两次出使的目的其实都是政治和外交上的,他的初衷都没有实现,却无意间成就了以商贸、技术、文化交流为主要内容的"丝绸之路"。真是"有心栽花花不开,无心插柳柳成荫"啊!

【日本和服与杭州丝绸】

游客们,日本国服——和服发源于杭州,也是有据可查的。和服,直接诞生于三国时期的东吴,也就是今天的苏杭地区,因而和服还有一个很好听的名字——吴服。

和服被认为具有东方的风韵。和服的种类很多,不仅有男女之分,未婚、已婚之分,而且有便服和礼服之分。男式和服款式少,色彩较单调,多深色,腰带细,穿戴也方便。女性和服款式多样,色彩艳丽,腰带宽,不同的和服腰带的结法也不同,还要配不同的发型。已婚妇女多穿"留袖"和服,未婚小姐多穿"振袖"和服。此外,根据拜访、游玩和购物等外出目的的不同,穿着和服的图样、颜色、样式等也有所差异。

　　日本有一部模仿中国史书编写的国家正史《日本书纪》,其中记载,和服来源于中国吴地。三国东吴时,日本处于雄略时代,天皇派遣使者到中国的吴地学习桑蚕和缝纫技术,用"吴服"的谐音"和服"来称呼这种来自中国的服装样式。

　　吴地当然就是指以苏、杭二地为中心的太湖流域。直到今天,苏、杭二地仍然是为日本加工和服与和服刺绣腰带的最大基地。一条高档的苏、杭两地织造的和服腰带,在日本的今天售价能够抵上一辆轿车。20年前,苏州吴县刺绣总厂为日本著名影星山口百惠定制了一套结婚礼服。那件彩鹤飞舞的和服曾在日本轰动一时,和服上绣制的7只飞翔的仙鹤,不知装点过多少日本少女想入非非的梦境。所以,古代的中国人干脆就把日本叫作"扶桑",以一种桑树的名字来为它命名。

【"蚕宝宝"的来历】

　　游客们,一年当中有4个季节,那么蚕茧一年应收获几次呢?4次,即一季春蚕,三季夏、秋蚕。

　　春蚕从4月22日前后开始养殖,这一天,旧时所有的养蚕妇女都要清洗沐浴一番,然后将下有蚕卵的纸片小心翼翼地贴在胸口,用胸口的体温孵化蚕卵,24小时之后蚁蚕便孵化出来了。蚕是十分娇贵的,对温度、湿度很敏感,既怕臭又怕香,因此在育蚕的月份里,家家户户闭门谢客,注意防风,防止异味入蚕室,养蚕的妇女甚至不能用香皂洗手,更不要说用香水了。

　　五龄之后(每龄5天),蚕就变得白白胖胖,如同手指般粗大。由于蚕白胖可爱,怕风、怕臭、怕香,娇嫩,也因为它是养蚕人的全部希望和收获,所以人们昵称它为"蚕宝宝"。

【真丝织物的保健作用】

　　各位游客,丝绸服装越来越受到人们的喜爱,人们将丝绸赞

誉为人类的"第二皮肤",其中一个主要原因是丝绸制品对人体具有独特的护肤保健功能。那么丝绸服装对人体具体有哪些保健作用呢?下面具体从五个方面给大家介绍一下。

第一舒适感。丝绸是由蛋白纤维组成的,与人体有着极好的生物相溶性,加之表面光滑,其对人体摩擦刺激系数在各类纤维中是最低的,仅为7.4%。因此,当我们的娇嫩肌肤与滑爽细腻的丝绸邂逅时,它以其特有的柔顺质感,依着人体的曲线,体贴而又安全地呵护着我们的每一寸肌肤。

第二吸、放湿性好。蚕丝蛋白纤维富有许多氨基(-CHNH)、氨基($-NH_2$)等亲水性基团,又由于其多孔性,易于水分子扩散,所以它能在空气中吸收水分或散发水分,并保持一定的水分。在正常气温下,它可以帮助皮肤保留有一定的水分,不使皮肤过于干燥;在夏季穿着,又可将人体排出的汗水及热量迅速散发,使人感到凉爽无比。正是由于这种性能,使真丝织品更适合与人体皮肤直接接触,因此,人们都把丝绸服装作为必备的夏装之一。

第三真丝还有很好的保暖性。它的保暖性来源于它的多孔隙纤维结构。在一根蚕丝纤维里有许多极细小的纤维,而这些细小的纤维又是由更为细小的纤维组成,因此,看似实心的蚕丝实际上有38%以上是空心的,在这些空隙中存在着大量的空气,这些空气阻止了热量的散发,使丝绸具有很好的保暖性。

第四吸音、吸尘、耐热性。真丝织物有较高的空隙率,因而具有很好的吸音性与吸气性,所以除制作服装外,还可以用于室内装饰,如真丝地毯、挂毯、窗帘、墙布等。用真丝装饰品布置房间,不仅可以使屋子纤尘不染,而且能保持室内安静。由于蚕丝具有吸湿、放湿性能以及保湿性、吸气性和多孔性,还可调节室内温湿度,并能将有害气体、灰尘、微生物吸掉。另外,真丝纤维的热变性小,比较耐热。它在加热到100℃时,只有5%~8%脆化,而大多数合成纤维的热变度要比真丝大4~5倍。蚕丝的燃烧温度在300℃~400℃,属难燃烧纤维;而合成纤维的燃烧温度在200℃~

260℃,易燃、易溶。因此,采用蚕丝纤维作为室内装饰的原料,不但可以起到吸音、吸尘、保温作用,还能具有阻燃功能。

第五抗紫外线。丝蛋白中的色氨酸、酪氨酸能吸收紫外线,因此丝绸具有较好的抗紫外线功能,而紫外线对人体皮肤是十分有害的。当然,丝绸在吸收紫外线后,自身会发生化学变化,从而使丝织品在日光的照射下,容易泛黄。

【丝绸的分类】

游客们,"丝绸"是人们对蚕丝制品的总称,细分之则"丝"为生产面料的原材料,亦即"蚕丝",又称"桑蚕丝"、"家蚕丝"、"生丝",是指以双宫蚕茧为原料,用机械按一定的制丝工艺和质量要求,将若干根茧丝抱合胶着缫制而成的长丝,又称"真丝"。"绸"为丝织品的总称,如"丝绸"、"绸缎"。也可用一个"绸"字代表蚕丝织品。按绸面的表面可将其分为34小类,如双绉、桑波缎、素绉缎、织锦缎、乔其纱等。根据织物组织、经纬线组合、加工工艺和绸面表现形态的不同,可将丝织物品分成14大类绫罗绸缎,即:纺、绉、缎、绫、纱、罗、绒、锦、绡、呢、葛、绨、绢、绸。

【真假丝绸的鉴定】

各位游客,掌握真假丝绸的鉴别方法非常重要,使我们在任何时间和地点都不会买到假的丝绸。鉴别真假丝绸的方法有:运用燃烧鉴别法、显微镜观察鉴别法、溶解鉴别法、化学药品着色鉴别法、熔点差异鉴别化学纤维和红外线光谱鉴别法等综合判定。

鉴别真丝服饰最简便的方法是一看、二摸、三烧。一看,即看服饰的光泽。真丝服饰有珍珠般天然光泽,明亮而柔和。二摸,应手感光滑柔软,富有弹性,一抓即有皱纹。三烧,即烧丝纤维,而烧丝纤维是我们日常生活中常用的鉴定方法,真丝纤维在火炉中缓缓燃烧,缩成一团,离开火焰时会继续燃烧,燃烧时发出烧毛发臭味,燃烧后形成黑褐色小球,手指一辗即碎。

【真丝的保养】

各位游客,真丝产品只有妥善保管,才能长久地保持其良好的穿着性能。下面就把真丝的正确使用方法介绍给大家。

水洗。真丝服饰属蛋白性娇嫩保健纤维织造而成,不宜在粗糙物品上揉擦和用洗衣机洗涤,应将衣物浸入冷清水中5~10分钟,用专用真丝洗涤剂、合成低泡洗衣粉或中性肥皂轻揉轻搓,涂色真丝服饰在清水中反复漂洗即可。

晾晒。真丝服饰洗涤后不宜日晒,更不宜用干燥机热烘,一般应放在阴凉通风处晾干,因为太阳中的紫外线容易使真丝织物泛黄、褪色、老化。真丝服饰洗涤后不宜绞扭去水,应轻轻抖开,反面向外摊晾,晾至七成干再熨烫或抖平。

熨烫。真丝服饰的抗皱性能较化纤织物稍差,故有"不皱不是真丝绸"之说。衣物洗涤后如起皱,需要熨烫才挺括、飘逸、美观。熨烫时将衣物晾至七成干再均匀地雾喷清水,待3~5分钟再烫,熨烫温度应控制在150℃以下,熨斗不宜直接接触绸面,以免产生静电。

保存。保存真丝服饰,对薄型的内衣、衬衣、裤子、裙子、睡衣等,先要洗涤干净,熨干后再收藏。对不便拆洗的秋冬季服装、袄面、旗袍要用干洗法洗刷干净,熨平为止,以防止发生霉变、虫蛀。经过熨烫,还可以起到杀菌灭虫的作用。同时,存放衣物的箱、柜要保持清洁,尽量密封好,防止灰尘污染。

【蚕丝被的制作】

各位游客,真丝不仅可以加工成服装饰品,还可以加工成一种独特的被子,这就是蚕丝被。应该说把真丝加工成蚕丝被是纺织业、服装业的一次绿色革命,在太空被、南极棉被等现代产品出现以前,蚕丝被是冬天最好的保暖材料,时至今日,它们也无与伦比。

蚕丝被的制作方法均为传统的手工操作,一般选用蛾口茧和双宫茧。蛾口茧是制蚕种用过的蚕茧,双宫茧即由两个蚕宝宝共同做成的蚕茧。它们均不能用来缫丝,但却是剥制丝被的上好原料。此外,也可用夏秋蚕茧剥制。有一种丝被是用丝厂的下脚茧剥制,特别脆,缺乏韧性。制作丝被时,首先将蚕茧煮熟后浸于清水中,然后取出茧中的蚕蛹,把茧壳剥开扩松,绷套在拳头上,等绷到五六层后扩成袋形,套在一只特制的半圆形的竹弓上,洗干净后取下,用线穿挂起来晾晒,干后即成一只只洁白如玉、如弓形的丝绵兜了。

到丝兜这一步,要搁在以前,就已经是成品了。人们将丝兜买回家,制作丝衣、丝被时还得下一番功夫。先须将丝兜拉成丝片,然后由两个人面对面各拉住丝片的一端,巧妙地用劲将之扯成一层层丝被。这就是俗称的"扯丝兜",一般人不会扯,用蛮力不行,贪图快也不行,得用巧劲,慢慢地扯,一边扯一边调整劲力的大小。只有高手才能扯出"匀薄如纸"、"莹洁如玉"的丝被来。

【蚕丝被的妙用】

游客们,蚕丝被由桑蚕丝独创的科学工艺翻制而成,免除了翻拆的烦恼,用特级桑蚕丝加工而成的被子,可达30年免翻拆。据统计,1 000条蚕从蚁蚕到吐丝作茧,需吃掉大约20公斤的桑叶,才能吐0.25公斤的蚕丝,可见蚕丝多么的珍贵。据科学测定,桑蚕丝由动物蛋白组成,富含人体必需的18种氨基酸,其中丝氨酸有滋养肌肤的作用;由于它的养殖、加工都不用化学品,因此,它不含任何甲醛、偶氮染料、重金属等对人体有害的物质;由于pH值呈微酸性,对皮肤无刺激,因此舒适、止痒;真丝不带自由电荷,丝纤维不易变形,抗静电,不起球;蚕丝的纤维空隙比一般的化学纤维要大,真正达到透气、吸汗效果;蚕丝中睡眠因子作用于人体,能增加人体的血流微循环,激活组织细胞,使人体产生温热

效应,有效地调节神经系统,疏通经络,改善睡眠质量;独特的纯天然成分,可防御有害气体和细菌的侵入,对肩周炎、关节炎、哮喘病等均有一定的治疗作用。

游客们,"云丝被"、"水鸟被"等化纤类被褥有闷热、潮湿、带静电的缺点。棉花被太沉重,而且容易吸收空气中的水分,人盖了之后容易得关节炎、风湿病。羊毛被易虫蛀、易吸附灰尘。羽绒被有易缩拢、发臭、长寄生虫等缺点。蚕丝被却避免了这些缺点,是一床真正意义上的保健被。

【蚕丝被的保养和护理】

游客们,蚕丝被透气吸湿,而且也容易排湿。蚕丝的结构和人体皮肤的结构非常相似。它不光不用晒,而且怕暴晒。它本身就防虫防霉,所以存放不需要放樟脑丸。总而言之,蚕丝被是一床结实的被子,不用特别地呵护。

蚕丝被的护理比较简单,首先应在蚕丝被外面再罩上一个被套,勿在被上跑跳、滚爬,以保持被子的弹性与柔软。为确保丝被的使用卫生及恒久的舒适感,丝被应定期进行晾晒。丝被晾晒应在微风和非烈日的自然环境下进行,晾晒时间一般为4~5小时,切忌暴晒。为了更好地保养蚕丝被,延长其使用寿命,蚕丝被应储藏于通风干燥处。准备收藏前先晾晒风干,等被子放凉后折叠收藏,不可将樟脑丸等物放置被内。储藏时不宜受重物长时间的压迫,以免丝胎的空松性状受到不良影响。

丝胎不允许水洗。一旦丝胎面布受轻度污染,可用少量水进行刷洗,并用熨斗低温垫布慢慢熨干,但须注意不要使受洗部分较长时间接触热源。丝被的常规清洁只洗涤外被套,在必须情况下,内被套在小心剪去丝胎表面线钉后可拆下进行洗涤。但此操作不可草率进行,以免损坏丝胎内部结构。

【蚕丝被的等级】

　　游客们,作为桑蚕丝,因等级不同价格也不同,二级丝是特级丝的1/4的价格,一、二级丝中都混有短丝,短丝是蚕茧或绢丝的下脚料制成,一般不能达到100%的纯度,而且需要绗缝的办法固定丝胎,否则容易移位,影响被子的使用寿命与保暖程度。目前蚕丝被的种类很多,这里就要从蚕丝的等级来说了,市场上目前有四种蚕丝被:

　　第一种是100%的桑蚕丝被,也叫长纤维桑蚕丝被。生产高品质的蚕丝被必须采用长纤维桑蚕丝,其中又以春蚕丝为最佳,丝质细柔绵顺,纤维纫伸力,成网度极佳。市场上售价较高的高品质蚕丝被都是由长纤维桑蚕丝制成的。厂家在销售时一般称其为"特级蚕丝被"。

　　第二种是100%柞蚕丝被。柞蚕丝,主要产于中国的北方,为柞蚕吐丝而成,其原始色泽为灰黑色。在生产过程中需用酸碱性化学药剂进行褪色漂白处理。一般和桑蚕丝按一定比例制作内胎,在丝胎制作中一般也是掺夹于内部,表面用部分桑蚕丝包裹。价格相对实惠。厂家在销售时一般称其为"一级蚕丝被"。因柞丝的柔韧性、光滑度、洁白度不如桑蚕丝,所以价格也不如桑蚕丝。

　　第三种就是棉絮状短纤蚕丝被。该类蚕丝,虽名为蚕丝,但其自然形状有如棉花,短絮而无黏结力,需靠专门机器打制成片方可使用,其原料一般为蚕丝的下脚料。在丝胎制作中一般掺夹于内部,表面再用少量长纤维桑蚕丝予以包裹。成品一般需经绗缝处理,以减少丝胎内部发生结构豁露和移位。市场销售时,厂家一般称其为"普级蚕丝被"。还有一部分低档产品掺进化纤长丝。

　　第四种就是混合型蚕丝被。如混进了化学纤维,同样对人体是不利的,还不如买纯中空棉的价格来得便宜。市场上混合型蚕

丝被多用掺假铺制、夹心铺制等方法,表面再以长纤维桑蚕丝加以伪装包裹。更有厂家为节省人工,采用漂白蚕丝、机制蚕丝等方法制作蚕丝被,质量参差不齐。

【蚕丝被的真假鉴定】

游客们,目前市场上蚕丝被品种很多,价格也不相同,从数百元到5 000多元不等。如何区分蚕丝被的真假呢?中国丝绸博物馆的专家总结出一套简易识别真假蚕丝被的方法,提供给大家参考。

一看价格。目前蚕丝被按其被胎重量计,每斤在200多元,这个价格包括了制作成本,还包括企业正常合理的利润。如果市场上蚕丝被的售价低于这个价格,不是劣质丝,就是掺了化学纤维丝。

二看标签。包括产品名称、厂名厂址、产品执行标准及代号、规格型号、使用材料成分(面料和被胎料分开标注)等级、净重等。如果不标以上内容,标注的内容不完整或夸大其词,消费者购买时要慎之又慎。

三看被套。看被套的四角或边缘是否留有拉链开口,如果有可以很方便地看到被胎的材质;如果整张被子都被缝得严严实实,当你提出要看被胎的材质时又被厂家或商家以会拆坏为由搪塞时,最好不要购买这种被子,这种被子很可能有"猫腻"。

四看胎质。拉开被子四角或边缘的拉链开口,看丝的色泽是否光亮均匀而无荧光反射、丝是否长而富有弹性,如发现有棉絮、杂质、其他化纤丝或荧光反射,请消费者不要购买。尽量拉开拉链,以便观察到较大面积的被胎,避免四角是真丝而中间有掺假的情况。

五看静电反应。用力摩擦拉链口露出的被胎大约一分钟,然后让其吸小米粒大小的碎纸屑,距离为0.3mm到1mm左右,如果能吸起纸屑,说明是化纤丝或掺了大量的化纤丝,纯正蚕丝不会产生静电。

六看燃烧反应。蚕丝的燃点很低,燃烧后很快就熄灭,燃烧时冒出的烟是白色的,并伴有似燃烧羽毛发出的蛋白质焦味,烧后的灰末脆而易碎,手捏即成粉;化纤料燃烧冒黑烟并带刺激性气味,灰末黑而手捏粘手,两者有明显的区别。

各位游客,有关丝绸文化方面的知识就介绍到这里,愿你在使用真丝产品的过程中,能得到美好的享受。谢谢大家!

桐乡杭白菊

各位游客:

大家好!有人不喜欢喝绿茶,因为绿茶太苦;也有人不喜欢喝红茶,因为红茶太浓;但至今我还没有见过不喜欢喝杭白菊的人,因为杭白菊不仅味道醇正、色泽金黄,而且有着浓郁的花蜜清香。前面我们所到之处就是杭白菊的家乡——桐乡市,从行政区域上来讲,隶属于浙江省嘉兴市。为什么称之为桐乡呢?因为当地有一种习俗,如果父母亲生个男孩就在房子的前面种上一棵梧桐树,古话说"家有梧桐树,引来金凤凰",所以这里梧桐树特别的多,梧桐之乡,简称桐乡。

【杭白菊名称的由来】

各位游客,桐乡市素来就有"百花地面"之美誉,因杭白菊种植面积、产量占全国饮用菊总量的9/10,产品畅销港澳台和东南亚地区。1999年5月被农业部命名为"中国杭白菊之乡"。

杭白菊,又名甘菊、白菊花、茶菊、药菊,具有花瓣洁白如玉、花蕊黄如纯金的特点。据史书记载,杭白菊的生产已有300多年的历史,在古时就被列为贡品,一直与"西湖龙井茶"齐名。

杭白菊原产桐乡,为何冠以"杭"字而称呼呢?这里有这么一个典故:民国初年,安徽茶商汪裕泰向南洋转销桐乡白菊花,在桐乡则由菊商朱金伦加工、包装,并且按照汪裕泰的要求贴上商标和产品说明。南洋方面是商人梁老板。汪裕泰是个聪明人,为防止梁老板甩掉他这个中间商,就吩咐朱金伦在白菊花封包上都打上"杭州西湖金伦茶庄出品"的字样。后来,梁老板果然使出"过河拆桥"伎俩,他当然找不到子虚乌有的金伦茶庄,但从此桐乡的白菊花就有了个"杭白菊"的美名。

【杭白菊的历史故事及民间传说】

关于杭白菊的来历,在当地民间还流行着这么一个传说:很久以前,在杭嘉湖平原一带,有一户姓白的人家。家中只有一位60多岁的老太太和小孙女白菊相依为命,日子过得非常艰苦。由于老太太中年丧夫,儿子、媳妇又在小白菊3岁那年相继病故,一连串的沉重打击使老人过早衰老,60多岁看上去像80岁的老人,头发全白,眼睛也看不清楚东西。生活的重担全落到了年幼的孙女肩上,不到10岁的小白菊每天既要照顾生病的奶奶,又要管好三分自留地里的蔬菜。隔两天还必须挑着蔬菜去街上卖菜换粮,就靠这微薄的收入养活自己和老人。尽管日子过得很艰苦,但小女孩却非常孝顺,千方百计地给老人请医求药,但奶奶的病非但没有好转,反而越来越严重,不但眼睛全瞎了,而且连床也下不了,白菊非常伤心。

有一天夜里,小白菊在迷迷糊糊的睡梦中,似乎看到一位老爷爷来到她的床边,手里拿着一朵小花,告诉她一个治眼睛的秘方。还讲只要用一种白色的小野花敷眼睛,就能使眼睛复明。白菊高兴地从床上跳了起来,原来是南柯一梦!但梦中的情景历历在目,想起老人手中握着的小野花路边很多,天刚蒙蒙亮小白菊就跑到外面去找,深秋的早上天气已觉微冷,但只要一想到能医好奶奶的眼睛,她心中就激动万分。白菊在路边采下几朵野花放在嘴里嚼一下,回到奶奶床前把嚼碎的小白花放在老人的眼睛

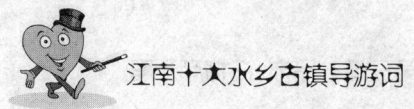

上,老人家说:"好像有种清凉的感觉,特别的舒服。"

就这样一连10多天,白菊每天用花嚼碎后给奶奶敷眼睛,奶奶的眼睛慢慢地能模模糊糊看得见一些光亮了,而且奶奶身体也渐渐好转,能够下床走路了,小白菊开心极了!她把不知名的小白花连同草根拔起来种在自己家的地里。她不但自己种,还告诉乡亲种这种小花,说是治病的良药。从那以后,家家户户的地里都种上了这种小野花,渐渐地有人用来泡茶,也有人用来做药引子,比如像一般的中药配方里都要放一些这种小花,它不但具有明目的作用,还有清火、解毒的功效。乡亲们为了纪念白菊,就把它叫作白菊花,又因为它适应在我们杭嘉湖一带种植,所以就给它取了一个很好听的名字——杭白菊。

在当地还流行着这么一个跟杭白菊有关的传说。很久以前,大运河边住着一个名叫阿牛的农民,阿牛家里很穷,他7岁就没了父亲,靠母亲纺织度日,阿牛母亲因夫丧,生活艰辛,经常哭泣,把眼睛都哭坏了。

阿牛长到13岁,对母亲说:"妈妈,你眼睛不好,今后别再日夜纺纱织布了,我已经长大,我能养活你!"于是他就去张财主家做小长工,母子俩苦度光阴。两年后,母亲的眼病越来越重,不久竟双目失明了。阿牛想,母亲的眼睛是为了我而盲的,我无论如何也要医好她的眼睛。他一边给财主做工,一边起早摸黑开荒种菜,靠卖菜挣些钱来给母亲求医问药。但不知吃了多少药,母亲的眼病还是不见好转。一天夜里,阿牛做了一个梦,梦见一个漂亮的姑娘来帮他种菜,并告诉他说:"沿运河往西数十里,有个天荒荡,荡中长着一株白色的菊花,能治眼病。这花要九月初九重阳节那天才开放,到时候你用这花来煎汤给你母亲吃,一定能治好她的眼病。"重阳节那天,阿牛就带上干粮,去大草荡寻找白菊花。原来这里是一个长野草的荒荡,俗称"天荒荡"。他在那里找了很久,只看见黄菊花,就是不见白菊花,一直找到下午,才在草荡中一个小土墩旁的草丛中找到一朵白色的野菊花。这株白菊花长得很特别,一根分九枝,眼

第三篇 品你,在物产江南

前只开一朵花,其余八朵含苞待放。阿牛将这株白菊花连根带土一起挖了回来,种植在自家屋旁。经他浇水护理,不久,其余八朵花也陆续绽开,又好看又香。于是阿牛每天采下一朵煎汤给母亲服用,在吃完第七朵菊花之后,母亲的眼睛竟开始复明了。

白菊花能治眼病的消息很快就传了出去,村上的人纷纷赶来观看这株不寻常的野菊花。张财主听说后,便把阿牛叫去,命他立即把那株白菊花移栽到张家花园中去,阿牛当然不肯,张财主心想:你这小长工竟敢违抗主命,当场决定辞退阿牛,并派了几个手下赶到阿牛家抢那株白菊花。双方争夺之下,菊花被折断,那几个人扬长而去。阿牛见这株能为母亲治好眼病的白菊花横遭摧残,十分伤心,坐在被折断的白菊花旁一直哭到天黑。半夜时,他蒙眬的泪眼前猛然一亮,上次梦见的那位漂亮姑娘竟又来到他面前。姑娘劝他说:"不要伤心,回去睡吧!"阿牛说:"这株菊花救过我的母亲,它被折死,叫我怎么活?"姑娘说:"这菊花梗子虽然断了,但根还在,它没有死,你只要将根挖出来,移植到另一个地方,待到明年春天,它会长出枝条来的。那时你再剪下枝条去插种,就又能长出桐乡杭白菊。"阿牛问道:"姑娘你是什么人?"姑娘说道:"我是天上的菊花仙子,特来帮助你,你只要按照一首《种菊谣》去做,白菊定会种活。"接着菊花仙子念道,"三分四平头,五月水淋头,六月甩料头,七八捂墩头,九月滚绣球",念完就不见了。

阿牛回到屋里仔细推敲菊花仙子的《种菊谣》,终于悟出了其中的意思:种白菊要在三月移植,四月掐头,五月多浇水,六月勤施肥,七八月护好根,这样九月就能开出绣球状的菊花。阿牛根据菊花仙子的指点去做了,后来菊花老根上果然长出了不少枝条。他又剪下这些枝条去扦插,再按《种菊谣》说的去栽培,第二年九月初九重阳节便开出了一朵朵芬芳四溢的白菊花。后来阿牛将种菊花的技艺教给了村上的穷苦百姓,种白菊花的人越来越多了。因为阿牛是在九月初九找到这株白菊花的,所以后来人们就将九月九日称作菊花节,并逐渐形成了赏菊花、喝菊花茶、饮菊花酒等风俗。

据史书记载,在清乾隆年间,乾隆皇帝沿运河下江南,龙船摇到离杭州不远的塘栖武林码头,乾隆皇帝本想上岸游览,谁知,皇后一路感受风邪,正患感冒,头痛、鼻塞、四肢无力。御医已用尽良药,却不见好转,乾隆也只能干着急。正当大家束手无策之时,龙船上一名当地的船夫了解到此情况,跳上岸去,从田野里采来了几把野菊花,用滚水一冲,成为汤药,冒死求见乾隆皇帝说:"我有良药能治皇后娘娘的病。"君臣们将信将疑让皇后娘娘喝了野菊花冲泡的汤水,没想到第二天皇后娘娘的头不痛,鼻也不塞了,人也恢复了精力。乾隆见皇后的身体好得真快,心里十分高兴,便一个劲儿地夸野菊花是神药,并立即提笔展纸,挥毫而就"武林神菊"4个大字。于是,本地所产的菊花便成了贡品,指定年年岁岁朝贡皇上。杭州桐乡的菊花出名后,杭嘉湖平原一带的农夫见菊花能治病,又被列为贡品,便开始大面积人工栽种,嘉兴桐乡的杭白菊几百年间声名卓著,畅销海内外。

【杭白菊的药用价值】

杭白菊有一定的药用和医学价值。《补农书》载:"甘菊性甘温,久服最有益。"元代《本草衍义补遗》说:"菊花能补阴。"李时珍《本草纲目》道:"菊能利五脉,调四肢,治头目风热、脑骨疼痛,养目血。主治风眩,能令头发不白";还记载一段神话:"神仙传言,康风子、朱孺之皆以服菊成仙。"清代医学家赵学敏《本草纲目拾遗》中记载:"白菊花,干叶者佳,通肺气,止咳逆,清三焦郁火,疗肌热入气……"《中国药典》亦称菊花有散风清热、平肝明目的功效。

以上是从中医角度来看菊花的功效。现代医药药理实验也证明,白菊煎剂具有抗炎降压、通气和脉、养血益神之效。若常用菊汤沐浴,能去痒、护肤、美容。新加坡国立大学研究组发现,被用作中国传统中药的菊花有助于消除癌细胞,因为它含有一种名叫黄酮的抗氧化剂。该研究组已经研究了黄酮的一些类型,其中一种名为木樨草素,源自浙江桐乡。这种物质与化疗相结合可以

集中病源细胞并除掉它们,使化疗取得更好的效果。

祖国中医和西医学的共同研究表明,杭白菊泡茶饮用,具有以下功效:

对中枢神经有镇静作用;有解热作用;增强毛细血管抵抗力、扩张冠状动脉作用;有抑菌作用,菊花水煎剂及水浸剂对金黄色葡萄球菌、痢疾杆菌、变形杆菌、伤寒杆菌、副伤寒杆菌、霍乱弧菌、乙型溶血型链球菌、大肠杆菌、绿脓杆菌、人型结核菌及流感病毒(PR3株)均有抑制作用。

【杭白菊的分类标准】

各位游客,鉴茶师傅在鉴定等级时,是很讲究的,一般从色、香、味、形四个方面来综合评判杭白菊等级,同时把杭白菊分为三个等级,这就是特级、一级和二级。

特级:花形完整,花瓣厚实,花朵大小均匀;无霜打花、霉花、生花(蒸制时间不到,造成不熟、晒后边黑的花)、汤花(蒸制时锅中水过多,造成水烫花、晒后成褐色的花);入水泡开后花瓣玉白,花蕊深黄,色泽均匀;汤色澄清,浅黄鲜亮清香,甘醇微苦。

一级:花形基本完整,花瓣较厚实,花朵大小略欠均匀;霜打花、生花、汤花在5%以内;入水泡开后花瓣白,花蕊呈黄色;汤色澄清,浅黄清香,甘微苦。

二级:花朵大小略欠均匀;霜打花、生花、汤花在7%以内;入水泡开后花瓣灰白,花蕊浅黄,汤色澄清,浅黄较清香,甘微苦。

【什么是胎菊】

游客们,杭白菊里的翘楚是胎菊,胎菊又称甘菊,亦名小汤黄、小白菊,古时曾作贡品。它与安徽的滁菊、亳菊,河南的邓菊,都是国内驰名的茶用菊。"杭白贡菊"一向与"龙井名茶"并提,是我国传统的栽培药用植物,是浙江省八大名药材"浙八味"之一,也是菊花茶中最好的一个品种。

头序花蕾初开的嫩芽,在花朵未完全张开的时候摘下来的为胎菊,前两次采摘的质量最好,经过精心的蒸制、烘焙而成,具有独特的味道,因它的稀少而显得颇为珍贵。

用胎菊泡的菊花茶,味醇正、浓烈,色泽金黄,含有花蜜的清香,而且泡久了也不会散开。放入适量枸杞混合泡饮,清爽润口(可放冰糖调味),特别有利于常用电脑的人。夏暑解渴,秋日解燥,冬日清火,养颜美容,补血提神,增强生命活力,延缓衰老。

现代的都市人工作忙碌,抽烟喝酒,又缺乏良好的饮食习惯,还生活在受污染的环境中,普遍都有着各种上火的症状(长青春痘、口腔溃疡、舌苔厚白、目赤、小便黄,等等)。年轻一代在工作、生活和娱乐中,往往离不开上网及长时间面对电脑,辐射和光污染更加剧了眼睛的长期疲劳,造成了视力日趋减退。如果你觉得经常性视觉模糊并开始看不清细小文字的时候,一定要改变不良的生活习惯,尝试日常泡饮杭白胎菊。

【冲泡技巧】

游客们,冲泡菊花茶可以非常简单随兴,也可以特别浪漫讲究;可以用有滤茶器的茶壶,也可以用滤袋或者滤杯。大多数喝菊花茶的人都喜欢选用有滤茶器的玻璃茶壶,因为只有透明的玻璃才能将冲泡开来的菊花茶的美丽色泽一览无遗,看着菊花茶在水中舒展的姿态,无论是泡茶者还是饮茶者,都在嗅觉、味觉和视觉上得到了享受。而滤茶器的功能则是将细小的花茶渣滤去,以免破坏茶汤的口感。

用玻璃茶壶冲泡菊花茶时,首先要在壶中倒入一些热水,待壶温热了之后,再将热水倒出。用干燥的汤匙舀出适量的菊花茶,放在滤茶器中,如果同时要加入多种花茶,建议将较细碎的种类放在滤茶器中,而大朵或大块的,如新鲜玫瑰花和薄荷叶,则可放在外层,如此才能呈现完全不同的视觉效果,而细小的茶渣也不会破坏茶汤的口感。之后,倒入沸腾的开水冲泡,等待约10分钟后，即可倒入杯中饮用。

【杭白菊为何会变绿或变蓝】

游客们，当你泡了菊花茶，放在杯子里一段时间之后，发现菊花茶变绿或变蓝了，请不要觉得惊奇，这是正常现象。杭白菊中含有花色素，它可以与水中的酸性或碱性物质发生成色作用，当遇到水质pH值呈碱性时，花色素就会变成蓝绿色，而且还与温度有关，冲泡的水温越高，变绿的速度就加快。一般用纯净水冲泡不会产生上述问题，而一般的自来水多为深井水，呈微碱性，泡久了多会变绿，但无毒无副作用，与杭白菊的品质无关，泡时放一点绿茶就不会产生发绿现象了。

【保存方法】

游客们，菊花茶的存放原则是越新鲜越好，除了购买时要注意保质期限外，买回去后的保存方式也应格外注意，以免过期或受潮变质。以下几点是作为一个"护花使者"必须注意的事项：

第一，确保密封。无论放在袋中或密封罐中，都要记得将袋口或罐口密封好，以免受潮。

第二，放置阴凉干燥的地方。光线、湿气与温度都容易让花草茶变质，因此，要放置在干燥阴凉处。

第三，消耗速度慢时，须放在冰箱中。如果一次购买的量要很久才能用完，最好将它放到冰箱中冷藏，可以延长保存期限。

【杭白菊的加工及保护】

目前，桐乡杭白菊加工一直沿用传统的蒸晒技术，保持了菊花的自然风味，同时在继承传统加工技术的基础上，积极采用热风、真空、微波气流干燥鲜花加工、无公害标准化生产等工艺，解决了传统加工工艺造成的花形易损、易霉变等问题，所产杭白菊及胎菊色白如玉，清香诱人，味甘醇郁，形整朵齐，其色、香、味、形堪称"四绝"。

但这几年来,由于缺乏必要的保护措施,正宗杭白菊受到了各种假冒、伪劣产品的侵害,杭白菊声誉受到严重的影响。由于外地白菊种植、加工受到地理、气候、土壤成分的影响,还采取了硫黄熏蒸、人工着色等对人体有害的加工行为,利用杭白菊之名,侵害了消费者的权益,冲击了杭白菊市场。

为此,桐乡市人民政府于2001年1月6日,正式向国家产品质量检验检疫总局提出了杭白菊原产地域产品保护申请,并规范、正确引导桐乡杭白菊种植、生产企业。国家产品质量检验检疫总局2001年12月12日发布2001年第47号公告,受理了杭白菊原产地域产品保护,并于2002年6月12日正式发布2002年第48号公告,批准对杭白菊原产地域产品进行保护,并按《原产地域产品保护规定》,经桐乡市杭白菊原产地域产品保护管理委员会初审,浙江省技术监督局审核,国家产品质量检验检疫总局批准,以桐乡市同新食品有限公司等9家杭白菊种植、生产企业为使用杭白菊原产专用标志的企业,从而进一步规范了杭白菊市场,保护了这一传统地方名特产的声誉和广大消费者的合法权益。

杭白菊是我国的传统名花,是中华传统园艺中绚丽多姿的一朵奇葩,以它特有的古朴、灵秀吸引着络绎不绝的爱好者。

【结束语】

游客们,当一杯菊花茶放在你的面前,你可以端起它轻轻地喝一口,闭上眼睛感受一下宁静的氛围,也可以思考一些在嘈杂的环境里永远也想不下去的问题,还可以和知心好友耐心地谈谈思想……当你随心所欲地去感受时,快乐就不请自来了。好了,我们已经到了菊乡,就让我们坐下来品尝一杯菊花茶,尽情地去领略这种清香怡人的感觉吧!

江苏东海水晶

各位游客：

大家好！提起水晶，我们就想起了巴西，其实世界上很多国家都产水晶，如美国、南非、俄罗斯、印度等。中国也是水晶的重要出产国，特别是江苏省东海县，据探明此地在数百平方公里范围内，水晶储量达几百万吨，白水晶的二氧化硅含量高达99.999%，目前东海已成为世界著名的水晶集散地。江苏东海水晶自古闻名，大家是否记得北宋大诗人苏东坡那豪放雄健的绝妙好词《念奴娇》（节下阕）："我醉拍手狂歌，举杯邀月，对影成三客。起舞徘徊风露下，今夕不知何夕？便欲乘风，翻然归去，何用骑鹏翼。水晶宫里，一声吹断横笛。"一代文豪在词中就以"水晶宫"来比喻"月宫"了，与水晶早已结下不解情缘，苏东坡一生两次到东海，所写诗词有9次写到东海，4次提到水晶。

【水晶的用途】

水晶是一种大型的石英结晶体矿物，它的主要化学成分是二氧化硅。在中国古代又称水晶为水精、水碧、水玉、菩萨石等。水晶在今天的用途非常广泛，比如在生活健康、军工业、珠宝首饰、投资收藏上，甚至在辟邪化煞上等。

首先来说说水晶在生活健康上的用途。我们都知道生活中辐射无处不在，而辐射在身体里的潜伏期是10年，对身体的伤害也是巨大的。像手机、电视、微波炉、电磁炉、电脑、医院的X光室、医院的B超室、医院的CT室、无线通信工具的发射塔等都为辐射存在物，而辐射对身体的伤害需要10年后才能发现，所以防辐射刻不容缓。水晶因磁场强，而被称为减弱辐射最好的无机宝石。就连辐射较强的传统电视机都已换成水晶做屏幕的液晶电视，就是因为水晶能够有效地防止辐射的发生。所以经常玩电脑、打手机、看传统电视的朋友们要注意了,要注意防辐射,而手段当然水晶是首选。

在军工业上,像你们来时所乘坐飞机的前挡风玻璃就是水晶钢化玻璃,战斗机飞行员所戴的护目镜、生化防毒面具的眼镜、石英钟、石英表、半导体收音机、电脑的CPU、火箭发射器里的记忆储存块等都为水晶所制作。

水晶作为宝石之一,很受人们喜爱。钻石代表永恒,珍珠是女人永远的时尚,水晶则代表着爱情。我为大家唱一首徐怀钰和任贤齐演唱的歌曲《水晶》——"我和你的爱情好像水晶,没有负担秘密干净又透明。我给你的爱是美丽水晶,独特光芒光辉你我心底。爱一个人常常很小心,仿佛手中捧着水晶。"因为水晶的物语是"水晶之恋,一生不变,"所以在繁多的珠宝首饰中,水晶成为许多人一生追求的至爱。

在投资收藏上,我们知道,中国古代大凡供给皇室使用的好东西都加上两个"王"字旁,像珍珠、玛瑙、琉璃、玻璃、玳瑁、琥珀、珊瑚等。而水晶在古代也称为玻璃,那么就说明在古代,水晶也是供给皇室所使用,所以今天水晶具有很高的收藏价值。地下蕴藏的资源,比如黄金、钻石、水晶石、玉石、煤炭、石油等,由于其年代的久远性、不可再造性、唯一性,加上越开采就越少,所以价格越来越贵。黄金越来越贵、石油越来越贵、钻石越来越贵、水晶也是越来越贵,所以水晶具有很大的升值空间,投资水晶比我们盲目地去投资由别人主宰的什么期货啊、股票啊、基金啊可能要保险得多。

在辟邪化煞上,自古以来,水晶宝石被所有的神秘家、宗教家、巫师、祭师等当成一种护身符、辟邪物,是有其深刻道理的。他们认为,宇宙间的万事万物都是由能量所构成的,包括我们人体也是。而所谓"邪",应该指的是那些振动频率比人类还低、且带有知觉的能量团,也就是一般所谓的鬼、灵、精、怪、妖、魔等。而相对振动频率比人还高的有知觉能量团,指的就是神、佛、菩

萨、天使、灵魂等。基本上,假如一个人能够正常地吃饭、睡觉、运动、休息,根本上是不需要怎么样辟邪的,因为人的能量,不管在数量上还是质量上,都是比鬼怪等的能量要高,反而是他们会被我们所弹开,鬼怪要避开我们才对。但是,假如有一个人,没有正常地作息、吃饭、睡觉、运动,甚至还过度工作、游玩、熬夜、纵欲等,或是生病了,使自己身体的能量又低、又虚、又弱,此时人体的气场就不能形成一种良好的保护作用,而给予"外灵"一种极好入侵的机会,就容易有犯阴、卡阴、撞邪或附身的现象产生。此时,若有上述状况发生时,就需要做驱邪、除魔的工作了。

巫师们认为,一元生两仪,两仪生三才,三才生四象,四象生五行——其中两仪是指阴阳两仪,所以有男人,也有女人;有了天,也有了地;有了太阳,也有了月亮;有了水,也有了火——既然有了阴阳,那么我们就是生活在阳界,还有一个阴界;而阴界的灵物最主要是在阴界活动,在晚上出来活动,所以经常在电视剧或者香港的电影里看到那些不干不净的东西只在晚上有出来,找一些磁场比较弱的地方或阴暗潮湿的地方来进行寄附,绝不会在白天出现,也不会找阳性磁场比较强的地方出现。然而他们在夜里活动时,最怕听到一种声音,那就是公鸡打鸣的声音,一旦听到,立即回到属于他们的阴曹地府。因为在听到公鸡打鸣的时候,他们就会知道,这代表着天即将要亮了,太阳要生出来了,若要是看到太阳的光线,那么它就会魂飞魄散,永世不得超生。

现在一个太阳的能量磁场如此强大,那么地下所蕴藏的这三个太阳的能量磁场则不言而喻,而三个日组合在一起,就是水晶的"晶"。阴曹地府里的邪物最怕见到的就是阳性能量磁场最强的水晶,所以水晶历来都是风水化煞物、辟邪吉祥物。这个时候大家就能理解为什么毛主席去世后要使用东海的水晶棺材吧?假如有人家里的阳性磁场能量不足的话,就必须得摆放水晶来增加其房的阳性磁场,从而不受骚扰。

现代环境风水科学告诉我们,良好的能量气场营造了我们安居乐业的环境,让我们有了更多机会,然而现代社会竞争激烈,能够把握机会、脱颖而出的往往是气场更强、格局更大的人,我们称他们为成大器者、能量格局最大的人。

磁场能量大福就大,很多成功人士深谙这个真理,所以我们经常发现很多成功人士在办公场所、居家里摆放着各种各样的水晶能量石,这是他们用科学的方法营造一个良好的磁场环境,改变商场和政场上的不利局面;同时自身佩戴高能量宝石,增强自身气场,增进健康,提高判断事物的准确性和果断力,从而把握住更多的机会,成为各行各业的耀眼明星。几乎所有的成功人士对成功的自我总结都是:努力,加上好运气!

【水晶与佛教】

游客们,我们来了解一下水晶与佛教的关系。水晶历来被称为佛教七宝(水晶、玛瑙、砗磲、珊瑚、琥珀、珍珠、翡翠)之首,古时候被称为菩萨石。为何水晶是佛教七宝之首呢?因为水晶能量巨大,辟邪化煞能力也最强。大家都知道太阳的能量磁场最厉害,所以不干不净的东西最怕太阳。如果大家对电影《倩女幽魂》还有印象,就知道妖魔鬼怪最怕太阳,一遇阳光,就魂飞魄散。一个太阳如此厉害,那么三个太阳就不言而喻了,而三个日加在一起就是水晶的"晶"字了。所以水晶对于许多生活上、事业上运气不佳的朋友来说,是不可或缺的辟邪转运宝贝。

我们现在所看到的是西安法门寺出土的文物释迦牟尼佛的舍利,它是佛教界至高无上的圣物,出土时引起全世界的轰动,吸引了全世界10多亿佛教信徒礼拜和朝圣。这个水晶椁,里面装的是释迦牟尼的真身佛骨舍利子,而这个水晶棺椁被当今佛教界视为至高无上的法物,水晶是七大佛石之首,任何高人、大师和法师都无法为它开光,永保佛宝不受侵犯。

【水晶馆】

各位游客,接下来我们就要去参观水晶馆了。参观之前,还有注意事项要跟大家交代。到了水晶馆后,请听从工作人员的安排。我们首先进入水晶馆的 VCR 放映厅看 10 分钟的短片,对神秘的水晶有个了解。其次跟着讲解员走,可以学到不少知识。外面也有很多的工业玻璃制作的假水晶以假乱真、边角料的水晶以次充好,所以我们到时一定要去认真地了解真伪水晶的鉴定。各位游客,现在我们已经到了水晶馆,请大家跟随我参观。首先我们一起进入水晶馆的多媒体演示厅,一起解开水晶宝石独具魅力的秘密,一起来感受水晶的磁场能量给我们带来的无限好处。

【水晶分类】

水晶按照成因主要可以分为天然水晶、合成水晶、熔炼水晶、K9 玻璃仿水晶等。

天然水晶:天然水晶是在自然条件下形成的,生长在地壳深处,通常都要经历火山和地震等剧烈的地壳运动才能形成。天然水晶属于矿产资源,非常稀有和珍贵,属于宝石之一。

合成水晶:合成水晶也叫再生水晶,是一种单晶体,亦称压电水晶。再生水晶是采用水热结晶法模仿天然水晶的生长过程,把天然硅矿石和一些化学物质放在高压釜内,经过 1~3 个月时间(对不同晶体而言)逐渐培养而成。它在化学成分、分子结构、光学性能、机械、电气性质方面与天然水晶完全相同,而双折射及偏振性等方面,再生水晶比天然水晶更纯净,色泽性更好。经过加工(割、磨、抛)后得到各种形状的颗粒晶莹透亮,光彩夺目,并且耐磨、耐腐蚀。

熔炼水晶:市场上有很多人把熔炼水晶也叫作合成水晶,那是不准确的。一般熔炼水晶都是以水晶废料为原料在高温、高压下熔炼出来的,而不是结晶成的,不具备水晶的晶体特性,所以不

能把熔炼水晶与合成水晶混为一谈。但是熔炼水晶耐高温,用优质二氧化硅熔炼成的熔炼水晶可以做成实用产品比如水晶杯、烤盘、茶具等,实际上一代伟人毛泽东主席的水晶棺就是选用东海优质水晶熔炼而成的。

K9玻璃仿水晶:有人把K9玻璃仿水晶也叫作合成水晶,那就更不对了,K9玻璃虽然是用二氧化硅为主要原料熔炼而成的,但是熔炼过程中加进了24%的铅,实际上就是铅玻璃。为什么要加铅呢?一般玻璃发蓝或者发绿,看起来不像水晶,但是加铅之后玻璃的白度很高,看起来非常像水晶,尤其含24%的铅的K9玻璃最像水晶,所以称K9玻璃为仿水晶比较恰当。

但要说明的是,天然水晶和合成水晶都具备防辐射、辟邪、增加美观之功效,其区别是:合成水晶只能保值,而天然水晶能升值;天然水晶就像清水出芙蓉的姑娘一样,而合成水晶就像化过妆的姑娘一样,很漂亮,很美丽。所以合成水晶好,天然水晶更好,看你自己喜好了。著名品牌施华洛世奇的水晶几乎都是合成水晶。

【水晶馆的原矿石展示区】

朋友们,欣赏完我们水晶馆的多媒体演示后,相信大家对水晶已经有一个简单的认识了。现在大家随我一起进入水晶馆的原矿石展示区。这些天然水晶矿石经过切割、打磨、抛光等几十道工序后,就形成了我们即将见到的色彩美丽、晶莹透明的各种水晶首饰。水晶宝石蕴藏能量,坚硬耐磨,化学成分稳定,抗酸碱,拒腐蚀,耐高温、高压,它的艳丽美姿几乎达到了永恒。

科学证明,天然水晶具有压电性,而且天然水晶平均每1秒可以释放出800万次的振荡,这之间蕴藏着强大且丰沛的能量。并且,天然水晶经过地球动辄千万年以上的淬炼,长期与大自然之间共振及互动,其正向磁场隐藏着巨大且无限的能量波。对于长期暴露在负向磁场中的我们,佩戴天然水晶有助于将自身的能量频率转为更强大的正向磁场并且释放,进而影响到我们平常的生活、工作、交友或学业的表现。

古时人们已知道水晶充满能量,但过去科学不发达,未能以科学方法研究水晶。到了近代两个世纪,科学腾飞,人们逐渐发现水晶的物理性。在19世纪末,科学家居里夫人已发现石英有压电性,于石英一端施电压,另一端会释放出电荷。

20世纪20年代,科学家又发现石英有振荡现象,当水晶通电时,水晶会膨胀,截断电流时便收缩到原来大小;不断快速地重复供电、停电,水晶则不断地高速膨胀、振荡,而振荡的频率却极为稳定。因为振荡频率高速而稳定,所以水晶便被制成芯片,是电器零件不可或缺的原材料。

经过许多专家学者多年对水晶的深入研究,水晶被确定有五大功能:聚集折射、储存数据、传递讯息、能源转换、能量扩大。朋友们,我们通过测试来感受一下水晶的高能量磁场(喇叭测试),之所以发出这样的声音是因为水晶里有很大的磁场和能量气场。大家应该清楚,磁场是最能够屏蔽辐射的,而生活中的辐射可谓是数不胜数啊,像我们日常使用的手机、电脑、电视、微波炉、电磁炉等,均有危害身体健康的电磁波辐射。而居家放置水晶或身上佩戴水晶可以有效消除周围的辐射。传统的电视有辐射,现在家里经济条件稍微好一点的几乎都不用传统有辐射的电视,而换作没有辐射的电视了,这种电视就是用水晶做屏幕的电视,叫"液晶电视",因为水晶能够有效地屏蔽辐射。了解完水晶的能量磁场后,我们来看看水晶的原矿石。

【白水晶】

白水晶也称为学业水晶。白水晶在光线中会产生持续、稳定的振荡,对于使人头脑清楚、增强记忆力和理解力有显著的帮助。用白水晶所制作的挂件,具有最平衡的能量,最能够发挥保平安的功能,所以拿来当护身符和平安符是最好不过的了。将小的水

晶簇摆放在电脑、电视机、微波炉等电器产品上或周围,可以减轻其辐射量,保护人体不会受到电磁波的太多干扰。

【茶晶】

茶晶也称健康水晶。茶晶特殊的稳定及平衡功能,对于脾气容易暴躁、神经质或好动的人皆有稳定的作用。茶晶对于吸收负能量有显著的效果,可以加强人体免疫系统功能,使人体细胞活跃,老化速度减慢,恢复青春活力。用来制作太阳镜的水晶大多数是茶晶,而用来制作近视镜和老花镜的材料要属白水晶居多。水晶眼镜具有明目降火的功效,能够预防各种眼疾病,消除眼睛的疲劳,再加上水晶本身就具有偏光性能,还能够过滤紫外线,防辐射,阳光中紫外线是伤害眼睛的最大因素,防紫外线最好的眼镜就是水晶眼镜。在我国的西北地区由于紫外线强烈,容易患白内障,再加上气候干燥,吃牛羊肉过多,肝火旺盛,眼睛容易发干、发涩、发黄,所以西北人都爱佩戴水晶眼镜。在北京,由于沙尘暴比较多,而水晶眼镜的硬度高,耐磨不容易被擦花,比较持久耐用,遮挡沙尘暴的效果好,所以水晶眼镜在北京一样很受欢迎,很多国家领导人佩戴的都是巴西压电水晶眼镜。

【粉晶】

粉晶也称为爱情水晶,主要功能是:增进姻缘;改善感情。可帮助追求爱情,增进人际关系。多接触或经常佩戴粉晶首饰,可增加个人气场里的粉红色,增加对异性的吸引力,感情运气会特别顺利。粉晶可以增进人脉,强化心、肺功能,有助循环系统和呼吸器官的健康。

【黄水晶】

黄水晶也称为财富水晶,主要功能是:招财进宝,创造意外财富,强化肠胃功能。黄水晶的能量对应人体七轮中的太阳轮,一

个最能支持"自我"的能量中心。所以多佩戴黄水晶饰物,能增强自信,增加成功概率。同时黄水晶主财运,最适合喜欢买彩票、股票、基金或者是喜好打牌、打麻将的朋友。

【紫水晶】

紫水晶也称为智力水晶。紫水晶可令人沉着冷静,开发智慧,提高直觉力,同时可治疗失眠,缓解脾气暴躁。紫水晶是世界上所有宝石中唯一天然呈紫色的宝石,物以稀为贵,所以紫水晶特别受欢迎,被誉为"浪漫之石"。紫水晶帮助思考,集中注意力,增强记忆力,并且可以增加脑细胞的活力。紫水晶在西方国家是"爱情守护石",能赋予情侣、夫妻之间以深厚之爱、诚实及勇气。

【聚宝盆】

聚宝盆也称为聚财水晶。主要功能是:藏风纳气,聚财守财。聚宝盆乃水晶玛瑙洞所制作,因其形酷似聚宝盆而得名,尤其对做生意的朋友是至高无上的聚财宝贝。在中国,历来有打江山容易守江山难之说,而聚宝盆不仅对生意人有聚财纳财之作用,同时对官场上的朋友也有着促进稳坐宝座之作用。水晶玛瑙洞还可平衡人的正负能量,消除精神紧张及压力;维持身体及心灵的和谐,增强爱、忠诚及勇气,促进富足、幸福及长寿,保平安;能发挥如王者的力量,令事件容易达成协议,做到名成利就。

【水晶发财平安树】

水晶发财平安树也称为消磁水晶。主要功能是:招财纳福,消除辐射。水晶发财平安树为天然水晶的边角料所制作,造型美观,是居家风水最好的摆件之一。因水晶有消除辐射之功效,所以水晶发财平安树是摆放在电脑、电视旁边最好的健康摆件,同时也是目前最流行的馈赠佳物。

【水晶七星阵】

水晶七星阵也称为水晶球或转运水晶。主要功能是:有"球"必应、转运。是改变居家风水最好的法器之一。水晶七星阵指的是太阳、月亮、金星、木星、水星、火星、土星七个水晶球在两个等边三角形交叉的位置上布的阵。历来在风水界有一个术语叫"七星转运",而且"球"与"求"同音,更应了"有求必应"的好口彩。对于居家大门对着楼梯、电梯或门对门者,事业工作上怀才不遇者,居家"前通后通"(一进大门能够直接通往阳台的居家)者是最好的风水摆件。水晶球的球形体本身就是代表"圆满"之意,而"圆满"是所有宗教、哲学及人生追求的终极目标。水晶球已成为许多人家居必备之物。如果让它转动起来,必定是有"球"必应、时来运转、财源滚滚。

【水晶貔貅】

水晶貔貅也称为守财水晶,主要功能是:镇宅、辟邪、守财、防小人。传说貔貅乃龙王的九太子之一,原在天庭负责巡视工作,专吃妖魔鬼怪,吃得多自然拉得多,后来不慎在天庭方便,得罪了玉帝,一巴掌将其打到凡间,竟然将其肛门打封住。所以后来的貔貅都有这个特点:嘴大、腹大、屁股大,但都没有排泄器官,后来被誉为守财神兽,只因其只进不出。在中国古代,貔貅为皇宫里的御兽,老百姓对貔貅是望尘莫及,这也是貔貅在中国民间一直秘而不宣的主要原因。而今天,在中国许多地方都有貔貅的身影,譬如北京中国银行总行门口、南京市徽、澳门葡京赌场,哈亚斯利用水晶制作的貔貅现在在市场上更是可遇而不可求,十分受追捧。在一些赌场、麻将馆,都很容易看到貔貅,除助偏财之外,对正财也有帮助,所以生意人也喜欢安放貔貅在公司或家中。古有"貔貅随身带,好运连着来","家有貔貅,万事无忧"等佳话,特别是黄水晶、黑曜石等貔貅的手链,更是攻守兼备。

【石榴石水晶】

石榴石水晶也称为补血水晶，人们愿意拥有、佩戴并崇拜石榴石水晶，不仅是因为它的美学装饰价值，更重要的是人们相信宝石具有一种不可思议的神奇力量，使人逢凶化吉、遇难呈祥，可以永葆荣誉地位。石榴石首先有助于解决血液流通方面的毛病，促进循环，增进活力，进而可以取得美容养颜的功效，是女士们的首选至爱。接着是有助于改善生殖系统功能，以及加强身体的再生能力，能够加速伤口的愈合，积极恢复体力。最后石榴石可让人拥有难以抗拒的魅力，招来幸福与永恒的爱情。

【虎眼石】

虎眼石也称为挡煞水晶，主要功能是：激发潜能，属有威望的水晶。虎眼石因其纹理和颜色像木纹，所以又称为木变石。虎眼石是印度人的圣石，从古至今，它一直都是人们向往拥有的一种宝石。虎眼石和猫眼石一样，拥有明显的特征，每颗虎眼石都在放射一道严峻的光芒，像严厉的眼神，更像神秘的虎眼。虎眼石眼神的活力能量可使人更容易在事业上有所突破，懂得自律，化解压力，达成目标，过着幸福快乐的生活。流动的虎眼闪烁着财富光芒，具有极强的生命力，有招财辟邪之功效。虎眼石与猫眼石的区别在于虎眼的色泽更为霸气华丽。虎眼石首先可以激发勇气，增强个人信心，使人具有勇气。其次是让您做事不易放弃，能够贯彻始终，坚守个人原则。最后虎眼石能够让您保持头脑灵活，思维清晰。最适合事业心强者、领导以及气虚、体弱多病者或刚病愈的病人佩戴，可增强人的企图心和肉体生命力。

【紫晶洞】

紫晶洞也称为风水水晶，主要功能是：辟邪、挡煞、凝聚财气。紫晶洞又名风水石，其内部晶柱密集，向中央生长，彼此能量互相振动,有非常强大的凝聚作用,可以凝聚屋子主气,使其停留下去,不会消失,以达到聚财气、聚旺气的功效。富贵人家常用它作为招财纳吉之宝物,是最佳风水石。

【黑曜石】

黑曜石也称为辟邪水晶,主要功能是:黑曜石的能量强劲刚烈,可以消除病气、浊气、霉气,带给人快乐、健康、正常的人生,有着"黑金刚武士"之美誉。黑曜石水晶还可以净化人体负能量,加强人体磁场,消除辐射,疏通全身,恢复元气。同时黑曜石可增强生命力,恢复人的精神,并可使人稳重,舒缓压力,令人心平气和,消除情绪困扰。对应人体七轮的海底轮,可强壮肾脏,消除病气,增进睡眠,对酗酒、抽烟、药品成瘾有改善作用。黑曜石具有强大又精纯的能量,能平衡极阴、极阳的能量,使人与人之间和睦相处。可增强领袖魅力和向心力,有助事业,也称领袖石。

【顺发晶】

游客们,顺发晶也称全能水晶,象征又顺又发、至尊极品。民间云:"拥有顺发晶一颗,宁愿三天不吃喝";"富戴表,穷戴金,有品位的戴发晶。"顺发晶的红金丝矿物质的含量是水晶家族中最稀有的,最难能可贵的是其矿物质的生长方向朝着一个方向平行生长,产量极其稀少,随着人们的开采就越来越稀有,所以顺发晶涨价速度特别快,收藏价值极大。顺发晶具有所有水晶的六大主能量:招正财、偏财、人缘以及辟邪、带来健康、防小人。顺发晶可以迅速凝聚一个人的气场,使你的方方面面格局立即打开。

【金钛晶】

金钛晶也称为权威水晶,象征:权势地位;鸿运当头。民间云:"戴金戴银不如戴金钛晶。"金钛晶具有提高胆识,增强决断力、果断力之功效,可助您及时作出正确而明智的决定,可助优柔

寡断的人增加气场、魄力、自信心,激发坚韧斗志,刺激灵感和创意,令人具有远见卓识,是担当重任和期望做大事业者不可或缺的水晶能量之王。

【绿幽灵】

绿幽灵也称为事业水晶,象征:官运亨通;招财纳祥。民间云:"水晶带有翠,终身成富贵。"绿幽灵水晶内部包含的矿物质都是经过成千上万年高温高压的淬炼物质,因此绿幽灵水晶的能量可算是相当的强劲。"幽"代表深不可测,"灵"代表灵感,综上所述,佩戴绿幽灵在工作上、事业上,能够使你一路畅行,挡煞防小人,激发自己深不可测的灵感来从容面对一切,是职场上怀才不遇者的不二选择。绿幽灵水晶中的绿光有高度凝聚财富的力量,代表着事业、财富,主正财运。经常佩戴绿幽灵水晶,能使人自然安详,运势提高,步步高升,官场春风得意,事业蒸蒸日上。由于绿幽灵包含大量起石的矿物质,所以佩戴绿幽灵的成年男女借着起石及天然水晶的双重能量,更有助于性功能的加强,从而拥有美满的幸福生活。

【碧玺】

碧玺是皇家宝石,象征:旺夫旺运;尊贵权力。民间云:"纵有家财万贯,难比碧玺一串",说明皇室水晶——碧玺在珠宝界举足轻重的地位。碧玺水晶有着七彩,其中以红碧玺、蓝碧玺、双色西瓜碧玺为佳,被誉为"落入人间的彩虹仙子",是一种非常漂亮的宝石。它的能量自由而强劲,同时含有自然界中的20多种微量元素,最能帮助身体疏通血气,令女性精神焕发。有关专家甚至认为,长期佩戴碧玺水晶能够延缓女性更年期的到来,使女性永葆青春活力。碧玺能量巨大,能提高您和家人的运势,又被称为旺夫石、旺运石;在爱情、友情、亲情以及上下级关系中有神奇的功效,是成功职业女性及众多女明星的首选宝石。

【水晶鉴别】

目前市面上假冒伪劣水晶泛滥成灾，特别是高硅铅化玻璃打磨成的假冒水晶首饰完全可以以假乱真，欺骗了大量消费者，长期佩戴容易造成慢性铅中毒，形成长期的身体危害，专业鉴定人员也一定要借助高科技专业仪器才能辨别它的真假。接下来我们请鉴定人员用专业的水晶检测仪教我们学会真假水晶的识别方法。

大家请看，我手上有两串看起来一模一样的水晶手链，但是它只有一串是真的。谁能看得出哪一串是真的？现在我向大家介绍鉴别真假水晶的简单方法。一般情况下，水晶的硬度为摩氏7度，硬度高，密度大，比重自然就大，所以水晶相对而言比较重。因为水晶导热性比较强，也比较凉，所以手感会比较凉。但是水晶专家建议检测水晶真假最可靠的方法还是用专业的水晶检测仪来检测。

好，朋友们，请大家把目光转向电视屏幕。中国珠宝协会规定，凡是正规销售水晶的场所必须配备专业的水晶检测仪。首先我们来看这串假水晶，在水晶检测仪下发乌、发暗、无任何光泽，一看就是玻璃制作的假水晶。再来看这串真水晶，在水晶检测仪下发亮、发光、有光泽。因为水晶的物理特征为单晶体双折射，而玻璃的物理特征是单晶体单折射。大家再来看两块眼镜镜片的对比：这一块是玻璃镜片，而这一块就是水晶镜片。

判断出水晶原料的真伪后，就可以通过六看来挑选你中意的水晶制品了。一看原料，选料精良的水晶制品，应看不到胶口及棉絮，质地纯净、光润、晶莹者为好。二看做工，水晶制品加工过程分为两种，即磨工和雕工。如水晶项链、手链、耳环等属于研磨品，观音像、内画鼻烟壶等属于雕刻品。三看抛光，抛光的好坏直接影响到水晶制品的身价。抛光分为软抛光与硬抛光。四看孔眼，对于缀穿水晶制品（如项链、手链、佛珠），要看孔眼是否平直，

孔的粗细是否均匀，有无细小裂纹。孔壁必须清澈透明，无白痕。五看颜色，即使在同一种类的水晶中，它的不同部位的纹理、色泽也各有千秋。属于单色的，要色度均匀。在同一块水晶上有深浅的，则要求其色调纹路美观大方。六看文化，水晶里面的包裹体象形，如果能与文化、宗教及历史有所牵连的话，价格往往会比水晶本身的价值高出几倍甚至几百倍。

游客们，水晶世界五彩缤纷，水晶文化耐人寻味，相信大家一定收获了很多水晶知识，选择到了称心如意的水晶制品。我的讲解到此结束，衷心希望高能量水晶给大家都带来好运气！谢谢！

苏州太湖珍珠

各位游客：

大家好！华东游，必游太湖！太湖古称震泽，又名"笠泽"，是古代滨海湖的遗迹。大约在100万年前，太湖还是一个大海湾，后来逐渐与海隔绝，转入湖水淡化的过程，变成了内陆湖泊。太湖面积2 425平方公里，湖岸线长达400公里，相当于两个香港、四个新加坡、四百个西湖那么大，是我国第三大淡水湖。湖中共有岛屿51个，连同周边的山峰共称七十二峰。

太湖虽然面积这么大，但水却非常浅，平均深度只有两米，最深的地方也不超过五米。由于太湖平均水深只有两米，特别适合养殖业，因此太湖里面资源非常丰富，是我国著名的淡水鱼养殖基地、淡水虾养殖基地和淡水珍珠养殖基地，其中太湖珍珠最负盛名，在国际珠宝界有这么一句话："太湖珍珠天下第一。"

【什么是珍珠】

各位游客，什么是珍珠呢？珍珠，又名真珠、蚌珠、珠子等，与玛瑙、水晶、玉石一起并称我国古代传统"四宝"。珍珠是蚌的一滴眼泪,是贝类生物以生命孕育的有机宝石,它是少数不属于矿石,且不需经过任何人工切割、琢磨即可发出迷人光泽的神奇瑰宝。珍珠名则由古代波斯梵语衍生而来,意为"大海之子"。

珍珠并非是天然宝石,它生成于某些贝(蚌)中且未能排出时,它的细胞膜就会分泌出珍珠质液将外来异物一层层地不断包裹起来,久而成珠。由于每次所包裹的珍珠质层极薄,因此一粒珍珠甚至由几千层珍珠质包裹叠加而成,历经3~6年时间方能形成。

珍珠是唯一由生物造就的宝石。现代科学表明,珍珠产于某些软体动物如白蝶贝、珠母贝等珠蚌内,是贝类外套膜的一部分细胞由于某种原因在贝体内形成珍珠囊分泌类似贝壳的物质,围绕一个共同的核心沉积而形成的圆球形或其他形状的物体。因此,一般而言,珠蚌越老,珍珠也越大,所以历来有"老蚌生珠"之说。

【珍珠的传说】

游客们,自古以来,珍珠一直都为世人所倾慕,从它被发现的第一天起,作为一种特殊的宝物,伴随人类悠悠4 000年,尽管岁月沧桑,但魅力始终不减。玲珑雅致、光洁柔美仅仅是它的外表,而几千年来所积淀的丰富的内涵,才是它为世人所倾慕的永恒魅力所在。

在民间流传着一个人鱼公主滴泪成珠的故事。很久很久以前,一个叫四海的青年渔民出海打鱼时遇到狂风巨浪,不幸掉进茫茫大海,在海怪的侵害威胁面前,四海奋力拼搏,终于将海怪击败,然而四海也因伤痛疲劳而昏死过去。当四海醒来时,发觉自己竟然睡在水晶床上,一位美丽的少女正在温存殷勤地替他疗伤。姑娘自称是人鱼公主,并说:慕君勇敢,故此相救。在美丽公主的细心照顾下,四海很快痊愈。后来二人朝夕相处,终成眷属,

同回白龙村(今广西境内)过着幸福的生活。

但不幸的事情终于发生了,当地的县官见四海的妻子貌美,顿生邪念,于是给四海罗织罪状,强夺公主以抵罪。四海奋力夺妻子终于力竭被缚,惨死于杖打之下。公主施法逃回水府后,感念四海为己惨死,每到月明波平的时候,便在岛礁上面,向白龙村痛哭,伤心的眼泪滴滴坠入白龙池中,池中的珠贝个个张嘴接住泪滴,因此孕胎成珠,也许是因为出自纯洁而痴情的公主眼泪之故吧,从此白龙池中的珍珠特别多、特别美。

无独有偶,古希腊的美神维纳斯同样因珍珠而生,她诞生在海滨。传说,维纳斯居住的宫殿完全用珍珠修建而成。文艺复兴时期的名画《维纳斯的诞生》描绘的是爱神维纳斯诞生时的情景:一扇巨大的贝壳浮出海面,像两只手一样张开,抖出睁开慵懒的双眼醒来的美神,脚下还掉落着一颗颗晶莹闪烁的珍珠,西方人认为,每一颗公之于世的珍珠都是美神的替身、美神的节日。

在江浙一带,民间传说珍珠的化身是西施。相传战国时期,有一位貌美的村姑正在清澈的若耶溪里浣纱,忽见一颗金光闪烁的珍珠从碧波中升起朝她飞来,躲闪不及那颗珍珠便落入了她的嘴里,之后又坠入腹中,经过十月怀胎,村姑孕育生产了一位可爱的小美女,她就是中国古代四大美女之一的西施。

【珍珠的历史】

游客们,我国是世界上最早利用珍珠的国家之一,早在4 000多年前,珍珠就是我国宫廷中的珍品。魏晋时期的《名医别录》把珍珠列为治疗疾病的重要药材,并阐明了珍珠的药效。《日华子本草》中载,珍珠"安心、明目"。《本草衍义》曰:珍珠"除小儿惊热"。《本草汇言》曰:珍珠"镇心,定志,安魂,解结毒,化恶疮,收内溃破烂"。在2 000多年前的汉代刘安的《淮南子》中记载:"明月之珠,螺蚌之病而我之利也。"说明我国此时已认识到珍珠的成因。13世纪,我国以铅制核,植入乌贝,成功地育成了有核珍珠。

太湖珍珠至今有2 500多年的养殖历史,当年范蠡曾驾着一条小船,带着西施,离开越国到太湖北面的蠡湖隐居,珍珠的养殖技术也从浙江诸暨一带传到了太湖北面的苏州、无锡一带。范蠡教吴国人养鱼、养殖珍珠、种植毛竹,使苏州、无锡人十分受益,如今在民间还流传着这么一句话:"养珍珠、种毛竹,千百利,不应该忘记西施和范蠡。"

有一首歌唱得好:太湖美,美就美在太湖水!太湖水质优良的水来源于天目山的源头活水,水深适中,平均深度只有两米,而且湖底洁净,水中含有大量的微生物、藻类等物质(珍珠营养主要来自微生物)。太湖里有一种特殊的三角帆蚌,一角插在泥里,两角对着上面,这样吸收太阳紫外线比较均匀,分泌出的珍珠液极富营养,因此养殖出的珍珠密度高、质地硬、晶莹夺目、光彩照人,并以其巧夺天工的造型而著称于世,被达官贵人视为珍品。

苏州素有"中国淡水珍珠之乡"的美誉,是中国淡水珍珠养殖生产的发源地和原产地,这里产的珍珠光滑圆润、色泽艳丽、晶莹如玉,作为贡品深受宫廷贵妇的喜爱,在世界上享有盛名,被誉为"中华之最"。"太湖珍珠"已成为苏州市的金名片。

【珍珠的地位】

游客们,珍珠晶莹剔透,凝重圆润,具有高雅贞洁的阴柔之美,因而享有"宝石皇后"的美誉。皇权对珍珠的独占,使珍珠打下了权贵的烙印,同时也给珍珠披上了一层神秘的面纱。自古以来,珍珠一直被皇帝贵族所霸占,争相采用珍珠装饰皇冠、首饰、衣服等,这更加大大提升了珍珠高贵的形象。秦始皇冠上用的珍珠千古闻名。清代皇家仪式上专用的酒杯镶满珍珠。价值连城的波斯皇冠,由1 800颗珍珠、300颗绿宝石、1 500颗红宝石组成。英国伊丽莎白女王一世,对珍珠情有独钟。

特别是慈禧太后对珍珠更是喜爱,她的旗袍上每个绣上去的"寿"字中部,都缀着一颗大珍珠,共计80多颗,个个璀璨夺目、巧

夺天工……而旗袍外面呈渔网状的披肩则由3 500多颗珍珠穿成,粒粒如鸟卵般大,又圆又光而且都是一样的颜色和大小,据慈禧太后的女官穗龄描述:"我从来没有看到过比这更华丽珍贵的东西。"直到慈禧太后去世,她躺在棺木中仍口含夜明珠,大量珍珠陪葬左右。

珍珠中的"夜明珠"就是直径为15mm的太湖珍珠,不仅能在黑暗中发光,抚摸时还发烫。其发光原理是吸热储藏,经过转换,再释放发光,吸收的热量愈多,发光愈亮愈久。它发光是随时间延伸而越来越亮,其发光性还表现为昼弱夜强。"夜明珠"还有保健治病防腐之神奇功效,相传慈禧太后死后口含一颗小夜明珠,结果尸体完好不腐。人体常与珍珠接触,珠体微量元素就能进入人体,可补充人体微量元素的不足。

珍珠象征着健康、安宁、富贵、长寿,被称为"康寿之宝"的珍珠,以其独特的文化内涵被国际珠宝学会确定为6月份的生辰宝物。而且珍珠看起来十分端庄大方,艳而不媚,华而不俗,体现优雅的中式风情,深受女士的喜爱。珍珠一般有五种彩虹般的色泽,每种颜色代表一种美好的象征:纯白——象征智慧;乳白——象征成功;桃红——象征健康;金黄——象征财富;淡紫——象征爱情。

【珍珠的分类→世界珍珠分布】

游客们,珍珠按不同的标准有多种不同的分类方法,按成因,分为天然珍珠和养殖珍珠;按生长水域,分为海水珠、淡水珠;按形状,分为圆形珠、椭圆珠、畸形珠;按颜色,分为白色珠、黑色珠、杂色珠。在珠宝界,通常把产于亚洲以日本地区为主的白色珍珠称为"东珠",产于越南胡志明市古交趾以西和大西洋地区的珍珠称为"西珠",而产于中国南海一带以海南、两广为主以及菲律宾的珍珠称为"南珠"。此外,比较有名的珍珠还有"波斯球"(产于波斯湾)、"澳洲球"(产于澳大利亚)、塔西提(东南太平洋)的黑珍珠等。

在国际珠宝市场上流传着这么一句话:"南珠不如东珠,东珠不如太湖珠。"因为南珠和东珠都是在海水里养殖大的,里面含有大量的钾元素,呈微碱性,而人体的汗水是呈酸性的,酸碱一中和就会发生化学反应褪色了,因此珠宝界有这么一句成语来形容海水珍珠:人老珠黄。而太湖珍珠则越戴越漂亮,晶莹夺目,光彩照人。

【珍珠的分级与评价】

游客们,按照美国宝石学院(GIA)标准,珍珠的品质评价主要包括以下七项指标:

第一,形状:珍珠以圆为美,越圆越贵重。

第二,体积:同等品质下,越大越好。民间有"七分珠八分宝"的说法,重量不同,直径不同,价值差异很大。

第三,光泽:光泽度越强越佳。

第四,光滑度:珍珠表面的裂纹、刮纹、凹凸不平、粗糙、巢皮、砂洞等都要影响其价值,市场分为无瑕、微瑕、有瑕、重瑕四个等级。

第五,珠层厚度:珍珠的珍珠层越厚,光泽越强,品质就越好。从反光特征可分为皮坚、皮硬、皮弱、皮朦四个等级。皮坚者珠层最厚,质量最为上乘(淡水珠100%是珍珠,而海水珠只是表面上一小部分是珍珠)。

第六,颜色:浅色珠以白色珠伴玫瑰色系晕彩为佳,深色珠以黑色伴绿色系晕彩为佳。

第七,配对:珍珠要颜色、皮光、重量、大小全都近似者很难,所以配对的珍珠身价倍增。

此外,工艺优劣也是决定珍珠饰品品质的一个主要指标。

【珍珠的美学鉴赏】

游客们,与其他宝石相比,珍珠具有独特的美学特征,对珍珠

美的欣赏,一般可以从以下四个方面进行:

第一,珍珠的形态美。在古老的东方文化中,"珠圆玉润"为至高境界,圆形的珍珠包含着圆润、柔和的内容,更有完美、高贵的寓意。而其他形态的珍珠也同样具有光滑柔和的曲线,给人一种开朗浪漫的感受。

第二,珍珠的光泽美。珍珠光泽柔美、润泽,和一般宝石锐利耀眼的光泽相比,独显阴柔温顺之美。从光学角度讲,因为珍珠表层物质具有多层结构和半透明性质,入射光经珍珠表面、内层多界面的反射、折射后产生光的干涉、衍射现象,从而使珍珠表面形成绚丽的虹彩,展现出鲜明的阴柔之美。

第三,珍珠的色彩美。通常珍珠的颜色是由体色(珍珠本身的颜色,也称背景色)和伴色(晕彩)组成,伴色重叠于体色之上。在柔和的漫射光线下观察,很容易看清珍珠的体色;当光线适当增强时,伴色便在珍珠表面的反射光中呈现出来。这种立体化的色彩结构丰富了珍珠的色彩,给人以调和美的享受。人们一般认为最好的珍珠是:黑色伴绿晕彩,粉红色伴玫瑰色系晕彩,白色伴玫瑰色系晕彩。

第四,珍珠的意境美。珍珠是有生命的宝石,珍珠的美是珍珠母贝以生命换来的,一颗珍珠的成长,总伴随着母贝若干年含辛茹苦的孕育;一颗珍珠的诞生,也总伴随着母贝刻骨铭心的痛楚。所以千百年来,人们对珍珠美的欣赏总是带着抹不掉的母爱情结,珍珠的这一人性美,是其他宝石所无法具备的。

【珍珠饰品的穿着搭配】

游客们,珍珠项链款式不同,档次不同,价格相差也非常大。就太湖珍珠项链来说吧,有几十元的珍珠项链,也有几百元到几千元的,级别最高的几万、几十万不等。

珍珠最适合搭配黑毛衣。佩戴珍珠项链一般需要跟服装和环境场合等相配来选择不同档次、不同款式的珍珠项链。想要一路美丽到春夏,第一选择就是珍珠链啦!不论搭配休闲服装或装扮"小贵妇",珍珠链都具有画龙点睛之效,百变玩法可让你一变再变!

一件简单的高领背心配上珍珠链,就会显得雅致起来;一件带些休闲意味的棉T恤,搭配一条珍珠腰链是不是很特别?要去参加婚宴或是今天有较正规的场合吗?别再烦恼衣橱里少了一件小礼服,拿出素色的连身洋装加上珍珠项链、耳环,就可以摇身一变成为"小贵妇",绝对让你人前不失礼。把够长的珍珠链斜披在身上,别有一番风味。只要别一身正经样,这样的搭配和朋克、休闲风格的衣着都很对味。这一季流行的小提包,发挥女人的独特创意,把提带换成珍珠链,顿时就变得与众不同。除了珍珠项链,珍珠腰链也是新兴的流行首饰,它有双串或单串等样式,绕在腰间各有风情。

珍珠的光芒浑然天成,精致、圆润、耀眼却不刺眼,一向是典雅高贵的象征。戴珍珠的女子,就像温润的珠光,散发出岁月磨砺后才有的谦和大气。运用现代高科技配合现代人的几何美感,无论是重复排列,还是单珠装饰,简约款的珍珠首饰与现代女性知性的形象极其契合,成为配饰明星。

【珍珠的收藏】

游客们,近年来古旧珍珠的价格扶摇直上,以极快的涨速吸引了众多收藏爱好者的注意。现在,普通古旧珍珠的价格每克已突破200元大关,而且还在涨,用火爆来形容毫不为过,真让一些业内人士大跌眼镜。古旧珍珠价格何以如此之高呢?

众所周知,古旧珍珠是在珠贝中孕育生长的,开始是由于有沙粒等异物蹿入珍珠贝而成为刺激源,长时间刺激外套膜,分泌出珍珠质,珍珠质附着在异物外面,层层包裹,久而久之,越裹越大,光滑润泽,就成了珍珠,可见古旧珍珠生长是极其缓慢的,有别于人工养珠。古旧珍珠光洁晶莹,发五色彩,既可作名贵的装饰品,又可入药,历来被人们视为珍宝,深受人们的青睐。

古代采珠是一种很艰苦的劳动。据元人陶宗仪的《南村辍耕录》说:采珠人必须腰系长绳,手提铁耙,潜入海底去捞取珠贝。得了珠贝,摇动长绳,在船上等候的人立即将他拉扯出水面。稍迟就七窍流血而死,或为恶鱼所噬,为此葬于蛟龙之腹者不少。颗颗珍珠都凝注着采珠人的血和泪,所以古人有"以人易珠"之叹。因为难得,在古代就有"一两珍珠一两黄金"的说法。

在众多收藏古旧珍珠的人群中,有不少收藏爱好者热衷于收藏洁白如银、浑圆凝重、莹润皎洁的"太湖珍珠"。古时太湖珍珠最优美者为能在夜间照亮蝇头小字的"夜光珠",属上贡品,非常稀罕;次为能在平滑的瓷盘中滴滴溜溜自动旋转的"走盘珠"。目前,净重1克以上的"走盘珠",市价可达千元;如果净重能达3克以上,价格将上万元,可惜这类珠存世较少。若是最上乘的"夜光珠",净重达3克以上的,那价格更达数十万元,是藏界公认的潜力品种、准增值品,其收藏及投资价值将日益显著。

然而,珍珠虽好,宜佩不宜藏。珍珠的主要矿物成分是文石和少量有机物质及水。珍珠中的文石极不稳定,难抗水溶;有机质不过百年就要发生化学变化,150年将寿终。最好的保存办法是佩戴,因为人体皮肤分泌的油脂和碱性汗液可保护珠膜,佩戴则益寿,闲置则早衰。

【珍珠首饰的保养】

游客们,珍珠光洁圆润,耀眼生辉,深受女士们的欢迎和厚爱。作为有机宝物的珍珠,因其更加娇嫩,若想使它永远那么色泽炫目,浑圆华贵,我们还必须从三个方面去保养、呵护。

第一,珍珠经不起酸性物质的侵蚀,平时使用珍珠饰品应注意避免与酸性物质接触,如食用醋、色拉调味酱、果汁、果酱类等。当然,万一接触到这些东西,也不必惊慌,请立即取下饰物仔细地用清水冲洗,然后用柔软的纱布将水全部吸干。

第二,汗渍一般来说也含有酸性物质,在容易出汗的夏季,要经常仔细地擦拭珍珠表面的汗渍再收藏起来。

第三,避免珍珠与香水、化妆品、油脂及强酸、强碱类物质接触。避免在强光下长时间照射,避免接触热水。不要和其他宝石或硬物放在一起。

【珍珠实用小处方】

各位游客,珍珠的益处、妙用有的是,比如止血、消炎、速治口腔溃疡、止痒去痱、抗紫外线的防晒、提高视力、解酒等方面均有其良好奇异的功效。给大家提供几个在日常生活中实用的小处方:

第一止血、消炎:用珍珠粉涂抹在流血的伤口上,马上止血,且不发炎。

第二速治口腔溃疡:用珍珠粉涂抹在口腔溃疡面上,每日6~8次,2~3日见效愈合。

第三止痒去痱:珍珠具有清凉解毒、消炎的功效,用珍珠粉涂擦皮肤,当天就能消除痱子,且止痒,皮肤感觉清凉爽滑。

第四防晒:珍珠中的微量元素锰、硒具有极强的抗紫外线作用,夏日出门前或下海游泳前喝1~1.5克珍珠粉,能防止皮肤晒黑、脱皮。

第五提高视力:珍珠具有显著的明目功效,外用药水有"珍珠明目液"。人的视网膜的含硒量正常为7克,低于7克,视力较差;高于7克,视力好。视力敏锐的鹰视网膜的含硒量高达20克以上。经常口服珍珠粉,补充硒,能明显提高视力,3~5个月就能初步见效。

第六速治痔疮:由于珍珠具有明显的止血、消炎的功效,口服和外用珍珠粉,当天就止痔疮血,2~4天缩回。

第七治妇科病:由于珍珠突出的止血、消炎、促进伤口愈合、生肌的功效,得国家金奖的"珍珠精母注射液"对妇女产后出血、子宫功能性出血、经血不止有特效;"珍珠消炎栓",对宫颈炎、宫

颈糜烂疗效显著,如同时口服珍珠粉,疗效更快更好。经常口服珍珠粉,对月经不调、经血过多和妇女更年期综合征有很好的疗效。

第八解酒:饮酒前喝1~1.5克珍珠粉能防醉,酒后喝1~1.5克珍珠粉能解酒醒脑。

第九退烧:珍珠性寒,清热祛火。一般发烧,口服珍珠粉每次1克,1日3次,一天退烧;如发高烧,在输液的同时,口服珍珠粉、退烧珍珠粉,退烧效果会更好。

【珍珠粉的医学价值→名人与珍珠粉】

游客们,珍珠中含有丰富的氨基酸、矿物质和微量元素,可促进血液循环,提高细胞活力,加强代谢,清除皮肤垃圾。还具有抑制脂肪褐素增长的功能,而脂肪褐素增加是导致皮肤衰老、增加色素沉淀的基本原因之一。人们在使用珍珠粉的过程中,也总结了很多的珍珠粉对人体的保健作用,我不妨介绍给大家:牛奶加珍珠粉:早餐或临睡前饮用,能令肌肤柔嫩白皙;蜂蜜加珍珠粉:能养颜,调理肠胃,调节内分泌;纯净水加珍珠粉:敷于脸部黄褐斑处,待次日早晨洗净,脸部黄褐斑明显隐淡,甚至消退;珍珠粉和西洋参用沸水冲泡后饮用,能清火生津,提神润肤;蛋清和珍珠粉调匀敷面,能去皱嫩肤;芦荟加珍珠粉:能增加脸部血液循环,紧缩皮肤,防止松弛。

据史书记载,能令"六宫粉黛无颜色"的杨贵妃,驻颜秘术就是经常涂用珍珠粉,用以保持她那如水的肌肤和花容月貌。武则天更是对珍珠情有独钟,所以不仅聪慧过人,而且外秀更是超群,以至68岁登基时群臣叹曰:"虽春秋已高,芳自润泽。"清末慈禧太后将珍珠视为美容的妙品,并由御医发明了独特的使用方法:晚上先用鸡蛋与珍珠粉混合敷面,临睡前洗掉再擦少许珍珠油,清晨起床后将珍珠粉涂于面、手、颈等部位。

不仅女性对珍珠粉宠爱有加,连男性也对珍珠爱不释手,清代乾隆皇帝的宠臣和珅每天清晨以珍珠作食,他认为珍珠不但有养颜护肤之功效,而且服珠心窍灵明,过目即记,一日之内虽诸务纷沓,但其胸中已然不忘。近代京剧大师梅兰芳先生也擅长使用珍珠粉保养,所以古稀之年演起妙龄少女来仍如花似玉。

东洋女性更是钟爱珍珠,她们坚信,将珍珠内服外用,肌肤会像珍珠一样莹润。巴黎的贵妇人不仅喜爱佩戴珍珠,还十分喜欢服用珍珠粉,她们把牛奶与珍珠粉混在一起内服外敷以调养美容。古埃及艳后克娄奥巴特,是埃及的绝世美人,她经常把珍珠粉混入葡萄酒中饮用,以保持她那美丽的容颜。

游客们,根据媒体的报道,当代影星们还这样使用珍珠粉:

第一,珍珠粉美白,这应该是大家最为熟悉的用法。珍珠粉的美白效果特别显著,对肌肤有很好的滋养效果。具体做法是:取3勺珍珠粉、1颗碾碎的维E,然后用纯净水调成糊状,敷面,20分钟后,用纯净水洗干净即可。

第二,珍珠粉去黑斑,用珍珠粉可以很好地清除老化角质和黑斑。具体操作方法是:在药店选购质量上乘的内服珍珠粉;取适量珍珠粉放入小碟中,加入适量清水,将珍珠粉调成膏状;将膏状珍珠粉均匀地涂在脸上;用按摩的手法在脸上按摩,直到脸上的珍珠粉变干,再用清水将脸洗干净即可。每周可用两次,能很好地去除老化的角质和黑斑。

著名影星高圆圆说:"我最近学会了巧用珍珠粉:晚上睡觉前涂厚厚一层珍珠粉在T字区,用以控制油脂分泌;早上起床后,将珍珠粉当作散粉扑在脸上,以调整肤色。"明星陈松龄表示,不同肤质的人,用珍珠粉有不同的调配方法。油性皮肤的人,用两茶匙优质珍珠粉与牛奶、蜂蜜或蛋黄调和,敷在脸上15~20分钟,用盐水洗去。干性皮肤的人,则用两茶匙优质珍珠粉与精华素或维E油调和,敷在脸上15~20分钟,洗净。中性皮肤的人,用两茶匙优质珍珠粉与水调和,敷在脸上20~30分钟,洗净。根据陈松龄的经验,珍珠粉面膜一星期做两次即可,长期坚持用,皮肤会变得嫩白、光滑、有弹性。

【结束语】

各位游客,太湖珍珠以它的天然、雅洁、瑰丽为人们所钟爱,而它的孕育过程是十分艰辛的,在讲解结束之际,请允许我用一首诗句作为告别:

爱你一生

你是我眼中最晶莹的一滴

今生都不会哭泣,怕失去你

用心呵护,好好爱你

用尽整个一生……

有关珍珠文化的知识就介绍到这里,谢谢大家的听讲。祝大家旅途愉快!

无锡宜兴紫砂壶

各位游客:

大家好!欢迎大家来到陶都——无锡。无锡有四座山很有名,那就是灵山、锡山、惠山和丁山。灵山是目前世界上最高大的露天青铜佛像所在地;锡山在远古时期因有锡矿而得名,后来锡矿采尽了,因而取名无锡;丁山是全世界唯一盛产紫砂矿石的地方;惠山是唐代名泉"惠山泉"所在地,"惠山泉"又被称为"天下第二泉",有很高的知名度。

各位游客,那"天下第二泉"是谁命名的呢?是唐代著名茶圣陆羽。陆羽小时候因为父母亲病故,只好出家当和尚,师傅分配给他的任务就是挑水煮茶,所以对茶、水和茶具都很有研究。唐代"安史之乱"之后,陆羽被迫离开长安,然后云游祖国的大江南北、黄河上下、长城内外,遍访名泉,认为"惠山泉"水质甘甜,没有

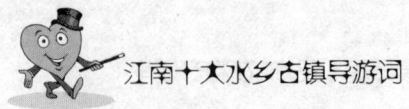

杂质,在全国名泉中应该排在第二位,所以后人就把"惠山泉"称为"天下第二泉"。

陆羽曾说:好茶还要有好壶,这样方能显示出茶叶色、香、味的最佳本质。所谓"壶美茶亦香","水为茶之母,壶为茶之父",这样的茶才能上口,更觉清香扑鼻、味醇质清、舌齿间余味无穷。而产于无锡宜兴的紫砂壶理所当然地被称为"天下第一品"。

【什么是紫砂→紫砂壶的特点】

各位游客,紫砂是中国无锡宜兴特有的陶土,全世界皆有产陶土的地方,但是没有紫砂,因为此陶非彼陶。即使是宜兴当地,也有并不是紫砂的陶土。可以说紫砂是陶土的一个种类,为什么称这里的陶土为"紫砂"呢?那是因为紫砂陶土制成的紫砂壶,无论是黄、红、棕、黑、绿的本色,在其表面皆隐含着若有似无的紫光,使其具有质朴高雅的质感,故称为"紫砂"。紫砂之所以称为"砂",是因为紫砂壶的成品,具有特殊的粒子感,即使土质炼得很细,在细腻的外表下,仍然看得见漂亮立体的粒子感。

紫砂的原料经过科学分析,其中含有氧化铁、氧化铝、氧化镁、氧化钾、氧化钠、氧化铅、氧化锰等化学成分,矿物组成的胎土属于高岭、石英、云母类型,适当的矿物、化学组合、颗粒配合,使得紫砂壶的成品吸水率小于2%,气孔率介于一般的陶器、瓷器之间。紫砂的气孔分成闭口气孔和开口气孔两种,由于这种特殊的结构,使它有良好的透气性,茶水放在紫砂壶内,可数日不馊。紫砂成品还有吐纳的特性,置久不用也会吸收空气中的尘埃;若拿来装油,则油味便积贮在胎土内,很难清除;泡茶则将茶味储留下来。

紫砂壶的胎土遇热时(如用沸水里外淋过,胎土升温时),则气孔张开,将胎土内储藏之物吐出来。储存是茶,就会吐茶香;储存是油,就会吐油;储存的是尘垢,就会吐尘垢。通常这种替换作用是同时进行的。所以紫砂壶用来泡茶,泡茶的效果最好;也因为它的储换功能,可使泡茶效果越来越好。

概括来说,紫砂是一种质地细腻、含铁量高的特殊陶土,在1 100℃~1 200℃间烧制成的无细孔陶器,呈现赤褐、淡黄、紫黑色泽,其显微结构存在大量团聚体,团聚体内部充满闭口气孔,团聚体周围又包裹着开口气孔群,这些毛细孔其密度比水分子还小,肉眼看不见,因此具有良好的透气性、吸附性、保湿性且无渗漏,器表平润但不滑手。

【紫砂茶具的历史】

各位游客,人类使用陶器已有2 500的历史,可以追溯到当年范蠡和西施出走到无锡宜兴,开始烧制陶器,人们因此尊称范蠡为陶业祖师,陶朱公一名就是这样演化而来的。

北宋的大文豪苏东坡,在熙宁四年(1071)担任了杭州知府,那年常州、润州发生旱灾,他奉命赈灾,公务结束后来到无锡,实现他多年来打算游览无锡的夙愿,当他见到了宜兴丁山附近的独山酷似他家乡四川眉山的形状,不由得发出了"此山似蜀"的感叹!苏东坡对无锡紫砂壶十分欣赏,亲自动手制作了一把"三足提梁"的大紫砂壶,刻写了"松风竹炉,提壶相呼"的题词,后人将这种壶式称为"东坡提梁壶"。苏东坡称这种壶为"世间茶具此为首也"。苏东坡在宜兴时,就喜欢用紫砂壶盛小溪中的水煮茶饮用。

公元11世纪,北宋徽宗年间,当时斗茶的风气很盛行,京城每年都要举办隆重的斗茶活动(斗茶,即比赛茶的优劣,又名斗茗、茗战。始于唐,盛于宋,是古代有钱有闲人的一种雅玩)。斗茶行家一致公认无锡宜兴的紫砂茶具能够把茶叶的色、香、味的优异本质充分表现出来,并且感觉到茶叶清香扑鼻,味醇质清,舌齿间余味无穷。另外紫砂茶具风格独特、古朴雅致,而且陶质厚重、保温性能良好,因而渐渐为斗茶行家所珍爱。

到了元代,紫砂壶的烧制工艺有了一定的发展,开始在紫砂壶上镌刻铭文。元末明初，在宜兴东南 20 公里的金沙禅寺，有一位寺僧，他选紫砂细泥捏成圆形坯胎，加上嘴、柄、盖，放在窑中烧成。当时发生了这样令人惊讶的事，寺庙大小和尚外出化缘半月有余，回寺后很多和尚泡茶容器里都有一层白白的漂浮物，且茶都馊了，唯独那位寺僧的紫砂容器里不仅没有漂浮物，而且茶还香醇新鲜，当时人们认为这可能是茶具有灵，从此在无锡宜兴一带渐渐流行用紫砂容器泡茶。

在明代，实用和美观高度相结合的紫砂工艺已经达到了很高的境界，最有代表性的壶艺大师是金沙寺中的一名僧人和他的壶艺传承者——供春，在紫砂壶行业中，供春就像木匠行的鲁班一样，是紫砂壶界的泰斗，"供春之壶，胜于金玉"，可见"供春壶"在人们心目中的地位。他亲手制作的一把茗壶，如今依然保存在南京博物院。由于朱元璋非常喜欢用紫砂壶泡茶，因此紫砂茶具在社会上非常盛行，拥有一把好的紫砂壶成了有地位的象征。当时流行这样的说法："泥土与黄金等价"，"一两黄金一两砂。"

无锡紫砂陶器工艺和产量的高峰时代是在清代，尤其是"康雍乾"盛世，出现这种情况是和当时社会经济的发展、帝王的喜好以及大力提倡，再加上国内外市场尤其是欧洲市场的巨大需求分不开的。

近代以来，民不聊生，厂房破坏，交通断绝，紫砂技工大量流散，紫砂生产处于停顿阶段。新中国成立之后，党和人民政府成立无锡宜兴紫砂工艺厂，把流散的紫砂艺人组织起来恢复生产，并且为北京人民大会堂承制紫砂茶具。当前紫砂工艺发展水平，已达到了空前的高度，技艺人员队伍超过了以往任何一个时代，产品种类多达 5 000 多种，年产量在 4 000 万件以上，所生产的紫砂作品远销海内外 100 多个国家和地区。

纵观紫砂陶史，每一步都有文人相伴、熏陶并参与，给紫砂陶器造型与装饰打下了深深的文化烙印，毫无疑问，是中国文化养育了紫砂陶器。它像中国画中的文人画一样，紫砂是文人陶、文化陶,是一种文化精神的反映。

【紫砂壶制作过程】

游客们,一件好的紫砂作品,一定是纯手工制作,不论其造型如何的精巧细致,是线条型、自然型还是筋络型,都要通过巧妙制作,使其达到和谐贴切、雅致美观的效果。其做法一定依循34道制作工序,具体如下:

先拍一块泥板,泥板的厚度要一致,其厚度为所要制作的茶壶的厚度;用尺画出壶身的高度;再画出壶盖内盖颈的高度;再拍出四片圆形的泥板,四片圆形泥板分别为:壶的大小、壶底、壶颈、壶盖;用圆规画出所要制作茶壶的大小;取壶身的泥板,量出所需要的长度;接合处涂上紫砂泥将其接合;开始围绕壶身拍出所要的茶壶形状;量出壶底大小,画出壶底大小的泥板备用;在壶底处涂上紫砂泥;将壶底接合;将接缝处修饰完整;将其反转过来取出茶壶大小的泥板;修饰壶底的接缝;壶底的接缝修饰完整了;依以上的步骤做出完整的壶身;修饰壶身;分别画出壶颈及壶底的两片泥;分别将壶颈及壶底接合在壶身泥板上;量出壶盖的大小,画出壶盖泥板备用;已经完成的壶身静置晾干;用手将泥板捏出凸透镜状作壶盖;用工具修饰壶盖边缘,再接上壶盖的颈;用手工捏出壶嘴;分别接上壶盖与壶嘴;揉出一泥条制作壶把;接上壶把;揉出壶盖钮大小的泥条;用工具修饰出壶盖钮的形状;切下做好的壶盖钮;接上壶盖钮,待其阴干之后做最后的修饰;拍出其他的小泥片,可作茶壶的造型之用;用手工做好的叶片,贴在茶壶上做各种不同的造型。

【紫砂壶的价值】

游客们,紫砂壶这么受人追捧,其价值当然不言而喻,归纳起来有四大价值,即:本身价值、实用价值、艺术价值和收藏价值。

一是本身价值。紫砂壶是实用的饮器,其珍贵之处在于原料和制作。其本身价值用商业观点来看,原料有"泥土与黄金等价"之说。同时紫砂壶又是美观的艺术品,一件高档紫砂艺术品的完成,其间要经过非常艰辛的创作、设计过程,构思制图、分配比例与尺寸,无不体现了工艺师的独具匠心。为了达到古朴、典雅、美观的欣赏效果,创作者还需要根据设计的造型、选用材料的颜色来自行调配泥件,借以制作出色泽高雅、质感独特的作品。

二是实用价值。用紫砂壶泡茶,茶味特别清香,茶不走味,储茶不变色。盛夏泡茶一周不会变馊。紫砂壶有大量团聚体,周身都布满了网状形的气孔,这些气孔使壶具备了很强的吸湿性,从而能吸收茶叶中的精华,分解茶酸。茶酸的主要成分就是茶多酚、儿茶素、茶叶因子,这些元素可以清洗血液中的垃圾,软化血管,同时还能抗氧化,达到排毒的效果。由于紫砂壶含有大量的重要的矿物质,长期饮用紫砂壶泡的茶对人体的心脑血管疾病、高血压等都有一定的预防和辅助治疗效果,所以我们将它称为"健康壶"。

三是艺术价值。紫砂壶是一种艺术、一种文化。紫砂壶的美在于壶泥、壶色、壶形、壶款、壶章、题诗、绘画、书法、雕塑、篆刻诸艺共融于一壶,器皿颜色深沉古朴,造型美观典雅。把好的紫砂茶具放在家里是一种身份的象征,体现了一种文化的涵养。

四是收藏价值。一把年久的壶,经过茶叶的不断研磨,形成了一把活壶,其价值超过原先的数十倍,具有很高的收藏价值。2 000余年来,紫砂受人宠爱,经久不衰,在于它不因"人老珠黄"而降低它的价值,反而愈老愈值钱。有人专门收藏各种类型的茶壶,视之为古董。所以,紫砂壶年代越久,价值越高。

当然,紫砂壶的收藏应遵循"六品"原则。

第一是"真品"。真画值钱,假画不值钱,这点道理人人皆知。即使假画比真画画得还要好,但因为它是假的,也一样不值钱。紫砂壶也是如此,真品里面又有原作品还是新作品之分。紫砂壶

艺人当初花了很多时间,搜集了很多素材,在当时的特定背景、特定的情绪下创作出来的作品和后来又创作的作品,其收藏价值也是不一样的,有的相距甚远。

第二是"精品"。一个紫砂壶艺人一辈子可以创作很多作品,但不是每件作品都是代表作。一般一个紫砂壶艺人都有他的创作高峰期,这时容易创作出精品,若事隔多年后,让他重新再制作同样的一把紫砂壶,恐怕他也做不出来了。因为精品是与艺人当时的环境、情感、精气神等各种因素都密切相关的,所以一件紫砂精品是集天时、地利、人和而得。

第三是"名品"。收藏者都愿意收藏名家的作品,但名家又分是大名家还是小名家,是真名家还是虚名家,这些都要搞清楚。有些紫砂壶艺人身份变了,壶价也随之上涨,但其作品是否真的值那个价,则很难说。名家的东西,一般来讲,应该都是好的。因为他们中大多数都很认真,不好的东西一般不愿意往外拿。当然,也有的名家为了应酬或为了经济原因随便制作紫砂壶,但明眼人一眼就能看出来。因此,名家的紫砂壶作品也要一分为二地看。一般来讲,那些曾经展览过的或被国家美术馆收藏过的或得过奖的名家作品,应该都具有较高的收藏价值。

第四是"稀品"。明清时期流传下来的老紫砂壶作品很少,因此很珍贵,有的甚至是国宝,必须由国家收藏。这样的紫砂壶有的不一定是精品,但因为它稀少,是绝品,是历史的积淀,所以物以稀为贵。

第五是"特品"。即特定时期的作品,如文革壶、厂版壶,就是其典型代表。

第六是"完品"。和瓷器一样,一件紫砂壶作品只有完整无损,才更有收藏价值。

【挑选紫砂壶】

游客们,如何挑选一把上好的紫砂壶,需要掌握以下窍门:

一看外观:首先是三点成同一直线,壶的嘴、壶把、壶钮必须成一直线,就是三点要对直。其次壶嘴与壶身、壶把与壶身的连接部位,要处理得很自然,没有任何破绽。第三壶底、壶面平滑工整,落款也要工整。通常一把壶至少会有二个以上的印章,大抵是壶底、壶盖或把手上。第四茶壶的色泽以滑润为佳,一把好茶壶,其土胎色泽所呈现之滑润感,的确很迷人。第五宜兴陶土因含有石英成分,故制成茶壶后,放在灯光下照照看,可看出点点金光,这是其他地方陶土所没有的特色。

二看重心、密度:购买新壶时,不妨要求卖主在壶中装入约壶容量 3/4 的水,用手平平提起茶壶,缓缓倒水,如果感觉很顺手,即表示该壶重心稳定,是一把好壶。如果提壶需用力紧握壶把才得以平稳的话,即表示此壶的重心位置不对。除了重心要稳之外,左右也须对称。抓起壶盖时,壶口要平、要圆,然后壶盖、壶身要紧密吻合,壶盖与壶身的紧密度愈高,愈不会使茶香流失。

三看出水:壶嘴的出水务必顺畅,出水须急、长、圆。出水要刚直有劲,水束又长又圆;同时倾倒壶水时,若能使壶中滴水不剩,即表示是一把好壶。

【养壶】

游客们,拥有一把好壶固然可喜,但若不懂养壶或养护方法不当,会留下许多遗憾。新壶使用之前,必须先做一番处理。目前比较受到认同的新壶处理法可分为两种,一为传统式,另一为简便式。

传统式:取一口锅,充分洗净,不可带半点异味。在锅内装水,水深大约可淹过整个茶壶两厘米以上,然后放入新买的茶壶。接着用小火慢慢加热,等到水沸后,放入一大把重火烧焙的茶叶,大约煮 3 分钟,然后,把已经冲开的茶叶捞起,继续用小火煮 30 分钟。取出茶壶,放在干燥又无异味之处,让茶壶自然阴干。其主要目的是将壶身毛细孔中的粉末逼出来,去除土味、杂质与壶身表面上的一层薄蜡。

简便式：首先，在陶壶内灌满冷水，倒掉之后，再灌满温水，倒掉之后，第三次再灌入沸水。也就是以渐次增加水温的方式，逼出壶身毛细孔中的粉末。同时取一支小牙刷，先在热水里浸泡3分钟，当牙刷的刷毛软化后，沾上牙膏，把陶壶的里里外外刷一次。经过这几道手续之后，即可除去新壶的土味、杂味与蜡质，最后，再用沸水冲淋新壶的里里外外。经过这一番隆重的"下水典礼"之后，新壶即可正式"下海"，供人冲泡了。

日常养壶的具体方法有：一是泡茶之前先冲淋热水，可兼具去霉消毒与暖壶之功效。二是趁热擦拭壶身，让壶面变得更加亮润。三是泡茶时，勿将茶壶浸在水中，因为这样会在壶身上留下不匀的色泽。四是泡完茶后，应倒掉茶渣，以保持壶里壶外的清洁。五是泡完茶后，应保持壶内干爽，壶内勿浸置茶汤，不可积存湿气。六是阴干时应打开壶盖，放在通风易干之处。七是避免放在灰多之处，以免影响表面的润泽感。八是绝对不可用洗洁精或化学洗洁剂刷洗陶壶，这样不仅会将壶内已吸收的茶味洗掉，甚至会刷掉茶壶外表的光泽。

【紫砂壶制作名人】

各位游客，目前宜兴直接从事紫砂制作的技艺人员有3万之多，其中国家级大师10名，省级大师41名，高级工艺美术师185名，工艺师160名，具有初级以上职称的有1 000余名。在这支庞大的队伍中，年轻人占了大多数，他们是宜兴紫砂未来的希望。

下面我把近现代、当代在紫砂界享有很高知名度和美誉度的制壶名人介绍给大家。

顾景舟，当代中国工艺美术大师，中国美术家协会会员及高级工艺美术师。顾氏生于宜兴当地一紫砂世家，少年立志陶艺创作并随其祖父邵氏学艺，刻苦钻研，20岁即跻身于名家之列。顾氏是当代陶艺家中最有成就的一位，被誉为"一代宗师"、"壶艺泰

斗",所享声誉,可媲美时大彬。作品富有浓郁的东方艺术特色,不愧为当代紫砂艺术珍品。

朱可心,1904年生于宜兴一户平民家庭,15岁拜汪升义为师学艺,至30岁满师。所制《云龙鼎》,参加百年一度的美国芝加哥博览会的展示,摘取桂冠,获"特级优奖"。所作的《竹节鼎》,在上海蓬莱市场(今豫园商城)展出时,为孙中山夫人宋庆龄订购。

蒋蓉,1919年出生,2008年去世,别号林凤,江苏省宜兴市川埠洛林人。1995年被授予"中国工艺美术大师"称号。蒋蓉11岁随父亲蒋鸿泉学艺,1940年由伯父蒋鸿高带至上海制作仿古紫砂器,曾为虞家花园设计制作花盆,1947年回乡。1955年参加宜兴蜀山陶业生产合作社,创作《荷花壶》、《牡丹壶》等,为周恩来总理出国访问赶制象真果品20套。1957年制作《佛手壶》,尝试注浆工艺制作茶壶,提高工效,满足出口订货需要。1958年创作《金瓜壶》、《菱形壶》、《南瓜烟缸》、《大栗杯》、《竹根》等数十品种,批量生产。1973年后,创作《白藕酒具》、《琵琶笔架》、《蛤蟆捕虫水盂》、《树桩盆》等以大自然物品为造型、饱含生活气息的陶艺作品。1983年,创作更具特色,先后有《百寿树桩壶》、《玉兔拜月壶》、《菊蕊花蝶壶》、《松果壶》、《双龙紫砂砚》等作品问世。作品《荷花壶》在全国工业会议上被评为"特等奖",并为周恩来总理出访东南亚等国家制作礼品。1956年,江苏省人民政府任命她为紫砂工艺"技术辅导",这在当时历史情况下是工艺界的一种最高荣誉和待遇。从事紫砂艺术已70余年,创作的代表作品有《荷花壶》、《牡丹壶》、《莲花茶具》、《枇果壶》、《南瓜壶》、《莲藕酒具》、《蛤蟆捕虫水盂》等,作品《荸荠壶》被英国维多利亚博物馆收藏。发表《师法造化,博采众长》紫砂专论论文。

徐汉棠,高级工艺美术师,1932年生于紫砂陶艺世家。自幼开始学艺,50年代初拜工艺美术师顾景舟为师。为顾氏第一弟子,得其真传,功力深厚,技巧精湛严谨,其作品形、神、韵兼备。

《井栏壶》即为其代表作之一,而新作《寒江独钓壶》则可谓别具匠心,体现极高的壶艺修养与技艺水平。其壶、盆等作品屡获国家奖项,并被北京故宫博物院和伦敦维多利亚博物馆收藏。

李昌鸿,江苏宜兴人,高级工艺美术师。1955年10月随工艺美术师顾景舟学艺,打下扎实基础。1956年运用点、线、面的变化法则,对紫砂造型进行研究。李氏博采众人之长,但又不失自己的风格,所设计的《竹简茶具》获1984年莱比锡国际博览会金质奖。与徐秀棠合作的《两寅大吉》陈设壶获1986年全国艺术陶瓷创作一等奖。

沈华,女,1939年生。高级工艺美术师。1955年从师顾景舟,擅长制作紫砂光素器,讲究线条装饰,并追求形态气势,壶身装饰取材于花草树木,倍添壶艺情趣。技术精湛,构思新颖,作品《竹简茶具》获1984年莱比锡国际博览会金质奖。1986年曾赴日本考察访问。

顾绍培,1945年出生,宜兴蜀山人。作品能大能小,特大件产品更为专长,香港报刊形容"能存天下水,可供万人饮"。其作品《枕式凤耳瓶》被故宫博物院收藏。1984年顾绍培制作、谭泉海镌刻的紫砂百寿瓶,在德国莱比锡国际博览会上荣膺金奖。1985年,中华全国总工会授予其"全国优秀科技工作者"称号,荣获"五一"劳动奖章。

周才军,又名周才君,江苏宜兴人,1968年出生于陶艺世家,1984年进宜兴紫砂工艺厂,师从高级工艺美术师刘建平,1987年被中国工艺美术大师蒋蓉收为门徒。天资聪颖加上勤奋好学,他很快得到蒋蓉真传,其作品有师作之灵气,并融入了自身对紫砂的感悟。作品气韵、意趣皆备,技法、功力俱佳,为海内外收藏家所钟情。1992年参加中央工艺美术学院培训并结业。至今屡有新品佳作问世,多次参加国内外陶艺评比并得奖,在紫砂界树立了自己的地位。

周鸿根,艺名紫墨。1956年出生,江苏无锡人。现任无锡紫砂艺术研究所副所长,设计师。1980年紫砂工艺美术学校毕业,后从事紫砂的研究设计和制作。曾得到顾绍培大师的悉心指导和帮助,其风格逐渐形成,对素器的制作颇有心得,功力深厚。所制作的作品在看似简洁的外表下蕴藏丰富的内涵,形、工、气、神和谐统一,传统中见创新。其作品多次在全国性陶艺比赛中屡获大奖,观赏和实用兼备,极具收藏价值。

余建中,中国工艺美术师,中国工艺美术学会会员,宜兴市工艺美术协会会员,宜兴市中青年优秀陶艺家。1960年生于蜀山,1977年进宜兴紫砂工艺厂工作,师承高级工艺美术师吴亚亦学习雕塑与制壶,参加国家级工艺大师徐秀棠的工艺美术理论班的学习。大学毕业后,随厂部派遣创建宜兴锦达陶艺有限公司,与国家级工艺大师顾绍培先生,高级工艺美术师、江苏省名人沈汉生朝夕相处十几年之久,工作中得到他们的亲身点拨,为以后创建自己的"砂中宝阁"工作室打下了坚实的基础。集作品设计与制作于一身,率领工作室人员时有新作品问世,追求新意,注重内涵。工作室作品有多地企业家、经销商、茶壶界喜爱的人士收藏。

李大山,1972年出生于江苏无锡,从小就受紫砂艺术的熏陶,与紫砂结下不解之缘。从师中国工艺美术大师顾绍培,在师傅的悉心指导下潜心学习并进行新品的创作、设计。作品以传统造型为主,并在传统的基础上不断有新品问世。现任无锡帅元紫砂博物馆常务副馆长,设计制作工艺师。

顾婷,国家级工艺美术师,中国陶瓷协会会员,江苏省工艺美术学会会员。1974年出生于陶艺世家,自幼跟随父亲顾绍培大师学习制陶技艺。擅长全手工传统技法,学习制作时大彬、邵大亨、程寿珍、顾景舟等历代名家光素圆器,基本功扎实。作品屡获全国大奖,被国家博物馆收藏。

汤杰,国家级工艺美术师,中国陶瓷协会会员,江苏省工艺美术学会会员,宜兴陶园阁紫砂研究所负责人。1995年起正式跟随顾绍培大师深造至今,同时接受南京艺术学院吴山教授造型、装饰设计的专业培训。基本功扎实,技艺注重历代名人风格,追求艺术完美,造型严谨,擅长筋纹、方器。近年来作品屡获大奖,被国家博物馆收藏。

蒋灵熙,1974年出生于我国著名的陶都宜兴,自小在浓厚的陶瓷艺术气氛中接受熏陶,长大后对陶瓷艺术的兴趣有增无减。从业以来,历经多次正规高、中级技术培训。并在高级工艺美术师刘凤英的指点下,对紫砂艺术有着独到的见解和研究,又有幸得到中国工艺美术大师徐秀棠的高徒黄旭峰的悉心指点而获益匪浅,加之勤奋聪颖、勇于创作,所制作作品做工细腻、严谨、新颖、典雅,且美观和实用完美结合,受到壶艺爱好者的好评,作品频频在各种展览会上获奖,深受国内外收藏家的喜爱。是当今紫砂艺苑中一位颇具发展潜力的青年紫砂陶艺家。目前是江苏陶瓷艺术协会会员。

各位游客,中国的紫砂文化源远流长,每一件紫砂作品不仅给你带来健康,而且都凝聚着陶艺家的心血和丰富的文化内涵,因此非常值得我们品味和收藏。如果你是真心喜欢它,就去收藏它吧!无论路有多远,心有多急,钱有多紧,只要拥有它,华东之行,一生留恋!游客们,紫砂壶文化的讲解就到这里,谢谢大家!

江南,
一本百读不厌的书。
她将各种学问都消融于美,
总会勾起您再来解读的冲动。
细品意境江南的美妙真谛,
读懂江南,读懂自己。
……
对于内心有诗有画的人来说,
江南,并非只是一个地域概念。
很多人,已经去过苏杭无数次,
但却从来没有抵达过真正的江南!
江南,一个诗的意象,
只有带着诗情画意的心情,
感受如诗如画的意境,
才能真正到达江南……

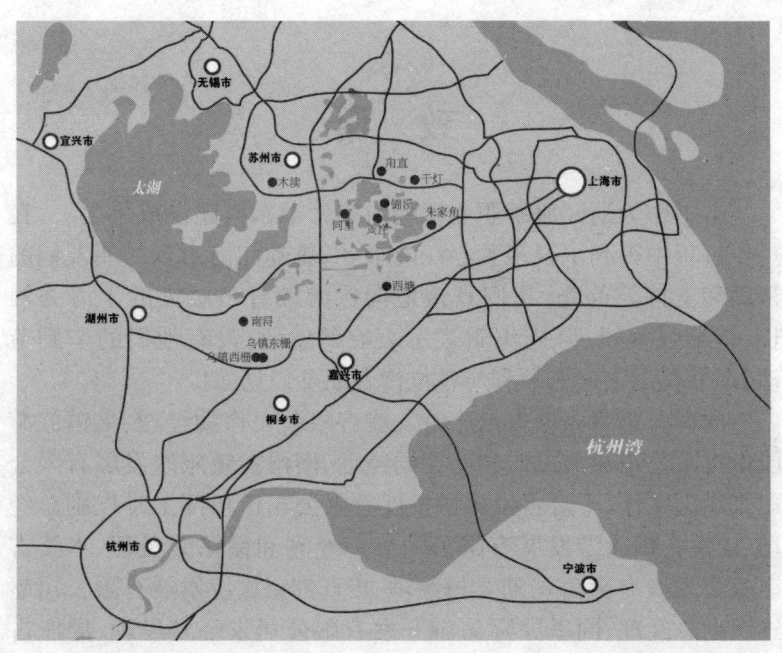

特别致谢：
浙江省旅游局
江苏省旅游局
杭州市旅游委员会
浙江旅游职业学院
浙江省旅游培训中心
华东实力派导游俱乐部

致　谢

　　本书作为浙江旅游职业学院国家骨干示范建设成果之一，在写作过程中得到了很多关心江南水乡、热爱江南水乡的朋友们的帮助和支持。首先，我们真诚地向旅游教育出版社的丁海秀社长、李荣强编辑、陈志编辑表示衷心的感谢，没有他们的辛勤劳动，本书就无法这么顺利与各位读者朋友们见面！

　　同时要感谢西塘古镇旅游发展有限公司徐勤经理、乌镇旅游股份有限公司姚洁总监和沈文娟经理、南浔古镇旅游发展有限公司张斌副主任、千灯古镇旅游发展有限公司市场部王月桂副总经理、锦溪古镇旅游发展有限公司吴广经理和徐忆秦经理、木渎古镇旅游发展有限公司刘春梅经理、甪直古镇旅游发展有限公司赵红明副总经理、同里国际旅游开发有限公司朱晓君经理、周庄古镇旅游发展有限公司薛伟峰总监、朱家角古镇旅游发展有限公司姚桦经理，正是因为他们的帮助和支持，才使我们高效完成此书。

　　我们还要感谢杭州金榜旅行社有限公司董事长汪凌辉先生、浙江省旅游培训中心资深专家王耀光老师、郑州法学会孔志海老师，他们为本书提供了高质量的摄影作品。

　　此外，杭州和辉建筑设计咨询有限公司总经理方华生先生在百忙之中抽出时间完成了本书景点的地图绘制，湖南毛泽东文学院女作家、中国散文家协会会员红叶为本书作序。在此，向他们两位表示深深的谢意。

　　最后感谢的是所有读者，正是由于你们的厚爱和支持才使本书有了价值。最后我们衷心希望读者朋友们提出宝贵意见，使之更臻完善。

编者
2017 年 7 月

策　　划：丁海秀　李荣强
责任编辑：陈　志
摄　　影：汪凌辉　孔志海
地图绘制：方华生

图书在版编目(CIP)数据

江南十大水乡古镇导游词/邓德智,程贤法编著.
--北京:旅游教育出版社,2013.5(2017.8)
　ISBN 978-7-5637-2542-7

Ⅰ.①江…　Ⅱ.①邓…②程…　Ⅲ.①导游—解说词
—华东地区　Ⅳ.①K928.95

中国版本图书馆 CIP 数据核字(2013)第 002119 号

江南十大水乡古镇导游词
（第 2 版）

邓德智　程贤法　编著

出版单位	旅游教育出版社
地　　址	北京市朝阳区定福庄南里 1 号
邮　　编	100024
发行电话	(010)65778403 65728372 65767462(传真)
本社网址	www.tepcb.com
E-mail	tepfx@163.com
排版单位	北京旅教文化传播有限公司
印刷单位	北京柏力行彩印有限公司
经销单位	新华书店
开　　本	850 毫米×1168 毫米　1/32
印　　张	11.375
字　　数	238 千字
版　　次	2017 年 8 月第 2 版
印　　次	2017 年 8 月第 1 次印刷
定　　价	35.00 元

(图书如有装订差错请与发行部联系)